Introducción a la victimología

Colección:
Criminología - Manuales

Coordinadores:
CRISTINA RECHEA ALBEROLA
ANTONIO ANDRÉS PUEYO
ANDREA GIMÉNEZ-SALINAS FRAMIS

Introducción a la victimología

Carolina Villacampa Estiarte (coord.)
Ana I. Cerezo Domínguez
Mar Gómez Gutiérrez

EDITORIAL
SINTESIS

Vallehermoso, 34. 28015 Madrid
Teléfono: 91 593 20 98
www.sintesis.com

ISBN: 978-84-9171-398-2
Depósito Legal: M. 25.190-2019

Impreso en España - Printed in Spain

Índice

PRESENTACIÓN 11

1. LA VICTIMOLOGÍA COMO CIENCIA 13

1.1. Aspectos generales 13
1.1.1. Concepto 13
1.1.2 Acerca de su autonomía científica 18
1.2. Breve historia de la victimología 21
1.2.1. Primer periodo: época dorada de la víctima 21
1.2.2. Segundo periodo : neutralización de la víctima 22
1.2.3. Tercer periodo: resurgimiento de la víctima 23
1.2.4. Cuarto periodo: protagonismo de la víctima 25
1.3. Objetivos de la victimología 25
1.3.1. Etiología del delito 25
1.3.2. El perfil de la víctima 26
1.3.3. El conocimiento real de la delincuencia 26
1.3.4. El miedo al delito 26
1.3.5. Victimización primaria 28
1.3.6. Victimización secundaria 28
1.3.7. Asistencia a las víctimas 29
1.3.8. Reparación a las víctimas 29
1.3.9. Desvictimización 30
1.3.10. Prevención victimal 31
1.3.11. Victimodogmática 32
1.4. Principal objeto de estudio de la victimología: la víctima 34
1.5. Discurso social de la victimización: víctimas, política y medios de comunicación 37

1.5.1. Identificación de la mayoría social con las víctimas de delitos 38
1.5.2. La influencia de los medios de comunicación 39
1.5.3. Los grupos de presión 41
Preguntas de autoevaluación 44

2. Teorías y perspectivas de la victimización 47

2.1. Teorías explicativas o descriptivas de la victimización 47
2.1.1. Teoría del estilo de vida 48
2.1.2. Teoría de las actividades cotidianas 50
2.1.3. El modelo de oportunidad y el modelo holandés 51
2.1.4. La victimología crítica o la versión victimológica de la teoría del etiquetamiento 53
2.1.5. El modelo del enfrentamiento social 53
2.1.6. Teoría del uso legitimador de la víctima 54
2.2. Tipologías de víctimas 55
2.2.1. Criterios de clasificación 56
2.2.2. El criterio de la culpabilidad correlativa de Mendelsohn 56
2.2.3. El catálogo de propensiones victimales de Von Hentig 58
2.2.4. La tipología uniaxial de Jiménez de Asúa 61
2.2.5. La tipología de Fattah 62
2.2.6. La tipología de Sellin y Wolfgang 62
2.2.7. La tipología de Schaffer 63
2.2.8. La tipología de Gulotta 65
2.2.9. La propuesta víctimo-situacional de Joutsen 67
2.2.10. La tipología de Landau y Freeman-Longo 69
2.2.11. La multicomprensiva tipología de Neuman 70
2.2.12. El enfoque de victimología supranacional de Schneider 72
2.2.13. Hacia una teoría general de los tipos victimales 72
2.3. El perfil de la víctima 73
2.3.1. Factores victimógenos 73
2.3.2. Situaciones de riesgo 76
2.3.3. Factores de protección victimal 77
Preguntas de autoevaluación 77

3. Efectos psicológicos y ámbitos de victimización 79

3.1. Consecuencias psicológicas a corto plazo tras la exposición al trauma 79

3.2. Consecuencias psicológicas a largo plazo tras la exposición al trauma ... 86
3.2.1. Otros trastornos asociados a la experiencia traumática ... 90
3.3. Consecuencias psicológicas en diferentes ámbitos de victimización ... 92
3.3.1. Violencia ejercida contra la mujer en la pareja ... 93
3.3.2. Violencia sexual ... 96
3.3.3. Violencia en relación con la trata de seres humanos ... 99
3.3.4. Terrorismo ... 102
3.3.5. Acoso laboral ... 104
3.3.6. Accidentes ... 106
3.4. Aspectos a considerar en grupos específicos ... 108
3.4.1. Menores ... 108
3.4.2. Mayores ... 112
3.4.3. Personas con diversidad funcional ... 113
3.5. Descripción de los efectos psicológicos a través de un caso clínico ... 114
Preguntas de autoevaluación ... 115

4. La víctima frente al sistema de justicia penal ... 117

4.1. Del olvido de la víctima a la actualidad: reconocimiento normativo de los derechos victimales ... 117
4.1.1. Ámbito internacional ... 118
4.1.2. Ámbito europeo ... 120
4.1.3. Ámbito interno español ... 124
4.2. Efectos nocivos del sistema de justicia penal para con la víctima ... 128
4.3. Decálogo de derechos victimales: información, participación, asistencia, protección y reparación ... 129
4.4. Ley del Estatuto de la Víctima del Delito: cuestiones generales ... 130
4.4.1. Concepto de víctima ... 132
4.4.2. Transversalidad versus sectorialización ... 134
4.4.3. Derechos básicos de las víctimas: el derecho a la información ... 136
4.4.4. Participación de la víctima en el proceso penal ... 139
4.5. Protección de las víctimas en el marco del procedimiento penal ... 143
4.5.1. Principio de individualización ... 144
4.5.2. Evaluación individual: concepto y procedimiento ... 145
4.5.3. Niveles de protección: medidas aplicables a cada nivel ... 149
4.5.4. Mecanismos de protección contemplados fuera de la Ley del Estatuto de la Víctima del Delito ... 158
Preguntas de autoevaluación ... 161

5. Asistencia y reparación a las víctimas: caracterización normativa 163

5.1. Asistencia victimal 163
5.1.1. Hacia la desvictimización: contenido y caracterización jurídica del derecho a la asistencia 164
5.1.2. Modelos de asistencia comparados 177
5.1.3. La asistencia victimal en España 183
5.2. Reparación a las víctimas 185
5.2.1. Contenidos posibles de la reparación a las víctimas 186
5.2.2. La responsabilidad civil derivada del delito 187
5.2.3. Los sistemas públicos de indemnización 192
5.2.4. El decomiso y la indemnización a las víctimas 195
5.2.5. La justicia restaurativa como mecanismo reparador 196
Preguntas de autoevaluación 210

6. Asistencia psicológica a las víctimas 213

6.1. Objetivos de la asistencia psicológica a las víctimas 213
6.2. Técnicas de intervención psicológica para abordar sintomatología postraumática con víctimas 216
6.2.1. Técnicas para abordar la sintomatología postraumática básica (intrusión, evitación e hiperactivación) 217
6.2.2. Técnicas para abordar otra sintomatología postraumática 221
6.2.3. Técnicas para abordar la mejora del funcionamiento global 223
6.2.4. Otras técnicas de intervención 229
6.3. Otros aspectos a considerar en la intervención psicológica 234
6.3.1. Sobre el proyecto de vida 235
6.3.2. Sobre la identidad 235
6.3.3. Sobre el perdón 236
6.3.4. Sobre la resiliencia y bienestar 236
6.4. Características de las intervenciones psicológicas eficaces en víctimas (adultos) 237
6.4.1. En relación con los objetivos de las intervenciones 242
6.4.2. En relación con la estructura de las intervenciones 242
6.4.3. En relación con el enfoque de la intervención 243
6.4.4. En relación con la aplicación de las técnicas 244
6.4.5. En relación con las sesiones 244
6.4.6. En relación con la modalidad de aplicación de la intervención 245
6.5. Características de las intervenciones psicológicas eficaces en víctimas (menores) 245

6.5.1. En relación con la estructura de las intervenciones 247
6.5.2. En relación con el enfoque de la intervención 247
6.5.3. En relación con la aplicación de las técnicas 248
6.5.4. En relación con las sesiones 248
6.5.5. En relación con la modalidad de aplicación de la intervención 249
6.6. Aspectos a considerar en grupos específicos 249
6.6.1. Mayores 249
6.6.2. Personas con diversidad funcional 250
Preguntas de autoevaluación 251

7. CONCLUSIONES Y RETOS DE FUTURO 253

7.1. La victimología como disciplina científica: hacia dónde vamos 255
7.1.1. Hacia una victimología realista 255
7.1.2. Hacia un uso de las víctimas cada vez más populista 257
7.2. La victimología contemporánea frente a los procesos de victimización: sobre el impacto psicológico tras sufrir un proceso de victimización 258
7.3. La victimología frente a los procesos de desvictimización 261
7.3.1. La posición de la víctima frente al sistema de justicia penal: lo ya conseguido y lo que queda por hacer 262
7.3.2. Sobre las técnicas de intervención psicológicas para asistir a las víctimas 271
Preguntas de autoevaluación 274

SOLUCIONARIO 277

BIBLIOGRAFÍA SELECCIONADA 279

Presentación

CAROLINA VILLACAMPA ESTIARTE

La victimología constituye probablemente una de las disciplinas científicas integradas en el conjunto de las ciencias sociales que ha gozado de un crecimiento más acusado en los últimos decenios. Su nacimiento como ciencia se produjo escasos ochenta años atrás, a finales de los años 40 del pasado siglo, cuando algunos de sus fundadores, como Hans von Hentig o Beniamin Mendelsohn, publicaron contribuciones académicas consideradas inaugurales en el alumbramiento de esta disciplina. Atrás quedan los primeros años de su andadura como ciencia, cuando la principal preocupación de su aporte teórico se basaba en el análisis interactivo de la denominada pareja penal y se discutía su autonomía respecto de la criminología. En la actualidad no se duda de su autonomía ni de su entidad científica, gracias a la rápida consolidación de este saber multidisciplinar que, como ya indicara Tamarit en 2006, se ocupa de analizar los procesos de victimización y desvictimización. Su desarrollo se ha debido al empeño de un conjunto cada vez más nutrido de especialistas, partiendo de pioneros como Fattah, Drapkin o Schaffer en el análisis científico de este tipo de procesos y siguiendo por la consolidación científica de la mano de insignes victimólogos de segunda generación como Van Dijk, Dussich, Garofalo, Hindelang, Kury, Viano, Manzanera, Lima o Beristain, por citar algunos, que no solo han profundizado en análisis teóricos y aplicados iniciados por sus predecesores, sino que han impulsado la realización de eventos académicos nacionales, internacionales y globales que han permitido el avance de este ámbito del conocimiento.

Fruto del quehacer de estos científicos y de la incesante labor de profesionales que desde una perspectiva más aplicada han abordado el análisis de los procesos de victimización y desvictimización, la victimología constituye en la actualidad una disciplina académica consolidada cuya evolución se asienta en pilares como el desarrollo teórico de teorías explicativas sobre todo del proceso de victimización, el abundamiento en el empleo de metodologías de la investigación fundamentalmente orientadas a adquirir conocimiento cuantitativo de la victimización, de los factores que la favorecen y de la operatividad de los esquemas diseñados para superarla, el desarrollo de disposiciones normativas dirigidas a reconocer un estatuto jurídico a las víctimas y la práctica de la asistencia victimal como forma de hacer efectiva la reparación integral a las mismas.

Sin embargo, que constituya una disciplina académica consolidada no significa que no esté todavía en evolución o que no existan ámbitos que claramente requieren de una ulterior elaboración, sobre todo los más directamente relacionados con los procesos de desvictimización. Así, aspectos como la implementación material de los derechos normativamente reconocidos a las víctimas, el análisis de los programas de intervención con estas, la profesionalización y capacitación de los agentes que operan con ellas o la prevención de la victimización constituyen cuestiones que requieren de una más profunda aproximación académica.

Con todo, la implantación de la victimología como disciplina en constante evolución se observa no solo en la inclusión de su estudio como materia optativa u obligatoria en distintos grados y postgrados universitarios integrados en las ciencias sociales o en las ciencias de la salud, sino también en el creciente interés por parte de profesionales activos en el ámbito asistencial y en el sistema de justicia penal en conocer sus rudimentos. Precisamente con el objeto de ofrecer un breve y actualizado recorrido por la historia y los contenidos que la conforman orientado sobre todo a estudiantes y profesionales, pero también a académicos que busquen un primer contacto con la misma, nace esta introducción a la victimología. En ella, junto a un primer capítulo en el que se aborda la caracterización de esta disciplina como ciencia, los lectores hallarán dos subsiguientes capítulos en los que la atención se centra en exponer los procesos de victimización, primero analizando los constructos teóricos que los explican en el segundo capítulo, para seguir con el análisis de concretos ámbitos de victimización y los efectos que producen en las víctimas en el tercero. Seguidamente, la obra está enfocada al estudio de los contenidos básicos que inciden en el proceso de desvictimización, exponiendo, de un lado, el camino conducente al reconocimiento de un estatuto jurídico protector a las víctimas y los contenidos que lo integran en los capítulos cuarto y quinto y, de otro, desgranando los contenidos del proceso de atención psicológica a las víctimas en el sexto.

Los mencionados contenidos, en coherencia con el carácter multidisciplinar de la victimología misma, han querido ser abordados desde una perspectiva también plural. De ahí que los capítulos 1 y 2 de esta obra hayan sido elaborados en solitario por la Dra. Ana I. Cerezo Domínguez, criminóloga especializada en el análisis de cuestiones victimológicas, los capítulos 3 y 6 por la Dra. Mar Gómez Gutiérrez, psicóloga que ha centrado una parte relevante de su investigación en las referidas cuestiones y, finalmente, los capítulos 4 y 5 por quien esto suscribe, jurista entre cuyas líneas de investigación preferentes se halla el estudio del reconocimiento jurídico de los derechos victimales, a los que se añade el capítulo de conclusiones, redactado conjuntamente por las tres autoras. Solo me resta para concluir con esta breve presentación agradecer a las Dras. Cerezo y Gómez que tuvieran a bien aceptar mi invitación para intervenir en la realización de esta obra y que me hayan hecho tan fácil y placentera la tarea de coordinarla.

I

La victimología como ciencia

La victimología es una ciencia emergente que surge de la preocupación ante el olvido de la víctima en el estudio de la delincuencia. A mediados del siglo XX algunos autores advirtieron que la criminología había centrado su atención básicamente en la figura del delincuente y la respuesta frente al mismo. Tener en cuenta el papel de la víctima en la explicación del hecho delictivo y en la actuación de la sociedad ante sus implicaciones y consecuencias constituía no solo un gesto de reparación de un olvido histórico sino una necesidad científica. Aunque desde ciertos sectores se ha reclamado la autonomía de esta disciplina, un enfoque integrador y comprensivo concibe a la victimología como parte integrante de las ciencias criminológicas.

1.1. Aspectos generales

1.1.1. Concepto

El término "victimología" se utilizó por primera vez en 1947 en una célebre conferencia pronunciada por Beniamin Mendelsohn, abogado rumano (1900-1998), aunque posteriormente fue nacionalizado israelí, a quien se considera el padre de esta disciplina. Mendelsohn, quien había publicado un año antes un ensayo denominado "Nuevos horizontes biopsicosociales: victimología", fue invitado por la Sociedad psiquiátrica de Bucarest para impartir esta conferencia ante una heterogénea audiencia entre los que se encontraban psiquiatras, psicoanalistas, médico forenses, criminólogos, abogados y juristas. Pero fue su artículo "La Victimologie", publicado en la *Revue International de Criminologie et de Police Technique*, el que mayor repercusión académica tuvo, ya que fue reproducido en un buen número de revistas especializadas (Herrera, 2006). En este artículo, Mendelsohn define a la victimología como la ciencia de las víctimas y de la victimidad, diferenciándola claramente de la criminología.

Es común atribuir también a Hans Von Hentig, criminólogo alemán (1887-1974), la condición de pionero de la victimología, a raíz de su célebre obra *The criminal and his victim* (1948). En la cuarta parte del libro, denominada "Contribución de la víctima a la génesis del delito", Von Hentig criticó el estudio estático unidimensional del delincuente que había dominado la criminología hasta entonces. En su lugar, sugirió un nuevo enfoque dinámico y diádico que presta la misma atención al delincuente que a la víctima. Von Hentig pone de relieve la importancia de la víctima como factor precipitante del delito, ya sea por incitar o provocar a los autores del delito, ya por crear o fomentar una situación propicia que pueda dar lugar a la perpetración del delito. En su libro Von Hentig señala que: "la ley considera ciertos resultados y los movimientos finales que conducen a ellos. Aquí se hace una clara distinción entre el que hace y el que sufre. Mirando en la génesis de la situación, en un número considerable de casos, nos encontramos una víctima que consiente tácitamente, coopera, conspira o provoca. La víctima es uno de los elementos causantes" (Von Hentig, 1948)

Herrera Moreno (2006) revela que esta obra se inspiró en una novela de Franz Werfel titulada *El asesinado es el culpable,* en la que se alude a la teoría de la victimo-precipitación a partir de un fascinante relato en el que un padre incrementa en su hijo el caudal agresivo implicándole en juegos que desafían su autocontrol, hasta que un día terminan desbordándose en forma de arrebato parricida.

No es casualidad que la primera vez que se habla de la victimología como una disciplina sea en el I Simposio Internacional de Victimología celebrado en Jerusalén en el año 1973. Entonces se hizo alusión a una joven disciplina cuyo objeto de estudio era el análisis científico de las víctimas.

Como puede presuponerse, han sido muchas otras las definiciones que se han aportado a partir de esta fecha, casi tantas como victimólogos se han encargado de su estudio. Es por ello que aquí se ha optado por plasmar dos definiciones bien diferenciadas que pueden aglutinar a todas las ofrecidas hasta la fecha.

1. La primera definición pone el acento en los factores explicativos de la victimización y su relación con el victimario. Así, Gulotta (1976) definió la victimología de forma muy extensa como la disciplina que tiene por objeto el estudio de la víctima de un delito, de su personalidad, de sus características biológicas, psicológicas, morales, sociales y culturales, de sus relaciones con el delincuente y del papel que ha desempeñado en la génesis del delito.
2. La segunda definición se centra es un aspecto más dinámico, al abarcar el modo en que una persona deviene víctima así como el conjunto de respuestas y estrategias dirigidas a que la víctima supere esta situación. De este modo, Tamarit (2006a) considera que la victimología es una ciencia multidisciplinar que se ocupa del conocimiento relativo a los procesos de victimización y desvictimización.

A pesar de estas definiciones encaminadas a destacar la necesidad de que exista una disciplina que se encargue del estudio de estas materias, hay autores que han negado la existencia de la victimología como disciplina científica. Son aquellos que consideran que se trata de una amalgama de ideas, reivindicaciones y conocimientos fragmentados, principalmente basados en teorías sociológicas, sin una línea de pensamiento común que haya permitido el desarrollo de teorías propias. El criminólogo Donald Cressey en una ocasión caracterizó a la victimología como "un programa no académico bajo cuyo techo han sido agrupados arbitrariamente una mezcla de ideas, intereses, ideología y métodos de investigación".

El cuestionamiento acerca de su cientificidad viene producido en parte por el perfil de las personas interesadas por el estudio de la víctima. Es decir, basta asistir a los encuentros internacionales sobre la materia para poder apreciar muy claramente dos tipos de participantes bien diferenciados. Así, junto a los victimólogos científicos se encuentran los victimólogos humanistas, los activistas. Mientras los primeros se centran en el debate científico de la victimología, los segundos se encargan de reivindicar los derechos de las víctimas a partir de las experiencias que tienen estas a través de los organismos o instituciones en las que trabajan.

Esta diversidad de discurso es una de las razones por las que se ha impedido en parte el desarrollo empírico necesario para el avance de la ciencia (Pereda y Tamarit, 2013). Si bien es innegable que el asociacionismo y la defensa humanista de las víctimas ha contribuido al desarrollo de la victimología, especialmente en lo referente a las mejoras en el trato y atención a las víctimas, no se puede mantener de forma permanente en un estado reivindicativo y activista, sino que debe basar sus actuaciones y propuestas en los resultados procedentes de los estudios empíricos. Nada de ello es incompatible. Todo lo contrario.

A pesar de todo, pocos autores defienden hoy en día esta idea negadora, ni siquiera los activistas. Más bien al contrario, se puede afirmar que la victimología posee un objeto propio de estudio, la víctima, y reúne las características requeridas para ser considerada una ciencia fáctica, al utilizar métodos de investigación propios (Rodríguez Manzanera, 2004).

El método científico permite explicar empíricamente el fenómeno a analizar. La victimología posee métodos de investigación propios, tales como las encuestas de victimización, que permiten conocer el fenómeno de la victimización. Estas encuestas de van dirigidas a una muestra representativa de la población con el objeto de conocer, a partir de la propia percepción y vivencia de las víctimas, la extensión real de la delincuencia. Se trata de un método de investigación que permite conocer parte de la cifra negra de la delincuencia, aquella que no se denuncia y es desconocida por los organismos oficiales (Luque Reina, 2006). Pero además de facilitar el conocimiento de la delincuencia real y de estimar por tanto la tasa de victimización, las encuestas de victimización aportan otros datos de gran utilidad para el objeto de estudio de la victimología.

Gracias a las encuestas de victimización se tiene conocimiento de:

- La tasa de denuncia, lo que permite confirmar que, para determinados delitos, el porcentaje denunciado es realmente bajo con respecto a la tasa de victimización real.
- Las circunstancias en que se produjo el delito.
- La relación de la víctima con el victimario.
- El tiempo y lugar de comisión del delito.
- Las características personales y familiares de la víctima, su modo de vida, su ideología, etc.
- Las características personales y familiares del victimario, en el caso de que la víctima las conozca.
- Las consecuencias de la victimización.
- Las razones para no denunciar el incidente delictivo.
- La actuación policial y judicial.
- El nivel de satisfacción de la víctima con el trato recibido.
- Los factores de vulnerabilidad de la víctima.
- El nivel del miedo al delito o sentimiento de inseguridad por parte de la víctima.

En definitiva, el objetivo es conocer al máximo toda la información relacionada con el hecho delictivo, ya sea con anterioridad a la comisión del mismo, durante el suceso o una vez finalizado el mismo. Las encuestas examinan además las medidas adoptadas por los encuestados para prevenir ciertos tipos de delitos, o para reducir al mínimo las posibilidades de futuras victimizaciones.

La primera encuesta realizada sobre las víctimas del delito se llevó a cabo en Aarhus (Dinamarca) en 1730. Parece que el motivo de este estudio fueron las quejas de los ciudadanos sobre el incremento de los robos en domicilios y granjas. Ante esta situación, el ayuntamiento del municipio designó a seis personas para que visitaran cada uno de los domicilios y preguntaran a los ciudadanos si habían sufrido algún robo en sus propiedades en los últimos tres o cuatro años. Los encuestadores, que iban en parejas, llevaban una acreditación del ayuntamiento e iban anotando en una libreta el número de domicilios que habían sufrido robo, su frecuencia, las propiedades robadas y las personas de las que los vecinos sospechaban. Tras una semana de entrevistas, el informe con los resultados obtenidos fue presentado al alcalde seis semanas después. En una ciudad de alrededor de 3500 habitantes, se habían producido 188 robos, lo cual permitió estimar un riesgo de victimización anual de delitos de robo del 1 al 2% (Balvig, 1988).

La idea de preguntar a la población sobre su exposición al delito reapareció en los años 60 del siglo pasado. La criminóloga finlandesa Inkkeri Antilla fue la primera en sugerir el uso de los métodos Gallup para estudiar a las víctimas del delito. El objetivo era poder calcular de una forma más veraz y fiable el riesgo de ser víctima de un delito, independientemente de la información que proporcionaban las estadísticas policiales. Fue la Comisión presidencial en EE.UU. la primera institución en realizar una encuesta de victimización, como parte del extenso informe sobre el delito denominado "El reto del delito en una sociedad libre", presentado por la administración del presidente Johnson en 1967. Diez mil hogares participaron en esta primera encuesta de victimización dirigida a un país entero, con información sobre 33 000 personas. A partir de los resultados obtenidos, y viendo la utilidad de la información aportada por la encuesta, el Congreso estableció un organismo independiente dentro de la Administración de Justicia para mejorar el conocimiento de la delincuencia en 1968: la Administración para asistencia para la aplicación de la ley (LEAA). Este organismo realizó una serie de encuestas piloto para mejorar el cuestionario, para comprobar la validez de los datos del censo utilizados y para comprobar la validez de las respuestas (Skogan, 1981). El resultado fue la Encuesta Nacional sobre Victimización Delictiva (NCVS), la cual se publica anualmente desde 1972.

Hoy en día se realizan encuestas de victimización a nivel local, regional, nacional e internacional. Dignas de señalar entre las encuestas a nivel nacional son las que se llevan a cabo sobre bases y a intervalos regulares en Inglaterra y EE.UU.: la British Crime Survey y la National Crime Survey. Cada una de estas encuestas permite un análisis exhaustivo de los patrones y tendencias temporales y espaciales de los distintos tipos de victimización. A escala internacional y a través de un mismo cuestionario que se imparte en más de 50 países del mundo para establecer la frecuencia del delito y las circunstancias que lo rodean, la International Victim Survey se viene desarrollando desde el año 1989 para permitir establecer comparaciones entre regiones y países del mundo. Gracias a ese conocimiento, se pueden elaborar teorías victimales y políticas para prevenir la victimización.

A pesar de los problemas metodológicos y prácticos de las encuestas de victimización, y a pesar de sus limitaciones, nadie hoy en día puede negar que han permitido a los investigadores recopilar una gran cantidad de datos sobre las víctimas de la delincuencia, obteniéndose en la actualidad una información extremadamente rica en variedad y detalle. Gracias a las encuestas de victimización, ahora sabemos que la delincuencia y la victimización se agrupan dentro de ciertos grupos y ciertas áreas, y que hay mucha más afinidad entre los delincuentes y las víctimas de lo que se cree comúnmente. Esto no quiere decir que todas las víctimas compartan los atributos de sus victimarios. Es solo para subrayar que los dos colectivos tienen varias características comunes. Ya sea en Europa, en EE.UU., Canadá o Australia, la investigación empírica ha demostrado que los delincuentes involucrados en los tipos de delitos cubiertos por las encuestas de victimización son hombres jóvenes, residentes urbanos, del nivel socioeconómico más bajo, desempleados y solteros. Las encuestas de victimización han revelado que las víctimas comparten estas características y que los perfiles demográficos de las víctimas de delitos y de los delincuentes son sorprendentemente similares.

Esta disciplina utiliza asimismo otros métodos de investigación de carácter cualitativo para el desarrollo empírico encaminado al estudio de la víctima, los cuales permiten obtener un conocimiento más profundo sobre experiencias de victimización. Estas herramientas pueden ser a su vez complementadas por otras de carácter cuantitativo.

Ejemplo de métodos de investigación cualitativos utilizados en victimología son las historias de vida, la observación participante, las entrevistas, los grupos de discusión, los instrumentos y protocolos que permiten estimar el riesgo de revictimización, por ejemplo de víctimas de violencia de género o de agresión sexual, entre otros.

Es necesario destacar que la importancia de la victimología como ciencia empírica ha sido reconocida en importantes foros de ámbito internacional. Así, la Recomendación 87/21 del Comité de Ministros del Consejo de Europa de 17 de septiembre de 1987, sobre la asistencia a las víctimas y la prevención de la victimización, recomienda comprobar mediante estudios de victimización y otros tipos de investigaciones las necesidades de las víctimas y las tasas de victimización, a fin de reunir los datos necesarios para desarrollar programas y estructuras de asistencia a las víctimas.

Pero además de empírica, la victimología puede ser considerada hoy en día como una ciencia interdisciplinar, es decir, se trata de una disciplina que a su vez integra otras disciplinas diferentes (Sociología, Psicología, Medicina, Derecho, Ciencias políticas, Enfermería o Trabajo social, entre otras), procedentes de ámbitos distintos, con la finalidad de explicar la víctima como objeto de estudio.

1.1.2 Acerca de su autonomía científica

Una vez solventadas las dudas acerca de la denominación de disciplina científica de la victimología, nos topamos con un segundo problema: ¿estamos ante una disciplina científica autónoma? Son dos las posturas que se han tomado al respecto por parte de los autores.

Una primera postura, denominada integradora, vendría a afirmar que la victimología no goza de autonomía científica, sino que es una rama dependiente de la criminología (Ellenberger, 1954). Los argumentos aducidos serían principalmente dos: no puede hablarse de víctima en un sentido aislado, sino como sujeto y parte integrante del complejo delictivo, y la victimología se inserta en un contexto del moderno saber criminológico en el que se parte de una definición amplia de criminología que incluye el estudio de la víctima como la ciencia empírica e interdisciplinar que se ocupa del delito, el delincuente, la víctima y el control social (García Pablos, 2008).

Un autor integrador es Landrove, quien afirma que el objeto de la victimología es "desarrollar, a través del estudio en profundidad de la víctima, un conjunto de reglas generales y de principios comunes que contribuyan al progreso de las ciencias criminológicas y jurídicas, facilitando la comprensión del fenómeno criminal, de la dinámica criminógena y de la personalidad del delincuente" (Landrove, 1990).

Una segunda postura sería la defendida por los autonomistas para quienes la victimología es una ciencia autónoma e independiente de la criminología en la medida en que se puede reconocer en la misma un objeto de estudio propio, tanto en un sentido material como formal, y que utiliza métodos propios. Considerada la victimología como una disciplina autónoma, la víctima es entendida como "toda persona que ha sufrido personalmente, de modo directo o indirecto, las consecuencias de un hecho delictivo haya sido declarada formalmente o no como tal la existencia del mismo por parte de un orden jurisdiccional..." (Sociedad Española de Victimología, 2004) y la victimología se define como un "espacio de confluencia e integración de los conocimientos normativos, psicosociales y médicos relacionados con los procesos de victimización y desvictimización" (Tamarit, 2006a).

En la actualidad, la mayor parte de los victimólogos defienden una posición intermedia. No podemos negar que la victimología forma parte de las ciencias criminológicas, la Criminología no puede concebirse sin el análisis de las víctimas, pero al mismo tiempo es justo aseverar que la victimología contempla un amplio abanico de temáticas vinculadas con el resto de la criminología por la relación lógica que existe entre los problemas estudiados. Por ejemplo, sería absurdo proponer medidas contra el acoso sexual sin investigar previamente las motivaciones de los hombres que efectúan estas conductas, o diseñar alarmas antirrobo sin tomar en consideración los métodos preferidos por los ladrones para entrar en una casa. Así como no es eficaz el estudio aislado de los delincuentes sin tener en cuenta a las víctimas y su situación en el entramado delictivo. Con todo ello, es necesario afirmar que el objeto de estudio de la victimología es algo más amplio que el fenómeno delictivo y la relación víctima-victimario, es decir, la victimología abarca determinados aspectos que la desvinculan de la criminología, para centrarse en otros relacionados con la relación de la víctima con la sociedad.

Fattah (2000) ha llegado a afirmar que el estudio de las víctimas y la victimización tiene el potencial de remodelar toda la disciplina de la criminología. Hasta el punto de convertirse en un nuevo cambio de paradigma, dado el rotundo fracaso de sus paradigmas tradicionales, como la búsqueda de la causas del delito, la disuasión, la rehabilitación, etc. Conviene aclarar que desde las filas de la victimología se considera actualmente superada la discusión acerca de la autonomía científica de la disciplina en relación con la criminología. En este sentido, se reconoce que aspectos de la victiminología desarrollados fundamentalmente en el marco de la victimología de la acción o proactiva, a la que después se aludirá, como la reparación victimal, se han desarrollado precisamente cuando el objeto de la victimología ha ampliado su objeto de análisis más allá del estudio de los procesos de victimización.

Lo que no es ya discutible es la consolidación de la victimología y su reconocimiento como disciplina científica a nivel internacional. Se han establecido una serie de sociedades nacionales y regionales de victimología. En 1979 se funda la "World Society of Victimology" (WSV) en Münster (Alemania). Se trata de una organización sin fines de lucro, con estatus consultivo especial en el Consejo Económico y social (ECOSOC) de las Naciones Unidas y el Consejo de Europa. Hoy en día sigue siendo la principal organizadora de simposios internacionales sobre la materia. Estos simposios, que se celebran cada tres años, han permitido el avance e intercambio de ideas entre profesionales de diferentes disciplinas vinculados a la victimología, favoreciendo el reconocimiento internacional de la disciplina. Son cerca de 30 los países que cuentan con organizaciones afiliadas a la WSV, entre ellos España. El siguiente cuadro muestra los diferentes simposios acontecidos y todos los hitos que han desarrollado.

CUADRO 1.1. *Simposios internacionales de victimología*

Jerusalén (ISR) 1973	Primera toma de contacto entre personas interesadas en la materia.
Boston (USA) 1976	Alentó la investigación comparada y abrió nuevos campos de trabajo científico.
Münster (ALE) 1979	Permitió la organización de la Sociedad Mundial de Victimología.
Tokio-Kioto (JP) 1982	Fortaleció la sociedad y amplió la comunicación internacional.
Zagreb (YUG) 1985	Redacción final de la "Declaración de los principios básicos de justicia para las víctimas.
Jerusalén (ISR) 1988	Centró la atención en las diversas victimologías.
Río de Janeiro (BR) 1991	Planteó la problemática latinoamericana.
Adelaide (AUS) 1994	Presentó abundante información comparada.
Ámsterdam (HOL) 1997	Se analizaron interesantes aspectos críticos.
Montreal (CAN) 2000	Celebró el XV aniversario de la Declaración de la ONU y planteó la problemática victimológica para el tercer milenio.
Stellenbosch (SUD) 2003	Se ocupó de los nuevos horizontes de la victimología.
Florida-California (USA) 2006	Se centró en aspectos trasnacionales y en víctimas de delincuencia organizada (trata de personas, narcotráfico, terrorismo, etc.
Mito (JP) 2009	Versó sobre la victimología y la seguridad de las personas.
La Haya (HOL) 2012	Se trataron especialmente temas relacionados con la perspectiva victimológica cultural.
Perth (AUS) 2015	Se compartieron las respuestas emergentes y la reflexión crítica sobre las conceptualizaciones contemporáneas de victimización.
Hong Kong (CHI) 2018	Profundizó en la globalización e internacionalización de la victimología.

Fuente: Redondo, S. y Garrido, V. (2013), p. 861, tomado a su vez de Rodríguez Manzanera, L. (2004).

Existen actualmente importantes centros de investigación en esta disciplina. Cabe destacar el International Victimology Institute (INTERVICT) en Tillburg (Holanda) y el

Tokiwa International Victimology Institute en Mito (Japón). Se publican anualmente un importante número de libros y artículos en diferentes idiomas, además de varias publicaciones periódicas en los idiomas locales. La revista *International Review of Victimology* se crea en 1988 en Londres, afiliada a la Sociedad Mundial de Victimología y editada actualmente por la universidad de Sheffield (U.K.). Otras revistas especializadas son *International Perspectives in Victimology*, *The journal of the Australasian Society of Victimology* o *Le Journal International de Victimologie*.

En España, la disciplina de la victimología se ha establecido firmemente en el ámbito académico. Ha habido un incremento sustancial en el número de Universidades que ofrecen grados en Criminología, en cuyos planes de estudio la victimología aparece como una asignatura imprescindible, o que incluso ofrecen cursos de posgrado en Victimología.

La Sociedad española de Victimología (SEV) fue fundada en el año 2004, formando parte de la misma algunas sociedades autonómicas como la Sociedad catalana de Victimología o la Sociedad vasca de Victimología. A esto se añade la constitución en 2017 del grupo de trabajo en victimología en el seno de la Sociedad Española de Investigación Criminológica. Además, destacan diversas asociaciones y fundaciones más o menos vinculadas al ámbito académico, como la Fundación Instituto de Victimología o la Fundación de Victimología. Respecto a revistas científicas, hay que destacar la *Revista de Victimología/Journal of Victimology (RV/JV)*, revista electrónica recientemente creada.

1.2. Breve historia de la victimología

En lo concerniente al desarrollo histórico de la víctima del delito, el interés por la víctima no ha sido siempre el mismo. Podemos distinguir cuatro periodos bien diferenciados entre sí (Schaffer, 1968):

1.2.1. Primer periodo: época dorada de la víctima

En tiempos remotos, situados en la edad antigua o época preestatal, la venganza individual o privada era la manera habitual de solucionar los conflictos entre víctima y victimario. Se trataba de una sanción arbitraria impuesta exclusivamente por la víctima o su familia, que era legitimada por la comunidad. Con la aparición de las primeras sociedades con primitivos ordenamientos normativos, se pone límite a la venganza privada, se realiza un control del ejercicio privado de la justicia, de tal modo que la imposición del castigo pasa de ser una decisión unilateral del entorno de la víctima a ser aplicado por los responsables judiciales de la comunidad.

A partir de la ley de las XII tablas, surge un primer reconocimiento de la víctima, aunque sea para medir el daño causado. La ley mosaica recoge la sanción taliónica y la práctica de la compensación o retribución vindicativa con beneficio para la víctima. Según la sanción taliónica, que se resume en el conocido lema "ojo por ojo, diente por diente", no se podía inferir al delincuente un mal mayor que el ocasionado por este a su víctima. La práctica de la compensación exigía restituir cuatro ovejas por una oveja robada y cinco bueyes por cada uno robado, obteniendo la víctima claramente un beneficio.

En las leyes germánicas se recogía el *bultrache* o venganza de sangre. La venganza de sangre tomaba entidad cuando un miembro de una determinada *Sippe* (colectivo familiar germánico) era asesinado o golpeado por otro individuo. Ello permitía al resto de miembros del clan de la víctima devolver la agresión, de manera que quedaban exentos de culpa si mataban o golpeaban a aquel que ocasionó el daño al miembro de su clan.

Esta situación en la que los intereses de la víctima prevalecen sobre los intereses públicos continua durante la Edad Media. En cualquier caso, queda patente la importancia que se le otorga a la víctima a la hora de establecer las pautas de resolución del conflicto. Los delitos eran considerados ofensas particulares realizadas a personas concretas, por lo que la víctima sigue siendo la dueña de su conflicto. Se trata de una época en la que el Derecho Penal era considerado privado.

1.2.2. Segundo periodo: neutralización de la víctima

Con la aparición del Estado moderno se produce un fortalecimiento del derecho común, que se traduce en el nacimiento del Derecho Penal moderno. Este se convierte en un sector del derecho público, diferenciado claramente del derecho privado. Se produce una oficialización de la justicia. Es el Estado el que se hace cargo de la Administración de Justicia, es decir, el Estado asume el monopolio absoluto del poder de perseguir y castigar (*ius puniendi*). Ello supone la articulación de un sistema de garantías frente a un ofensor contra el que se dirige la acción penal pública.

Este largo segundo estadio, identificado con la edad crepuscular, coincide con la aparición de la criminología científica. A partir de las primeras investigaciones desarrolladas a finales del siglo XIX y principios del siglo XX por sujetos que pretenden explicar la etiología del delito utilizando métodos científicos, surgen un buen número de teorías centradas en la explicación del comportamiento del delincuente.

En este largo periodo, los intereses de las víctimas se han visto subsumidos en los intereses públicos. Su tutela se consigue en la medida en que con la reacción al delito se tutelan los intereses de la sociedad en su conjunto. Determinados penalistas han abogado incluso por el principio de la neutralización de la víctima en el proceso penal, con el que se quiere expresar que las víctimas deben tener una capacidad de intervención en la reacción penal lo suficientemente limitada como para no condicionar los intereses públicos que en ella se están sustancialmente dilucidando (Silva, 2001; García Arán, 2005). Es dentro de ese contexto en el que surge igualmente la idea que impide contraponer sin más los intereses de las víctimas con los intereses de los delincuentes.

En este nuevo escenario jurídico y procesal, no hay espacio para la víctima, más allá de constituir una fuente de prueba de la que puede servirse la acusación. Se alude a la invisibilidad de la figura victimal en el sistema de justicia penal. Christie (1977) llegó a afirmar que se había producido un robo oficial del agravio personal a la víctima. A diferencia del protagonismo absoluto detectado en épocas anteriores, ahora la víctima es tratada como un simple testigo en el juicio oral. En relación al desarrollo de la criminología, la víctima no presenta ningún tipo de interés, pasa a tener una posición marginal, a convertirse en un mero objeto neutro y pasivo que nada aporta al hecho criminal y que, en el mejor de los casos, inspira solo lástima y compasión.

1.2.3. Tercer periodo: resurgimiento de la víctima

Es a partir de la atrocidades cometidas en la Segunda Guerra Mundial, cuando surge la necesidad de proclamar y hacer respetar los derechos humanos. Es en este momento cuando podemos asegurar que se produce un redescubrimiento de la víctima, cuando la figura de la víctima vuelve a cobrar cierto protagonismo.

En los años 50 se conforman las bases de la victimología con la aparición de incipientes trabajos empíricos que se centraron en el estudio de los factores de riesgo de convertirse en víctima o la contribución de esta a la génesis del delito.

En los años 60 y 70 comienzan a consolidarse en algunos países la realización de las encuestas de victimización, llegando a convertirse en un instrumento útil a la hora de identificar a la población realmente victimizada, establecer las características sociodemográficas de las mismas y alcanzar por consiguiente una mejor estimación de la criminalidad real.

La primera encuesta de victimización oficial en EE.UU. se lleva a cabo en 1965 y fue impactante comprobar los resultados tan dispares que ofrecía en contraste con las estadísticas oficiales del Federal Bureau of Investigation´s Uniform Crime Report (UCR). Las encuestas de victimización mostraban un índice de victimización muy alto y aportaban información sobre una serie de infracciones que eran desconocidas por las estadísticas oficiales y subestimadas por los tribunales. La cifra negra, que principalmente incorporaba abusos y maltratos a menores, violencia doméstica y agresiones sexuales, parecía mucho mayor de lo que cabía imaginar.

Si bien este enfoque macro demostró ser muy útil para el estudio de las tendencias y patrones de victimización, y para el análisis de la distribución espacial y social de algunos tipos de delitos, el mismo reveló muy poco sobre las situaciones sociales y personales en las que tuvieron lugar estos delitos. Es decir, los resultados obtenidos a través de las encuestas de victimización eran de un valor limitado para la comprensión de la psico y sociodinámica del comportamiento criminal, el proceso de selección de las víctimas, las interacciones entre víctimas y delincuentes, el papel dinámico de la víctima en diversos delitos, etc.

La realización de las primeras encuestas de victimización oficiales coinciden con otro fenómeno de suma importancia: el surgimiento de los primeros movimientos sociales a favor de las víctimas. El movimiento social de víctimas, que surge en EE.UU. en los años sesenta, no responde a un fenómeno uniforme. Grupos de consumidores, personas afectadas por determinadas enfermedades infectocontagiosas, promotores de la pena de muerte, feministas, grupos defensores de los menores víctimas de maltrato y abusos sexuales, grupos que reivindican derechos civiles para determinadas minorías étnicas, grupos pacifistas, en definitiva, colectivos muy diversos de minorías marginados por el sistema, comienzan a escucharse con fuerza en un país que reivindica una serie de cambios sociales y políticos para lograr una convivencia menos convulsionada (Herrera, 1996). En un primer momento el objetivo de estos grupos se centra en reivindicar un reconocimiento oficial de su existencia. Estos grupos heterogéneos presentan entre otras características comunes el contar entre sus filas con un número importante de voluntariado (Goodey, 2005).

El redescubrimiento de este nuevo tipo de víctimas de delitos, que no aparecían en las estadísticas oficiales de delincuencia, generó una gran cantidad de empatía hacia un grupo especialmente vulnerable que había estado silenciado y al que se le había privado de sus derechos. Este incipiente asociacionismo victimal consigue impulsar las primeras investigaciones y programas concretos de asistencia a las mujeres y niños.

Durante los años 80 y 90, se desarrolla una victimología más crítica y reivindicativa que pone el énfasis en la necesidad del reconocimiento de los derechos y necesidades de las víctimas, un mayor protagonismo respecto a su posición en el sistema de justicia, la repercusión negativa que en la víctima provoca la victimización secundaria, los factores de protección y resiliencia que pueden potenciarse ante estas situaciones, la percepción social sobre las víctimas y la asistencia a las víctimas como objeto de la política social.

Desde entonces hasta ahora, podemos afirmar que nos encontramos ante la moderna victimología, también denominada victimología de la acción o proactiva. A diferencia de la victimología imperante hasta entonces, denominada del acto o positivista, ya que estaba orientada a desentrañar el factor precipitador del comportamiento victimal en la producción del hecho delictivo (Herrera, 1996), al centrar su atención en la víctima como recurso explicativo de la producción de delitos, la moderna victimología centra su atención en los procesos de desvictimización, buscando articular mecanismos que contribuyan a que la víctima supere de la mejor forma el trauma vivido. De este modo, la moderna victimología habrá dejado de ser simplemente explicativa o incluso paternalista en el tratamiento de la víctima para convertirse en una victimología participativa, preventiva y reparadora, donde no sean las víctimas las que hayan de adaptarse a los sistemas ya establecidos, sin ningún tipo de estudio o evaluación victimológicos previos y continuos, sino donde se pondere el impacto, a veces desvastador, de la victimización primaria y se neutralice por completo la victimización secundaria.

1.2.4. Cuarto periodo: protagonismo de la víctima

Hay autores que alertan de una vuelta en la actualidad a la época dorada. Siendo esto algo exagerado, lo que sí es cierto es que nos encontramos en un periodo de culto a la víctima. Algunos autores han acuñado el término de victimocentrismo para referirse a la preeminencia de la víctima como actor político en la operatividad del sistema de justicia y en el diseño de la política criminal (Landrove, 1990). La participación de la víctima en el proceso penal es un claro ejemplo de lo que intentamos describir. Se pretende consolidar una política criminal orientada a la víctima. La función que aquí ejercen los medios de comunicación también es merecedora de interesantes trabajos. Existe una instrumentalización clara de la víctima, un aumento del carácter puramente simbólico de la misma.

El político es consciente de que la víctima que no recibe ayuda por parte del sistema es una víctima insatisfecha, que se convierte en un foco de potencial perturbación social. Una víctima frustrada con el sistema no confiará en la justicia y pasará a convertirse en una víctima agresiva y proactiva, un ciudadano visceral, intransigente frente al infractor, reivindicativo de políticas criminales implacables, perturbando, de este modo, la paz social.

1.3. Objetivos de la victimología

Concierne a la victimología el estudio de aspectos diversos relacionados con la víctima:

1.3.1. Etiología del delito

La contribución de la víctima en el hecho delictivo permite obtener un conocimiento más efectivo de la etiología del delito cometido. Como ya hemos visto con anterioridad, los primeros estudios victimológicos se centraron en destacar la importancia de la víctima en el esclarecimiento del hecho delictivo. Hoy en día, podemos afirmar que esta relación víctima-victimario se sigue manteniendo, de tal modo que el conocimiento de la figura de la víctima ha resultado ser imprescindible para analizar las causas del delito.

1.3.2. El perfil de la víctima

Conocer el perfil de la víctima constituye un elemento fundamental para la victimología, ya que nos permite conocer el riesgo de victimización de una persona y delimitar las víctimas más vulnerables en delitos concretos.

Para determinar un perfil de víctima determinado es imprescindible conocer los factores de riesgo o las predisposiciones victimales. La descripción de una predisposición o propensión victimal no supone la asunción de explicaciones "deterministas" como las que antaño se habían referido a la existencia de víctimas natas (Herrera, 2006), se trata más bien de factores que favorecen o facilitan la victimización, no de factores que la producen o desencadenan.

El desarrollo en el conocimiento de la figura de la víctima nos lleva a afirmar que en la actualidad existen una serie de factores victimógenos comunes en un buen número, cuyo análisis será abordado en el siguiente capítulo. Concierne a la victimología continuar actualizando estos datos de cara a conocer si con el tiempo se pueden producir cambios interesantes al respecto.

1.3.3. El conocimiento real de la delincuencia

A partir de la recopilación de datos empíricos a través de las encuestas de victimización, la victimología permite conocer el volumen real de la delincuencia, contribuye a medir de una forma más acertada la delincuencia. Si nos centramos únicamente en las estadísticas oficiales de delincuencia, dejamos de valorar un buen número de infracciones delictivas que nunca han sido denunciadas. Para paliar estas carencias, se llevan a cabo encuestas de victimización a una muestra representativa de la población.

Tales encuestas permiten conocer aquellos delitos que no han sido denunciados o de los cuales la víctima ni siquiera se ha percatado de que se trata de un hecho delictivo. De este modo, se dispone de información relevante sobre las tasas más reales de delincuencia.

1.3.4. El miedo al delito

El miedo nace con la humanidad como estrategia vital de supervivencia. Como tal, el miedo adolece de novedad pero las nuevas formas imperantes del miedo, como efecto de la globalización, no son conocidas. Los avances en pro de un mayor confort y seguridad han disparado la inseguridad y la incertidumbre contrariamente a lo que cabría esperar. Una modalidad del miedo es el relacionado con el delito y la percepción de inseguridad ciudadana. Su análisis, causas y consecuencias, forma parte de los objetivos de esta disciplina.

El miedo al delito parece ser un fenómeno que se ha desconocido en otros momentos históricos. A juzgar por la atención prestada por las investigaciones criminológicas, el miedo al delito se ha considerado un asunto trivial durante la mayor parte de la evolución histórica del pensamiento criminológico. Ninguno de los representantes de la criminología del siglo XIX y principios del XX prestó a este asunto demasiada atención, quizás por su práctica irrelevancia social. Algunos investigadores adoptaron la opinión de que el miedo al delito era directamente proporcional al riesgo objetivo. Se puso el énfasis en las graves consecuencias psicológicas que podían padecer las víctimas directas de un delito y se negó que el miedo irracional, sin fundamentación, pudiese ser pernicioso para quienes lo manifestaban.

Hoy en día todas las investigaciones al respecto parecen indicar que este miedo difuso o irracional al delito consiste en un estado de ánimo colectivo, no necesariamente asociado a una previa victimización (temor fundado) o a índices de victimización reales. De hecho, las encuestas de victimización en EE.UU. han demostrado que el miedo al delito tiene una prevalencia mayor que la propia victimización (Warr, 2006).

Su etiología puede ser producto de una defectuosa percepción de la realidad o de la manipulación interesada de esa realidad por parte de terceros. Su distribución entre la población no es homogénea y su intensidad se ve determinada por el sentimiento subjetivo de vulnerabilidad, que se despliega en relación a variables sociodemográficas tales como el género femenino, el incremento de edad, el bajo grado de formación, la tendencia política conservadora o el clima social.

Científicamente se ha comprobado que los riesgos de victimización no están uniformemente distribuidos y que las posibilidades de ser víctima de un delito están altamente correlacionadas con las posibilidades de ser delincuente. El riesgo de la victimización es uno de los muchos peligros a los cuales la sociedad está expuesta diariamente, pero las probabilidades de ser víctima de un delito no son las mismas para todos.

Estudios empíricos desarrollados durante los últimos años han demostrado lo siguiente:

1. Que el miedo al delito y el grado en que se percibe la inseguridad no parecen guardar una relación directa y unívoca con la probabilidad real de delito (García España *et al.*, 2010). Se alude a la paradoja del miedo para significar que aquellas personas con menor riesgo de ser víctimas, tales como las personas que más tiempo pasan en sus casas (como jubilados, desempleados, etc.) son aquellas que presentan los más altos niveles de este miedo difuso e irracional.
2 Que existe una asociación estadística entre la inseguridad ciudadana y la exposición mediática de la delincuencia en los medios de comunicación. Ghanem (1997) planteó una "hipótesis diagonal" que relacionaba la agenda de atributos de los medios con la agenda de temas de la opinión pública. Su

hipótesis era que la presencia o ausencia de determinados atributos noticiosos (por ejemplo, el hecho de que la víctima y el victimario no se conociesen) determinaba en gran medida la intensidad del efecto de *agenda setting*, es decir, la intensidad con la que la población consideraba el delito como un verdadero problema social.

1.3.5. Victimización primaria

Se conoce por victimización primaria el proceso por el que una persona sufre, de modo directo o indirecto, daños físicos o psíquicos derivados de un hecho delictivo.

De especial interés para la victimología son las consecuencias psicológicas a corto y a largo plazo que se pueden presentar tras la exposición a una situación traumática y, más concretamente, a un hecho delictivo. Evidentemente, la forma en que una persona que ha sido víctima de un delito puede reaccionar depende de un buen número de factores, especialmente relacionados con las propias características del suceso delictivo, con las características personales de la víctima e incluso con el contexto que rodea a la víctima, lo cual va a ser determinante de cara a afrontar el problema.

Del mismo modo, la sintomatología asociada a la victimización así como las estrategias de intervención varían en función de los diferentes ámbitos de victimización. Todo ello será tratado con profundidad en el capítulo 3.

1.3.6. Victimización secundaria

Se alude a la victimización secundaria para referirnos al conjunto de costes personales que tiene para la víctima de un hecho delictivo su intervención en el proceso penal incoado tras la comisión del referido ilícito (Tamarit, 2006a). Aunque el procedimiento penal se dirige contra el victimario, colateralmente puede llegar a producir efectos nocivos para la víctima.

Este tipo de victimización ha llegado a identificarse con una segunda experiencia victimal más negativa incluso que la primaria, incrementando el daño causado por el delito con otros de dimensión psicológica, social, jurídica o patrimonial (García Pablos, 2008).

La victimología debe centrar su atención en el estudio de este fenómeno, en sus consecuencias y en su prevención, a través de herramientas que protejan a la víctima de los peligros que en determinados casos puede ocasionar su paso por el sistema de justicia penal. El análisis de los instrumentos jurídicos existentes tanto a nivel internacional como nacional en este sentido resultan imprescindibles para evitar los perjuicios que pueden ocasionar la intervención de la víctima en el proceso penal. Todas ellas son cuestiones que serán abordadas en el capítulo 4.

1.3.7. Asistencia a las víctimas

La asistencia victimal o víctimo-asistencia puede entenderse como el conjunto de actuaciones orientadas a ofrecer a la víctima el apoyo necesario para resolver los problemas psicológicos, sociales, jurídicos o económicos derivados del proceso de victimización. El estudio de los diferentes modelos asistenciales comparados y, en particular, de los servicios de atención a las víctimas, es necesario de cara a valorar las ventajas e inconvenientes de cada uno de ellos y será debidamente tratado en el capítulo 5.

De especial importancia en estos casos es la asistencia psicológica, cuyo estudio se analizará en el capítulo 6. Si bien la exposición a un acontecimiento traumático como la comisión de un delito no implica necesariamente una afectación clínica en la persona que lo ha padecido, algunas víctimas, por diferentes razones, sufren un impacto psicológico. Dependiendo de su gravedad será necesaria o no la asistencia psicológica, ya que un buen número de víctimas, por sus recursos personales, son capaces de superar sin ayuda de profesionales las consecuencias psicológicas derivadas de la victimización. Es necesario advertir, sin embargo, que las víctimas que llegan a sufrir traumas importantes tras la comisión delictiva necesitarán asistencia psicológica. Existen diferentes técnicas e intervenciones eficaces para ofrecer herramientas a la víctima. Así, el objetivo fundamental de la asistencia psicológica consiste en facilitar las herramientas necesarias a la víctima para que pueda superar el daño generado por el acontecimiento, la sintomatología postraumática, de tal manera que pueda, lo antes posible, continuar con su vida de la forma más saludable y funcional posible.

1.3.8. Reparación a las víctimas

El resarcimiento económico a la víctima por la comisión de un delito corresponde a los responsables del delito. Cuando esta reparación no se produce, ya sea porque el victimario no ha podido ser identificado, o habiendo sido identificado no ha sido posible su detención, o habiendo sido detenido y declarado culpable, este se ha declarado insolvente, es necesaria la intervención del Estado. En base al concepto del estado asistencial y al deber de solidaridad del Estado para con las víctimas derivado del fracaso de las políticas criminales de prevención delictiva, el Estado asume esa responsabilidad. El derecho de la víctima a reclamar la participación del Estado en la reparación del daño ocasionado por la comisión de un delito surge desde el momento en que el Estado asume como monopolio la defensa del ciudadano, es decir, se erige como el responsable de sufragar los gastos que su falta de defensa ha ocasionado.

De este modo, a partir de los años 70 fueron desarrollándose en los países anglosajones sistemas públicos de indemnización para las víctimas de delitos. Este tipo de ayudas se idearon y desarrollaron sobre todo para resarcir a las víctimas de delitos violentos, atendida la ausencia de capacidad del Estado de responder frente a cualquier daño producido por el delito, y generalmente con carácter subsidiario respecto del deber del victimario.

Pero la reparación entendida en sentido integral no solamente debe ser identificada con la económica, sino también con la moral. La satisfacción de ambas facetas de la reparación se articula a través de diversos mecanismos en nuestro ordenamiento jurídico. De un lado, en lo que al aspecto económico de la reparación se refiere, el cumplimiento del mismo se actúa fundamentalmente a través del mecanismo jurídico de la responsabilidad civil derivada del delito, por una parte, así como mediante la previsión de un sistema público de indemnización subsidiario para las víctimas de determinados delitos, por otra. En segundo término, al cumplimiento del aspecto moral o inmaterial de la reparación victimal se endereza la reciente previsión en nuestro ordenamiento jurídico de la posibilidad de acudir a mecanismos de justicia restaurativa, así como a su efectiva implementación.

Efectivamente, resulta instrumental a la consecución de un ideal reparador integral la implementación de mecanismos de justicia restaurativa, puesto que dicho concepto de reparación se liga precisamente con la consecución del derecho a la verdad, con la asunción de responsabilidad por parte del infractor o con la restauración de los vínculos sociales y la confianza. Un ideal de justicia, como la restaurativa, que comprende un conjunto de prácticas que responden a la consecución de efectos como la restauración de las relaciones sociales, la pacificación y la respuesta no punitiva al conflicto, constituye una potente herramienta en punto a hacer efectiva esa idea de reparación integral. Junto a su significado respecto al derecho a la reparación, la implementación de este tipo de mecanismos incide claramente en el derecho a la participación de las víctimas en el proceso penal. Su análisis será abordado en el capítulo 5.

1.3.9. Desvictimización

La desvictimización ha sido definida como el proceso por el que la víctima abandona la instalación en la victimización y/o la explotación de la condición de victima. Al igual que la respuesta de una persona ante un hecho dado no va a ser igual que la respuesta de otra ante el mismo hecho, la capacidad de la víctima para superar un trauma va a depender de ella, de su historia, del entorno que la rodee, del apoyo familiar y social que reciba, etc. Lo importante es identificar todos los puntos de apoyo y tratar de utilizarlos a su favor. Por tanto, el proceso de desvictimización consiste en identificar una serie de estrategias o fases que permiten que la víctima deje de verse como tal. Su estudio será tratado en el último capítulo de este libro.

La resiliencia en las víctimas es objeto de estudio por parte de esta disciplina. Se trata de un concepto poco estudiado pese a la enorme importancia que tiene. Se basa en dos aspectos fundamentales: resistir el suceso y rehacerse del mismo. De este modo, este concepto se relaciona con el crecimiento postraumático. Este fenómeno estudia o analiza la posibilidad de aprender a crecer a partir de experiencias adversas. Sería una proyección positiva del hecho negativo, transformándolo en un beneficio.

La resiliencia en las víctimas es algo que se puede desarrollar, una capacidad que resulta de un proceso dinámico. Se ha investigado acerca de su origen y de los posibles factores que la fomentan. Algunas características de la personalidad y del entorno favorecerían el desarrollo de la resiliencia. Un elemento importante sería el sesgo que se tiene en la percepción sobre uno mismo: cuanto más positiva sea esa percepción, mayor capacidad resiliente se tendrá.

1.3.10. Prevención victimal

Se trata del conjunto de medidas encaminadas a evitar que la victimización se produzca o, en caso de haberse producido, que se repita o que se reduzca al menos su frecuencia o gravedad.

Podemos distinguir entre una prevención victimal primaria, secundaria y terciaria.

La prevención primaria es una prevención general, basada en estrategias generales para evitar riesgos. Para ello, sería preciso hacer partícipes a los ciudadanos en las políticas de seguridad. Esto se puede conseguir realizando anualmente encuestas de victimización. Con ellas se fomenta la participación ciudadana y, a través de la divulgación de sus resultados, se consigue un enorme efecto educativo en los ciudadanos.

La prevención secundaria sobre la víctima se produce en aquellos casos en los que se ha detectado una situación de riesgo especial para un determinado colectivo. Así, en el caso de que en una determinada zona se estén produciendo agresiones sexuales en serie contra un determinado perfil de víctima, la prevención secundaria estaría formada por todas aquellas actuaciones tendentes a su propia autodefensa, adopción de sistemas de seguridad, etc. y a identificar la posible situación de peligro. Se trata de enseñar a la víctima potencial cuál debe ser su comportamiento si se encuentra con el delincuente. Se trata de una prevención individual.

Por último, la prevención terciaria con la víctima persigue la reparación del daño y un tratamiento individualizado en caso de crisis postraumática. Con ello se previene una posible reacción descontrolada de la víctima del delito. Las actuaciones propias de la mediación o la justicia reparadora tendrían como objetivo este tipo de prevención.

1.3.11. Victimodogmática

La victimodogmática, entendida como proyección de la victimología en la dogmática penal, nace con el intento de lograr una disminución (o, en las posiciones más radicales, a la exclusión) de la pena enfatizando la contribución de la víctima en la dinámica criminal. Consiste en el análisis y tratamiento de la figura victimal en el derecho penal sustantivo.

A modo de ejemplo, podemos aludir a algunos aspectos de la incidencia victimológica en el Código Penal:

- La figura de la víctima precipitadora o provocadora se refleja en
  - La causa de justificación de la legítima defensa (art. 20.4), cuando se exige como requisito para su aplicación la agresión ilegítima entendida como agresión previa de la víctima.
  - La compensación de culpas. De este modo, el artículo 114 prevé que si la víctima contribuye con su conducta a la producción del daño o perjuicio sufrido, se podrá moderar el importe de su reparación o indemnización.
- La figura de la víctima participante tiene cabida en
  - El consentimiento de la víctima.
    - ✓ Opera como causa de exclusión del tipo en aquellos delitos que atentan contra bienes jurídicos disponibles (delitos contra la libertad sexual, delitos patrimoniales o delitos de allanamiento de morada).
    - ✓ En aquellos delitos cuyos bienes jurídicos no son disponibles, el consentimiento de la víctima implica una atenuación de la pena. Es el caso del homicidio consentido (art. 143.3), eutanasia (art. 143.4), aborto consentido (art. 145) o lesiones consentidas (art. 155).
    - ✓ Actúa como causa de justificación en el trasplante de órganos, esterilizaciones y cirugía transexual (art. 156).
  - El perdón del ofendido se contempla en nuestro Código Penal como una causa de extinción de la responsabilidad penal (art. 130.5).
- En otras ocasiones, la actitud colaboradora del victimario hacia la víctima, una vez perpetrado el delito puede ocasionar una atenuación de la pena impuesta.

- Esta posibilidad se contempla en el artículo 21.5, donde se recoge la reparación el daño causado a la víctima en cualquier momento del procedimiento y con anterioridad a la celebración del juicio oral como circunstancia atenuante.

– En la mayoría de las ocasiones, la desprotección o inferioridad de la víctima implica una agravación de la pena impuesta.

- Alevosía (art. 22.1).
- Abuso de superioridad (art. 22.2).
- Abuso de confianza (art. 22.6).
- Disfraz (art. 22.2).
- Parentesco (art. 23).
- Ensañamiento (art. 22.5).
- Aprovechamiento de las circunstancias de lugar, tiempo o auxilio de otras personas que debiliten la defensa del ofendido (art. 22.2).

– Nuestro Código Penal recoge en la actualidad una circunstancia agravante en relación con la situación de discriminación o vulnerabilidad de la víctima (art. 22.4).
– Cuando la víctima es menor o persona con discapacidad necesitada de especial protección, se agrava la pena en los siguientes delitos:

- Asesinato (art. 140.1).
- Lesiones (arts. 148.3 y 153.3).
- Mutilación genital (149.2).
- Detención ilegal (art. 165).
- Trata de seres humanos (art. 177 bis 4).
- Agresiones sexuales (art. 180.3).
- Abusos sexuales (art. 182).
- Abusos y agresiones sexuales a menores de 16 años (art. 183 y 183 bis).
- Acoso sexual (art. 184.3).
- Prostitución y corrupción de menores (art. 187. 188 y 189).
- Descubrimiento y revelación de secretos (art. 197.5).
- Quebrantamiento de deberes de custodia, indicción a abandono del domicilio, sustracción de menores y abandono de menores (art. 223 y siguientes).
- Delitos contra los derechos de los ciudadanos extranjeros (art. 318 bis).
- Dopaje (art. 361 bis).
- Tráfico de drogas (arts. 369.4 y 370.1).

- Cuando la víctima queda en grave situación económica, se agrava la pena en los siguientes delitos:

  - Hurto (art. 235.4).
  - Estafa o apropiación indebida (art. 249 y 250.1.4).
  - Daños (art. 263).

1.4. Principal objeto de estudio de la victimología: la víctima

La víctima es el objeto de estudio de la victimología como disciplina científica. Es por ello que resulta sumamente importante delimitarla conceptualmente.

El concepto de víctima es problemático. Históricamente, la víctima era la persona que se inmolaba para ofrecer un sacrificio a los dioses. Siempre ha existido una importante vinculación entre victimización y redención, especialmente presente en el cristianismo, a partir de la idea de que Dios hecho hombre asume un rol de víctima para la salvación de la humanidad.

A mediados del siglo XX se discutía acerca de su definición para tratar de concretar las causas de la victimización, es decir, si solo se podía considerar víctima a la persona que había sufrido un acto delictivo (concepto jurídico o restrictivo) o si, por el contrario, también se puede entender como víctima a aquella que padece otros males no catalogados como delictivos, como guerras, enfrentamientos armados, accidentes, casos fortuitos o catástrofes naturales (concepto victimológico o amplio).

El concepto amplio o victimológico de víctima parte de un enfoque principalmente terapéutico, ya que considera a la misma como toda persona que sufre un perjuicio, siendo el componente principal de esta definición las consecuencias psicológicas ocasionadas por dicho perjuicio, sea de la naturaleza que sea, incluidas las personas que padecen una patología derivada de un proceso natural interno. Sufrimiento e injusticia perecen ser dos de los elementos claves en esta definición amplia de víctima.

Sin embargo, entendemos que no se puede considerar víctima a cualquier persona que ha sufrido una pérdida o que padece un dolor en general. El hecho de que una persona sufra no puede ser motivo suficiente para catalogar a alguien como víctima. Igualmente insuficiente es el hecho de que alguien se sienta tratado injustamente. La victimación es objeto de interés como fenómeno con entidad propia en la medida que se corresponde con un hecho externo que supone una ruptura en la trayectoria vital del individuo y que el mismo tiene trascendencia social.

La mayoría de los autores han optado tradicionalmente por un concepto jurídico o restrictivo de víctima, entendiendo que víctima y sujeto pasivo de un delito son sinónimos, ya que se trata de la parte lesionada que sufre un perjuicio o daño por la comisión de una infracción delictiva.

Pero es evidente que esta acepción restrictiva de víctima como persona natural dejaría fuera de toda consideración victimológica a una importante gama de comportamientos delictivos dirigidos contra personas jurídicas o intereses supraindividuales. Aunque nuestro Código Penal utiliza el término víctima con mayor asiduidad que el anterior, en el seno de la ciencia penal sigue siendo más frecuente el empleo de términos como "ofendido", "perjudicado" o "agraviado".

En cualquier caso, en lo referente a los sujetos afectados por el delito, el Derecho Penal distingue entre sujeto pasivo, esto es, el titular del bien jurídico lesionado o puesto en peligro por la acción delictiva, y perjudicado por el hecho delictivo, quien puede o no coincidir con el sujeto pasivo y que constituye una categoría más amplia que la anterior. El perjudicado por el delito es toda persona que sufra un quebranto patrimonial o moral como consecuencia directa de la acción delictiva.

En esta línea, la "Declaración sobre los principios fundamentales de Justicia para las víctimas de delitos y del abuso de poder", aprobadas por la Asamblea general de las Naciones Unidas el 11 de noviembre de 1985 aporta una definición de víctima, diferenciando entre víctimas directas e indirectas. Se entiende por víctimas directas las "personas que individual o colectivamente hayan sufrido daños, inclusive lesiones físicas o mentales, sufrimiento emocional, pérdida financiera o menoscabo sustancial de sus derechos fundamentales, como consecuencia de acciones u omisiones que violen la legislación penal vigente en los Estados miembros, incluida la que proscribe el abuso de poder". Como se puede apreciar, el concepto de víctima utilizado en la normativa internacional se restringe a las víctimas de delitos.

Por otro lado, se define a la víctima de abuso de poder como aquellas "víctimas que hayan sufrido los daños anteriormente mencionados como consecuencia de acciones u omisiones que no lleguen a constituir violaciones del Derecho Penal nacional pero violen normas internacionales reconocidas relativas a los derechos humanos". La inclusión en la definición de víctimas directas a las víctimas de poder responde a la voluntad de no dejar en el olvido a las personas que hayan sufrido atropellos en sus derechos bajo regímenes autoritarios o Estados que adolezcan de un suficiente desarrollo legislativo frente a las ofensas procedentes de personas que actúan desde el poder o bajo el amparo del mismo.

La definición de víctima que aporta la Declaración de Naciones Unidas abarca además a las víctimas directas: "en la expresión víctima se incluye además, en su caso, a los familiares o personas a su cargo que tengan relación inmediata con la víctima directa y a las personas que hayan sufrido daños al intervenir para asistir a la víctima en peligro o para prevenir su victimación".

La legislación española dispone en la actualidad de una definición legal de víctima recogida en el Estatuto de la víctima del delito. En el artículo 2 de la Ley 4/2015, de 27 de abril se hace una distinción entre víctima directa e indirecta. Se considera víctima directa a "toda persona física que haya sufrido un daño o perjuicio sobre su propia persona o patrimonio, en especial lesiones físicas o psíquicas, daños emocionales, o perjuicios económicos directamente acusados por la comisión de un delito". "En los casos de muerte o desaparición de una persona que haya sido acusada directamente por un delito, salvo que se tratare de los responsables de los hechos". Se consideran víctimas indirectas:

1. Al cónyuge no separado legalmente o de hecho y a los hijos de la víctima o el cónyuge no separado legalmente o de hecho que en el momento de la muerte o desaparición de la víctima convivieran con ellos.
2. A la persona que hasta el momento de la muerte o desaparición hubiera estado unida a ella por una análoga relación de afectividad y a los hijos de esta que en el momento de la muerte o desaparición de la víctima convivieran con ella.
3. A sus progenitores y parientes en línea recta o colateral dentro del tercer grado que se encontraran bajo su guarda, personas sujetas a tutela o curatela o que se encontraren bajo su acogimiento familiar.
4. En caso de no existir los anteriores, a los demás parientes en línea recta y a sus hermanos, con preferencia, entre ellos, del que ostentara la representación legal de la víctima.

Nuestra legislación parte claramente de un concepto jurídico de víctima, siendo aún más restrictivo que el aportado por las Naciones Unidas, al excluir la consideración de víctima a los terceros que hubieran sufrido perjuicio por el delito, al intervenir para asistir a la víctima en peligro o para prevenir su victimización, así como a las víctimas de poder.

El concepto de víctima del que vamos a partir no es tan restrictivo como el penal ni tan amplio como el victimológico. Se trata de un concepto criminológico que parte de la idea de que víctima es toda persona afectada por un acontecimiento traumático, con independencia de su naturaleza u origen, que sufre las consecuencias de una agresión aguda o crónica, intencionada o no, física o psicológica, por parte de otro ser humano. Esta definición implica excluir de la definición a las personas que padecen una patología derivada de un proceso natural interno y a las víctimas de catástrofes naturales o accidentes fortuitos. Pero no se trata de una definición tan restrictiva como la jurídica, ya que incluiría a las víctimas de acontecimientos causados por un agente externo que bien lesiona bienes jurídicos protegidos por la ley penal o vulnera normas, reglas, valores o derechos fundamentales socialmente establecidos y consensuados para la convivencia, sin que necesariamente tengan que estar tipificados en un Código Penal.

Nuestra definición permite incluir en el concepto de víctima a las víctimas tolerantes, a las víctima invisibles y a las víctimas sociales. Se trata de aquellas víctimas que conforman la cifra negra de la victimología.

- Las víctimas tolerantes o inconscientes son aquellas que no asumen que están siendo víctimas de un delito, por lo que el sistema no tiene constancia de ese abuso. La menor que sufre abusos sexuales por parte de su abuelo y cree que se trata de una conducta normal sería un ejemplo de víctima no consciente.

- Las víctimas invisibles son aquellas víctimas de conductas socialmente toleradas, aunque se encuentren tipificadas penalmente. Se trata de víctimas de normas simbólicas, esto es, conductas castigadas penalmente pero no aplicadas por los jueces por su tolerancia social. A comienzos de los años 90, la violencia de género se encontraba tipificada en el Código Penal, pero su aplicación práctica era complicada y el nivel de tolerancia social era elevado.
- Las víctimas sociales o marginadas son aquellas victimizadas por la propia sociedad, es decir, aquellas desconocidas por el sistema porque tienen un difícil acceso a la justicia (inmigrantes, prostitutas, homosexuales, vagabundos).

Las víctimas colectivas son aquellas que no son individualizables, ya que el victimario atenta contra un buen jurídico social o estatal. Ello prueba que la existencia de víctimas no depende de que se haya producido un daño constatable.

1.5. Discurso social de la victimización: víctimas, política y medios de comunicación

En los últimos años se viene observando que el papel que corresponde desempeñar a las víctimas de delitos en el diseño del control social penal se ha convertido en un debate controvertido en nuestra sociedad (Alonso Rimo, 2002). Y es que es innegable una nueva tendencia a prestar especial interés y atención a las demandas de las víctimas a la hora de configurar las decisiones legislativas penales, hasta el punto de que se podría afirmar que la perspectiva de la víctima se ha convertido en uno de los principios inspiradores de la política criminal española (Díez Ripollés, 2004 y 2006).

Este nuevo fenómeno podría estar dando lugar a un protagonismo de la víctima que iría más allá de las pretensiones victimológicas anteriormente mencionadas. Se aprecia una preocupante y creciente utilización de las víctimas en el discurso político para apoyar determinadas estrategias tendentes al incremento punitivo y al retroceso garantista en relación con el delincuente, y se consolida la impresión de que en la actualidad son las solicitudes de las víctimas las que están guiando en determinados casos el debate político-criminal en España, destacando la capacidad de ciertas asociaciones de víctimas para ejercer como auténticos grupos de presión.

Este discurso províctimas proclama que el sistema penal debe concentrarse en asistir al perjudicado por el delito en lugar de tratar al delincuente. El protagonismo de los intereses de las víctimas no parecería admitir además interferencias, de manera que la relación entre delincuente y víctima habría entrado en lo que Garland (2001) ha venido a denominar "un juego de suma-cero", en virtud del cual cualquier ganancia por parte del delincuente, por ejemplo, en garantías procesales o en beneficios penitenciarios, supone una pérdida para las víctimas, que lo ven como un agravio o una forma de eludir las consecuencias de la condena; y, en menor medida, lo mismo vale a la inversa, todo avance en la mejora de la atención a las víctimas del delito es lógico que repercuta en un empeoramiento de las condiciones del delincuente.

Se constata, por tanto, en los últimos años una cierta inversión de papeles, de forma que es ahora la víctima la que determina, en el marco de sus propios intereses, los intereses de la sociedad. El principio de neutralización de la víctima podría haberse transformado en el principio del resurgimiento de la víctima vindicativa, cuyo contenido se basaría en la defensa de los intereses de la víctima a través del recrudecimiento punitivo y de la limitación de los derechos del delincuente. Este fenómeno no está ocurriendo únicamente en nuestro país. Académicos de determinados países están advirtiendo del auge que están adquiriendo las opiniones de las víctimas en la política criminal. Ejemplos como los de EE.UU., Reino Unido, Chile o Japón, donde el movimiento de víctimas ha adquirido en los últimos años un protagonismo inusitado, son realmente impactantes.

A continuación se analizan tres de los posibles factores explicativos del actual protagonismo de la víctima en la política criminal: la identificación de la mayoría social con las víctimas de delitos, la influencia de los medios de comunicación y la transformación de los movimientos y asociaciones de víctimas en grupos de presión. Si combinamos estas tres circunstancias podremos comprender claramente el auge político-criminal de este colectivo en nuestro país (Cerezo, 2011). Aquí los estudiamos más detalladamente.

1.5.1. Identificación de la mayoría social con las víctimas de delitos

Es innegable que la delincuencia genera un agudo interés en la sociedad, ya que provoca profundos cuestionamientos sobre la naturaleza y las fuentes de la motivación humana, la capacidad del Estado para mantener el orden social o la desgracia de los semejantes. En relación a este último punto, parece existir en la época actual una clara identificación de la población no afectada con las víctimas de delitos. Se podría afirmar que se ha producido una transformación social de considerable importancia, mediante la cual el sufrimiento de la víctima ha dejado de pertenecer al ámbito de lo privado para obtener una dimensión colectiva. La sociedad actual se muestra como un conjunto de víctimas potenciales que demandan mayor protección, y con ello intervención penal aunque sea a costa de un detrimento de la libertad y de las garantías.

En palabras de Garland (2001), "hay un nuevo significado colectivo de ser víctima y una relación reelaborada entre la víctima individual, la víctima simbólica y las instituciones públicas de la justicia penal y el control del delito". Cabe apuntar al menos dos motivos que influyen en esta identificación colectiva con las víctimas.

1. *La desconfianza hacia el sistema de justicia.* La sociedad actual considera que la justicia deja desamparadas a las víctimas y, por consiguiente, a cualquier víctima potencial. En el nuevo contexto sociopolítico en el que vivimos se desconfía del buen funcionamiento de los sistemas de control establecidos y, entre ellos, la justicia no sale bien parada. Los barómetros de opinión del CIS miden cada cierto tiempo el grado de confianza que merecen ciertas instituciones. De todas las nombradas: las Fuerzas de Seguridad del Estado, el Tribunal Constitucional, el Defensor del Pueblo, el Consejo General del Poder Judicial y la Administración de Justicia, es esta última la peor valorada por los ciudadanos. Nuestro país se encuentra además entre aquellos países de la Unión Europea cuyos ciudadanos confían menos en su sistema judicial.
   Las causas de la desazón son múltiples. Una parte importante del descontento social, relacionado con las víctimas, procede de la deficiente ejecución de la responsabilidad civil derivada de delito y de su ineficacia para cubrir todas las necesidades reparatorias de las víctimas. Pero la impresión de que la justicia es muy lenta, no es igualitaria, y la sensación de impunidad hacia algunos delincuentes resultan ser los factores claves. Todo ello lleva a ciertos sectores de la población a reclamar tareas relacionadas con el control de la delincuencia.
2. *La sensación de que la delincuencia no cesa de aumentar.* La solidaridad con las víctimas no tiene que ver solo con sentimientos filántropos, sino principalmente con otras ideas menos altruistas. La sociedad actual tiene una visión pesimista sobre la delincuencia, que le lleva a la creencia de que vivimos en un ambiente criminógeno y, podemos ser víctimas en cualquier momento de un delito (Bernuz, 2008). Varias investigaciones han analizado las causas por las que la sociedad postindustrial se involucra con las víctimas de delitos hasta el punto de sentir un temor infundado a ver afectados también sus bienes personales (Varona, 2008).

Ambos aspectos son utilizados por las víctimas vindicativas en pro de sus objetivos. El creciente reclamo de atención de las campañas sociales de víctimas, a veces gráficas y espectaculares, cuando no sensacionalistas, así como la utilización de los medios de comunicación para propagar sus discursos, constituyen un motor importante de la identificación comunitaria con las víctimas.

1.5.2. La influencia de los medios de comunicación

Se confirma la impresión de que algunas decisiones legislativas recientes se están adoptando en función de la presión ejercida por movimientos victimales con fácil acceso a los medios de comunicación y, a través de estos, a las esferas gubernamentales.

Parece demostrado el importante papel que juegan los medios de comunicación en la construcción de problemas sociales. Han asumido en los últimos tiempos la función de auténticos foros de exposición y debate de los principales problemas sociales. Han mostrado su capacidad de transmitir todo tipo de ideas y conocimientos sobre temas de especial relevancia social y, lo que es aún más relevante, de formar a la opinión pública, convirtiéndose en auténticos agentes de control social (Soto, 2005).

Conocedores de su poder de transmisión, emplean técnicas de selección de aquellos acontecimientos que pretenden convertir en noticia, deciden lo que debe ser un conflicto noticiable e incluso cómo y con qué contenido ha de ser presentada la noticia. Todo ello a veces con una simple pretensión lucrativa, guiada por el interés en alcanzar determinados índices de audiencia o de tirada. No hay que olvidar que los medios de comunicación al fin y al cabo son empresas privadas que han de regirse por criterios económicos. Como cualquier otra empresa privada, sus objetivos son la reducción de costes, el aumento de cuotas y la financiación a través de la publicidad. Ello en muchos casos se consigue mediante el sensacionalismo o tendencia a producir emociones en la audiencia y la reducción de la calidad de las noticias (no se contrastan las fuentes de información, se hace un análisis superficial de los asuntos, se utiliza una terminología errónea, etc.)

Una de las principales cuestiones que ocupa la actividad comunicativa de los medios es sin duda el fenómeno criminal. Tanto la prensa como la radio y la televisión han mantenido e incluso incrementado en la última década el porcentaje de noticias sobre delitos. A la audiencia parece fascinarle especialmente los programas y las noticias relacionadas con determinados delitos (asesinatos, violaciones, malos tratos, violencia escolar, robos con violencia, secuestros exprés y, en los últimos tiempos, corrupción y delitos urbanísticos). Ello es positivo en la medida en que sea capaz de provocar y dirigir un debate público en el que se enfrenten los distintos planteamientos sobre las causas y los programas de acción a desarrollar para resolver ese problema social. Pero no debemos ser ingenuos: cuando los medios explotan una noticia en ocasiones no tienen otra pretensión que garantizar los niveles de audiencia, sin importarles que la información que proporcionan pueda estar distorsionada o contaminada por intereses particulares.

Es frecuente observar cómo los medios de comunicación presentan una realidad criminal inexacta. Se sobredimensiona la gravedad y la frecuencia de ciertos acontecimientos, contribuyendo de este modo a la aparición y refuerzo de errores cognitivos en el auditorio, principalmente respecto a la probabilidad de ser víctima del delito. Al servicio de esta distorsión informativa se encuentra la interpretación de los datos estadísticos. A modo de ejemplo, es normal dividir la cantidad anual de delitos cometidos entre segmentos temporales inferiores al año, para impactar a la audiencia ("cada cinco días muere una mujer a manos de su marido en España"). Si esta operación aritmética se realiza según el número total de mujeres que habitan en nuestro país, la probabilidad que tiene una mujer de morir a manos de su pareja es ínfima. La constante aparición del fenómeno criminal en los medios, así como la insistencia en sus manifestaciones menos comunes pero más violentas, favorecen igualmente la formación o el refuerzo de una conciencia social y personal de preocupación en torno al delito. No es difícil explicar cómo el ciudadano medio en la actualidad tiene la impresión de que la delincuencia no cesa de aumentar, mientras las estadísticas oficiales de criminalidad muestran todo lo contrario.

A esta visión equivocada de la realidad delincuencial coadyuva, en primer lugar, la dependencia de los ciudadanos respecto a los medios a los efectos de conocer su entorno social. Es prácticamente imposible que el ciudadano pueda consultar las fuentes originarias de la delincuencia, a menos que se trate de un experto en el tema o tenga especial interés en conocer el asunto a fondo. El ciudadano recibe información a través de los medios.

En segundo lugar, es normal que la audiencia confíe en la veracidad del mensaje que le transmiten los medios. Y ello por más que es cierto que esa audiencia es cada vez menos homogénea desde un punto de vista socioeconómico, cultural, ideológico, etc., lo que lleva a una cierta selección previa de los mensajes que quiere recibir y cómo los quiere recibir, eligiendo el medio y el programa. Incluso hay un sector de la población muy crítico con lo que lee y escucha y que, para sentirse informado, contrasta diversos medios.

En tercer lugar, la calidad informativa que se otorga a este tipo de noticias es insuficiente. En términos generales se aprecia una escasa reflexión sobre las noticias, que se refleja en un parco control de las fuentes fidedignas y en una falta de análisis de las circunstancias del acontecimiento concreto. Ello lleva a descontextualizar las noticias, a no profundizar en las causas y factores implicados en el hecho.

En último término, se pretende hacer llegar al público mensajes que puedan quedar en su retina y memoria, y que logren ser el comentario del día o de la semana. Los medios de comunicación no informan con el objeto de describir con precisión el conflicto delictivo, sino más bien, como ya se ha señalado anteriormente, con el de incrementar las cuotas de audiencia o la tirada. Por ello, los movimientos y asociaciones de víctimas se sirven de los medios de comunicación para hacer llegar su mensaje a la sociedad. Son los primeros interesados en magnificar el volumen, la extensión y la génesis de la delincuencia, en sobrevalorar el impacto psicológico y/o económico de la victimización y en obtener réditos del interés y del miedo generado y realzado por las noticias relacionadas con determinados delitos.

1.5.3. Los grupos de presión

No todas las víctimas tienen la misma capacidad para incidir en la política criminal y para utilizar a los medios de comunicación para este propósito. Es evidente que en nuestro país algunas víctimas se oyen más que otras. No es casualidad que las víctimas que más se hacen notar sean precisamente aquellas que previamente se han asociado. De este modo, se han creado situaciones de desigualdad entre las víctimas asociadas que ejercen un claro poder de presión para conseguir los objetivos propuestos, y aquellas otras víctimas anónimas, no organizadas y poco relevantes o difusas. La diferencia se da al margen de la mayor o menor gravedad de los delitos sufridos.

La connotación negativa que conlleva el término "grupo de presión" puede proceder de su modo de actuación. Los grupos de presión, por naturaleza o elección, carecen de la imparcialidad necesaria para ser objetivos. Determinados grupos de presión intentan alcanzar sus objetivos a través de la influencia que puedan tener sobre los decisores públicos y sobre las instituciones legitimadas para ejercer el poder. Con esta intención realizan una serie de actividades con el objeto de hacer llegar las proposiciones del grupo a los órganos y personas adecuadas. La principal acción de estos grupos suele consistir en la realización de actos persuasivos sobre sus interlocutores. Por ello, cuando estas acciones no han tenido las repercusiones esperadas, pueden ocasionalmente realizar actos de cierta agresividad (ataques lingüísticos, críticas, etc.), que eventualmente pueden concretarse en actos violentos o de vandalismo, huelgas, manifestaciones, etc., concentrándose a veces en personas individuales (extorsión, chantajes, amenazas, etc.).

Pero la eficacia de los grupos de presión viene determinada por numerosos factores, como son la capacidad del grupo para movilizar a sus miembros, la energía y los recursos del grupo, la posición e imagen del grupo en la sociedad, la eficiencia de la organización interna, la posibilidad de acceso a los decisores o la adecuación de sus intereses a los valores determinantes de la sociedad.

Antes de iniciar cualquier tipo de actividad los grupos de presión deben tener clara su posición respecto a los poderes decisores. Normalmente se suscitan tres posibles situaciones:

1. *Actuación postparlamentaria.* Una disposición pasiva, que parte de la observación de la elaboración de las decisiones, limitando la actividad al momento de la decisión final. Esta tendencia es claramente negativa, ya que no permite inyectar las propuestas grupales en el proceso creador de las decisiones públicas.
2. *Actuación paraparlamentaria.* Realización de un trabajo activo en la preparación de las propuestas cuando se está en proceso de consultas. Se trata de participación en los proyectos de ley. Los grupos que se ubiquen en esta dinámica tienen la posibilidad de incidir sobre las propuestas y de influir en la decisión final.
3. *Actuación preparlamentaria.* Una vocación anticipatoria que permite identificar las decisiones y acciones futuras para, de esta manera, estar prevenidos y, consecuentemente, poseer la potencialidad de minimizar los inconvenientes y maximizar las ventajas. Es la actuación más eficaz, ya que permite luchar contra la irrupción de cuestiones negativas para el mismo y, al tiempo, deja la posibilidad de proponer las propias iniciativas y no ir a rémora de otras propuestas.

A los grupos de presión lo que más les interesa es participar en la gestación del proyecto para poder implicarse, desde el principio, en el proceso de creación y así poder introducir el mayor número de apreciaciones propias en los artículos del texto legal. La actuación debe ser activa y mutable en relación al sistema político en el que se inserte. No existe un principio ni un final de su intervención ya que se ha de estar en un estado de alerta permanente, actuando sobre diversos lugares al mismo tiempo. Así el grupo entra en un circuito que se va retroalimentando de cada una de las respuestas recibidas, que causa nuevas necesidades que se han de satisfacer. Este juego implica un conjunto de interrelaciones entre los grupos y otros actores del sistema social en permanente movimiento.

No todos los grupos pueden penetrar de forma fácil en el sistema, ya que se debe ganar una imagen previa, imagen social que le permite aparecer como grupo susceptible de entrar en el mismo. Para poder ser llamados a la formulación de la política criminal es necesario que los antecedentes del grupo sean de seriedad y formalidad.

Los expertos afirman que hay dos circunstancias no interrelacionadas entre sí que favorecen que los grupos de presión ejerzan cierto protagonismo en el proceso de elaboración e implementación normativa: la presencia en los países democráticos de dos partidos nacionales poderosos, y la existencia de organizaciones de nivel internacional en las que se integren todos los sectores sociales relevantes.

Respecto a la primera, la existencia del bipolarismo político favorece que el gobierno de turno se deje influir por la opinión pública, de tal forma que el proceso de toma de decisiones legales ofrece demasiadas tentaciones políticas de caer en el populismo punitivo. La lucha política por la obtención de votos pasa por satisfacer a la ciudadanía, aunque ello pueda implicar el quebrantamiento de garantías democráticas. En relación a la segunda, la proyección internacional de determinados movimientos de víctimas ayuda a alcanzar los objetivos propuestos en el entorno nacional o local.

Determinadas asociaciones en España se comportan como grupos de presión con un objetivo claro: elaborar o modificar las leyes penales para que determinados delincuentes reciban una respuesta penal acorde a sus deseos. Su legitimidad deriva de que pueden ofrecer su propia experiencia como víctimas de delitos, directas o indirectas, sin que necesiten aspirar a que su intervención suponga una aportación científica o experta en la materia. Precisamente estos grupos de presión victimales presentan las características generales apuntadas en este apartado, a saber, son capaces de movilizar a sus miembros e incluso a miles de simpatizantes porque han adquirido una buena imagen pública, cuentan con suficiente financiación, con frecuencia pública, cómo para tener recursos materiales y humanos y se encuentran internamente bien organizados con sedes nacionales e internacionales. Ello ha permitido su fácil acceso a los poderes decisores. Si años atrás la situación de estos grupos se limitaba a ser postparlamentaria, actualmente podemos aseverar que, en relación a determinadas leyes penales, se trata de una actuación claramente para y preparlamentaria.

Por todo ello, los *lobbie*s de víctimas, pese a sus méritos como representantes de la sociedad civil, implican una serie de riesgos. En primer lugar, el asociacionismo puede favorecer el fomento del victimismo y, por consiguiente, la instalación en la victimización. En segundo lugar, al estar al servicio de los decisores políticos estas asociaciones corren el riesgo de terminar siendo manipuladas por el propio poder establecido. En tercer lugar, la ambición de las asociaciones, que ven paulatinamente logrados sus objetivos, puede llegar a ser insaciable. Ello puede llevar a que pretendan monopolizar el discurso de las víctimas y surja la competitividad entre las asociaciones de víctimas por ganar notoriedad en el espacio público. Ambos aspectos producen una visión equívoca en la opinión ciudadana, que parece ser proclive a los postulados defendidos por estos grupos de presión.

Preguntas de autoevaluación

1. ¿Quién es el autor de la obra *The criminal and his victim* de 1948?:

   ☐ *a)* Mendelsohn.
   ☐ *b)* Von Hentig.
   ☐ *c)* Werfel.
   ☐ *d)* Wolfgang.
   ☐ *e)* Gulotta.

2. ¿Cuál de los siguientes aspectos no es objeto de estudio de la victimología?:

   ☐ *a)* El control social.
   ☐ *b)* El miedo al delito.
   ☐ *c)* La etiología del delito.
   ☐ *d)* El conocimiento real de la delincuencia.
   ☐ *e)* La justicia restaurativa.

3. ¿Dónde se celebró el I Simposio Internacional de Victimología en 1973?:

   ☐ *a)* Estocolmo.
   ☐ *b)* Jerusalén.
   ☐ *c)* París.
   ☐ *d)* Londres.
   ☐ *e)* Madrid.

4. Al proceso por el que la víctima abandona la instalación en la victimización se le denomina:

   ☐ *a)* Victimización primaria.
   ☐ *b)* Victimización secundaria.
   ☐ *c)* Victimización terciaria.
   ☐ *d)* Desvictimización.
   ☐ *e)* Ninguna de las anteriores.

5. ¿Cuál de los siguientes factores no es importante para que una asociación de víctimas ejerza como grupo de presión?:

- ☐ *a)* Su fuente de financiación.
- ☐ *b)* Su proyección internacional.
- ☐ *c)* Su capacidad para movilizar a sus miembros y simpatizantes.
- ☐ *d)* Su imagen en la sociedad.
- ☐ *e)* Su eficiente organización interna.

2

Teorías y perspectivas de la victimización

En este capítulo se desarrollan tres aspectos de suma importancia en el ámbito de la disciplina victimológica. Se trata de cuestiones alumbradas fundamentalmente durante la primera fase de la consolidación de la victimología como ciencia, en que la misma constituía una disciplina orientada al estudio de la pareja penal, a desentrañar el factor victimoprecipitador del comportamiento victimal como recurso explicativo de la producción de delitos, como se ha indicado en el anterior capítulo. En dicho contexto, en este capítulo se aludirá, en primer lugar, a las teorías de victimización. En el ámbito teórico, se han desarrollado diversos modelos en un intento por hallar explicación a las enormes variaciones en cuanto a los riesgos de victimización, la concentración de la victimización en ciertas áreas y entre ciertos grupos, así como para aclarar el curioso fenómeno de la victimización repetitiva o revictimización. En segundo lugar, es necesario destacar la trascendencia que en esta disciplina han supuesto la elaboración de las tipologías victimales, por lo que se le dedica un apartado específico a su exposición y desarrollo. Por último, y enlazando directamente con el contenido del capítulo, se desarrolla el perfil de la víctima y los factores victimógenos que permiten precisar dicho perfil.

2.1. Teorías explicativas o descriptivas de la victimización

Del mismo modo que durante siglos el ser humano se ha preguntado cuáles son las razones por las que alguien transgrede las normas y comete delitos, la victimología ofrece explicaciones acerca de las causas por las que hay personas que presentan una mayor probabilidad de ser víctimas de delitos que otras.

Las teorías que se van a presentar en este apartado analizan los factores determinantes de los riesgos individuales y sociales de la victimización. Muchas de ellas son teorías que han intentado explicar cuáles son los factores que llevan a una persona a delinquir, es decir, teorías criminológicas que se han adaptado a la vertiente victimológica para profundizar en el estudio de la víctima.

Atendiendo a su categorización (Fattah, 2000), siete son los conceptos básicos sobre los que se han desarrollado las teorías explicativas de la victimización. Estos conceptos ponen de relieve la relación estrecha existente prácticamente en todos los delitos entre víctima y victimario. Ya sabemos que si los delincuentes eligieran a sus víctimas totalmente al azar, el riesgo de sufrir un delito estaría repartido de forma igual entre toda la población. Sin embargo, sabemos que hay personas que son más propensas que otras a sufrir un delito. Dicho de otro modo, circunscribir todo el proceso de victimización al victimario es un grave error, ya que en ocasiones es la conducta de la víctima la que determina la comisión del hecho delictivo como un componente más del mismo. Negar esto sería olvidar la esencia mínima de la dinámica de los delitos. La vinculación entre ambos sujetos puede provenir de muy diversas situaciones:

1. La oportunidad presentada al victimario para ejecutar el delito debido a las características personales de la víctima potencial (edad, sexo, nacionalidad, etc.).
2. Los factores de riesgo exógenos o sociodemográficos que confluyen en la víctima (profesión, ingresos económicos, etc.).
3. Otras preferencias del infractor en cuanto a la selección de las víctimas relacionadas con los contextos espacio-temporales (domicilio, hora del día, etc.).
4. La exposición al riesgo por el contacto con personas o situaciones especialmente criminógenas (prostitución, delincuentes, etc.).
5. Los comportamientos arriesgados debido a la invitación, la provocación o la negligencia de la propia víctima.
6. Las actividades de alto riesgo, especialmente las relacionadas con el ocio o el modo de ganarse la vida –jóvenes, eventos deportivos de rivalidad, ejercicio de la prostitución, etc.–.
7. La propensión de carácter estructural o social, que asocia inequívocamente aspectos de marginalidad y exclusión con niveles de riesgo.

A continuación se van a detallar algunos de los modelos teóricos sobre la victimización más representativos, ya sea por su carácter clásico, ya sea por la relevancia de su reciente evolución.

2.1.1. Teoría del estilo de vida

Uno de los primeros autores que se planteó el estudio empírico de la víctima fue Wolfgang. A raíz de un análisis pormenorizado de 550 homicidios ocurridos en Filadelfia durante cinco años (1948 a 1952), estableció que las víctimas y los homicidas suelen tener muchos factores en común: ambos son jóvenes, viven en el mismo barrio, son de la misma raza y clase social y se conocen. En su estudio sobre homicidios, tan solo en un 12% de los homicidios el autor no había tenido amistad o parentesco con la víctima (Wolfgang, 1958). Este resultado causó un gran impacto en una sociedad que consideraba que la mayor parte de las víctimas de homicidios desconocían a su agresor. Eso era debido a que hasta entonces los estudios sobre homicidios se habían limitado a analizar las características que envolvían a las víctimas o a los homicidas por separado, pero nunca se habían detenido a analizar la interdependencia y similitudes existentes entre ambos.

Basándose en este estudio, Hindelang amplió este razonamiento en 1978 al estudiar otro tipo de delitos más allá de los homicidios en los que encontró datos de concordancia similares entre víctima y victimario. A partir de este conocimiento y de una férrea base estadística victimológica formuló la teoría del estilo de vida. Se trata de un modelo de oportunidad en el que tiene en cuenta factores exógenos y endógenos.

Esta teoría postula que la probabilidad de que un individuo sufra una victimización personal depende en gran medida de cómo vive la persona, de su estilo de vida. El modelo propuesto vincula la probabilidad de ser victimizado al concepto del estilo de vida, concepto que no es nuevo ni único para explicar las variaciones en el riesgo. Se ha sabido durante mucho tiempo que la probabilidad de muerte o lesión accidental está en muchos aspectos relacionada con el estilo de vida de la población y el tipo de actividades en las que están involucrados.

Los médicos han insistido en la estrecha relación entre el estilo de vida y las actividades de rutina, y el riesgo de padecer ciertas enfermedades como el cáncer de pulmón y de piel, la alta presión arterial y las enfermedades cardiovasculares, la cirrosis hepática, el SIDA, etc. Como una cuestión de hecho, el concepto de estilo de vida impregna las explicaciones dadas para la mayor o menor susceptibilidad a una amplia variedad de enfermedades.

La creencia de que el estilo de vida puede influir en la probabilidad de victimización, aumentando o disminuyendo las probabilidades de convertirse en víctimas de ciertos delitos, puede ser vista como una extensión lógica de este concepto a la esfera social. En su modelo, Hindelang comprende una serie de factores exógenos de riesgo relacionados con un *modus vivendi* arriesgado. Se da prioridad a los factores sociodemográficos en detrimento de los factores biofisiológicos o psicológicos.

Hindelang explica que las características sociodemográficas de cualquier persona forman las expectativas de rol. A nadie extrañará que una chica joven vaya a la discoteca, mientras que se considera fuera de lugar que vaya una anciana. Pero las características sociodemográficas también imponen restricciones estructurales en la vida, de tipo económico, familiar, educativo o legal. Este estilo de vida determina las afiliaciones, es decir, las relaciones sociales o amistades, el ambiente en el que te mueves, la exposición al riesgo y, por consiguiente, la probabilidad de una persona de ser víctima de un delito.

Concluye este autor afirmando que la persona profesionalmente activa, que lleva una intensa vida social y que goza de un alto nivel adquisitivo, está más expuesta al riesgo, es decir, presenta una mayor vulnerabilidad que la persona desempleada que permanece en casa, que posee limitados recursos económicos y, a menudo, un menor grado de integración social.

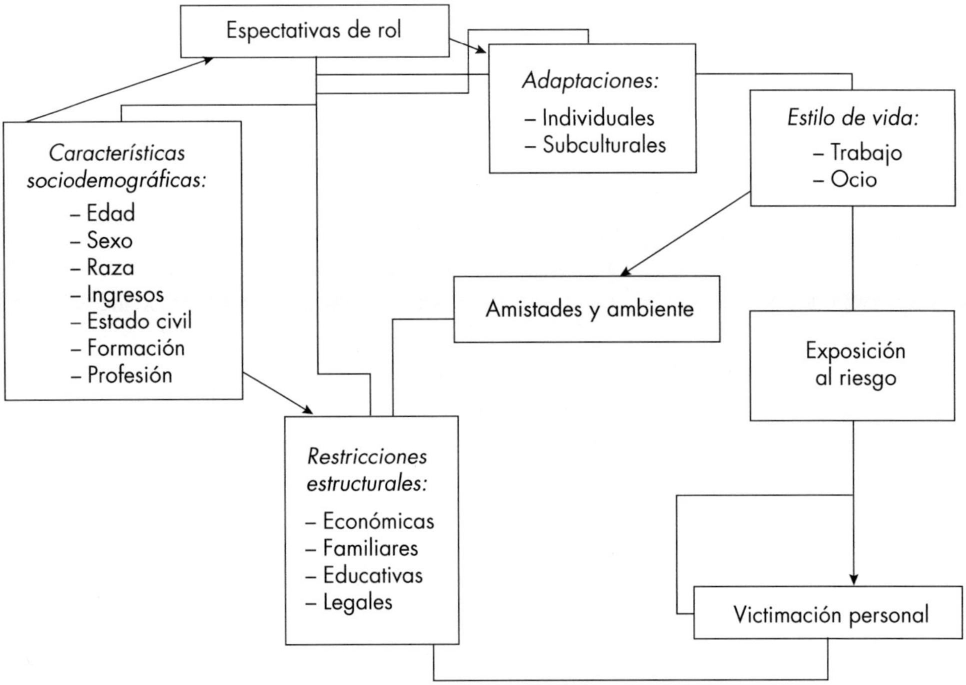

FIGURA 2.1. Teoría del estilo de vida de Hindelang.

2.1.2. *Teoría de las actividades cotidianas*

Basada en el modelo de oportunidad, esta teoría apunta a que son los factores espacio-temporales los que contribuyen a explicar por qué se produce una victimización. Sus postulados se basan en la comprobación empírica de que la victimización no se distribuye al azar sobre el tiempo y el espacio, sino que hay espacios y momentos de alto riesgo.

Cohen y Felson (1979) crearon su modelo a partir de la observación del desarrollo económico que tuvo lugar en los EE.UU. a partir de la Segunda Guerra Mundial. Comprobaron que la mejora de las condiciones socioeconómicas que estaban experimentando los ciudadanos estadounidenses no tenían una repercusión significativa en la reducción de las tasas de delincuencia violenta, todo lo contrario, las cifras iban en aumento constante, contradiciendo de este modo las teorías sociológicas que habían basado sus postulados en la relación entre el binomio pobreza-delincuencia.

Cohen y Felson explican que el momento histórico en el que nos encontramos da lugar a que todos llevemos a cabo actividades cotidianas, esto es, actividades recurrentes y frecuentes que satisfacen las necesidades básicas de los individuos, cualesquiera que sean su origen biológico o cultural, tales como los continuos desplazamientos, muchas horas fuera del hogar por razones de ocio y el movimiento de capital, propiedades y mercancías. Ese ritmo de vida aumenta las oportunidades de delinquir, por lo que podría explicar las tasas altas de delincuencia.

El enfoque de Cohen y Felson se centra principalmente en las "violaciones predatorias de contacto directo", es decir, aquellas que "implican contacto físico directo entre al menos un delincuente y una persona u objeto que este delincuente intenta tomar o dañar" (Cohen y Felson, 1979). Este modelo define la victimización como área espacial y temporal de convergencia de tres factores identificables:

1. Delincuentes motivados, esto es, sujetos con inclinación delictiva.
2. Presencia de blancos preferentes de victimización, ya sean objetos o víctimas. Respecto a las segundas, se trata de víctimas ideales o propensas a estar en el punto de mira del victimario. Estos autores incluyen dentro de las víctimas propensas o preferentes a las víctimas próximas (aquellas que se encuentran físicamente o virtualmente cercanas a lugares donde es frecuente que se cometan delitos), a las víctimas expuestas (aquellas que por sus actividades cotidianas se relacionan con delincuentes, como los policías) y a las víctimas atractivas (aquellas que presentan características personales, económicas o de accesibilidad que las ponen en el punto de mira del victimario, como, por ejemplo, las joyerías).
3. La ausencia o escasez de protectores eficaces (control social informal, por ejemplo) o recursos de seguridad (presencia policial, entre otros), unido a la peligrosidad de determinados espacios y tiempos.

La aparición de la victimización sería el resultado de la aparición, al menos, de estos tres elementos, siendo los factores centrales que subyacen en el enfoque de la actividad rutinaria la oportunidad, la proximidad/exposición y los factores facilitadores.

2.1.3. El modelo de oportunidad y el modelo holandés

Los modelos de estilo de vida y actividades cotidianas no son de ningún modo los únicos. También esta el modelo de oportunidad (Cohen *et al.*, 1981) y el modelo holandés (Van Dijk y Steinmetz). El modelo de oportunidad incorpora elementos de los dos anteriores y postula que el riesgo de victimización delictiva depende en gran medida del estilo de vida de las personas y actividades cotidianas que les ponen a ellos y/o sus bienes en contacto directo con los posibles infractores en ausencia de vigilancia adecuada.

El modelo holandés fue desarrollado por Van Dijk y Steinmetz. Sugiere que son tres los factores principales determinantes de los riesgos diferenciales de victimización, a saber, la proximidad, el atractivo y la exposición.

En un intento de integrar los diversos modelos en un sistema global, Fattah agrupó todos los factores aparentemente pertinentes en diez categorías distintas (Fattah, 2000):

a) *Oportunidades*. Estrechamente vinculadas a las características de los objetivos potenciales (personas, hogares, empresas), y a las actividades y el comportamiento de estos objetivos.
b) *Factores de riesgo*. Particularmente los relacionados con las características sociodemográficas como la edad y el género, la zona de residencia, la ausencia de vigilancia, la presencia de alcohol y otros.
c) *Delincuentes motivados*. Los delincuentes, incluso los no profesionales, no eligen a sus víctimas al azar, sino que seleccionan a sus víctimas/objetos de acuerdo a determinados criterios específicos.
d) *Exposición*. La exposición a posibles factores y a situaciones y entornos de alto riesgo aumenta el riesgo de victimización delictiva.
e) *Asociaciones*. La homogeneidad de la población víctima y el delincuente sugiere que la asociación diferencial es tan importante para la victimización delictiva como lo es para la delincuencia. Por lo tanto, los individuos que están en estrecho contacto personal, social o profesional con delincuentes corren un mayor riesgo de ser víctimas.
f) *Momentos peligrosos y lugares peligrosos*. Los riesgos de victimización delictiva no se distribuyen de manera uniforme en el tiempo o en el espacio. Hay momentos peligrosos, como la noche o los fines de semana, y lugares peligrosos, como los espectáculos públicos, en los que los riesgos de llegar a ser víctima son más altos que en el trabajo o en la casa.
g) *Conductas peligrosas*. Ciertos comportamientos, tales como la provocación, aumentan el riesgo de victimización violenta, mientras que otras conductas, como la negligencia o el descuido, aumentan las posibilidades de victimización patrimonial. Hay otros comportamientos peligrosos que ponen a quien los realizan en situaciones peligrosas, donde su capacidad de defenderse y protegerse contra los ataques se reduce considerablemente. Un buen ejemplo de ello es hacer autostop.
h) *Actividades de alto riesgo*. Aumentan la posibilidad de victimización. Entre estas actividades está la búsqueda de diversión, que puede incluir actividades irregulares e ilegales. También es sabido que ciertas ocupaciones, tales como

la prostitución, llevan consigo un potencial más alto que el promedio de victimización.

i) *Comportamientos defensivos/de evitación.* Dado que muchos de los riesgos de victimización podrían ser fácilmente evitados, las actitudes de la gente ante estos riesgos pueden influir en sus posibilidades de ser victimizados. Aquellas personas que asumen riesgos están destinados a ser víctimas más a menudo que quienes evitan los riesgos. Esto significa que el miedo a la delincuencia es un factor importante en la reducción de la victimización, ya que los que tienen miedo, por ejemplo los ancianos, toman más precauciones contra la delincuencia, incluso disminuyendo su tiempo de actividades diurnas y nocturnas, reduciendo de este modo su exposición a la victimización.
j) *Propensión estructural/cultural.* Existe una correlación positiva entre la falta de poder, las privaciones y la frecuencia de victimización delictiva. La estigmatización cultural y la marginación también aumentan los riesgos de victimización designando a ciertos grupos como víctimas culturalmente legitimadas.

2.1.4. *La victimología crítica o la versión victimológica de la teoría del etiquetamiento*

Las teorías del etiquetamiento tienen también una vertiente aplicativa en el seno de la victimología. De este modo, parten de la idea de que la victimización potencia una nueva victimización debido a la estigmatización o marginación de determinados colectivos. Se apunta por tanto a la existencia de auténticas víctimas sociales, deslegitimadas socialmente, que se ven completamente desprotegidas, ya sea porque el delito que han sufrido no se encuentra tipificado, ya sea porque aún estándolo, es tolerado por la mayoría social y no es perseguido, quedando impune. En ocasiones, la estigmatización social hacia ciertos colectivos puede provocar la propia victimización. En definitiva, las víctimas asumen procesos atribucionales de culpa que operan a veces de forma imperceptible y que provocan el riesgo de ser víctimas. Son objetivos más vulnerables porque muestran poca resistencia al delito, más accesibles porque se encuentran más expuestas al él y más deseables porque son más atractivas para el delincuente.

Además de explicar las causas de determinados procesos de victimización y revictimización, esta teoría persigue denunciar los estereotipos y efectos negativos derivados de la atribución de la condición de víctimas.

2.1.5. *El modelo del enfrentamiento social*

El modelo de enfrentamiento social (Dussich, 1988) se esfuerza en explicar la dinámica por la que los individuos se enfrentan con los problemas en su entorno. Es una teoría que parte de la perspectiva de la comprensión de la victimización y de su afrontamiento.

El autor identifica cuatro fases del proceso de enfrentamiento aplicado a la victimización:

a) *Fase preventiva:* conciencia de la posibilidad de un problema. Será vulnerable quien no se sepa anticipar razonablemente a un problema.
b) *Fase de preparación:* conciencia y definición de un problema real. Será vulnerable quien no realice esfuerzos de preparación ante el problema inminente, valorando sus recursos y ensayando el enfrentamiento.
c) *Fase de acción:* ocurrencia del evento. Será vulnerable la persona inhábil para el enfrentamiento. Se incorporan aspectos de desamparo aprendido y carencia de control.
d) *Fase de revalorización:* Dussich recomienda guiar a la víctima en la necesidad de revalorizar el enfrentamiento, una vez que este ha finalizado. La función de revalorización sirve para revivir la victimización de forma fiel y segura, para comprender su ocurrencia y considerar constructivamente las opciones preventivas, aunque ello implique un esfuerzo doloroso y, en ocasiones, autocrítico para la víctima. De este modo, la víctima con potencial de mejora abordará un enfrentamiento secundario que no se producirá en el caso de la víctima sin recursos de enfrentamiento social. Esta no revalorará la situación negándola, evadiéndose, frustrándose, teniendo sentimientos vindicativos, etc.

Conforme a este planteamiento, la victimización depende de dos factores: la vulnerabilidad de la víctima por la naturaleza objetiva del problema y la vulnerabilidad de la víctima por la incapacidad de enfrentar un evento amenazante debido a una falta de recursos adecuados. Este modelo pretende potenciar las habilidades de la víctima ante un enfrentamiento social.

2.1.6. Teoría del uso legitimador de la víctima

A partir de la teoría de la neutralización de Sykes y Matza (1957), Fattah en 1976 llevó esta idea al plano victimológico. Recordemos que Sykes y Matza trataron en su explicación de la delincuencia, entre otros aspectos, los procesos de racionalización en el victimario, de tal modo que presentaban al infractor como un individuo sujeto a las reglas de la ética social de la mayoría de la población, que justificaba la comisión del delito en torno a diferentes ideas. Es decir, afirmaban que los delincuentes utilizan mecanismos para silenciar la culpa de no acatar sus obligaciones morales.

Pues bien, la perspectiva victimológica del uso legitimador de la víctima identifica el proceso por el cual la imagen de la víctima es el eje central de las técnicas de neutralización/justificación de los delincuentes. Se destacan aquellas justificaciones en las que la víctima es el eje central de las técnicas legitimantes identificadas, en las que es el recurso de auto-legitimación más utilizado del hecho delictivo cometido.

De este modo, se identifican cuatro estrategias comúnmente empleadas por los delincuentes para justificar el delito cometido basándose en la figura de la víctima:

1. La devaluación del valor personal de la víctima. La imagen despreciada de la víctima que tiene el victimario hace que esta quede en condiciones ideales para ser objeto de victimización. El delincuente cree que la víctima era merecedora del delito sufrido ("una cualquiera", "un sinvergüenza", "un parásito social", "un inmigrante", "un ladrón").
2. La negación o minimización del daño. El delincuente insiste en que sus acciones no causan ningún daño o perjuicio. Se trata de una técnica empleada con frecuencia ante las víctimas anónimas o adquisitivas.
3. La victimo-incriminación o negación de responsabilidad también actúa como herramienta psicológica al servicio del victimario. El victimario opera sobre la base del supuesto merecimiento de la víctima ("se lo buscó", "me estaba provocando"). La negación de responsabilidad está estrechamente asociado a la calificación del acto delictivo como irremediable y fatal, que tenía que pasar.
4. El acto justiciero contra determinados colectivos implica en el área de la victimización un proceso algo más elaborado y que requiere un especial condicionamiento psicológico del autor. En efecto, la racionalización reclama una reducción emblemática de la víctima, en cuanto miembro de un colectivo específico (delitos de odio o discriminación hacia la etnia gitana, los inmigrantes, los independentistas, los vagabundos, los capitalistas, etc.). El victimario, que pertenece o cree pertenecer a un colectivo determinado totalmente opuesto al colectivo al que pertenece la víctima, está condicionado por una especial opinión negativa contra una determinada condición social o personal. Se trata de un delincuente fanático que descarga sobre la víctima su desprecio hacia un determinado colectivo. Y considera que el colectivo al que pertenece de alguna forma va a premiar o celebrar el hecho delictivo cometido.

2.2. Tipologías de víctimas

Una tipología constituye un esquema clasificatorio que ayuda a entender qué tiene en común un grupo y cómo se distingue de otros. Se puede afirmar que hay tantas tipologías como autores relevantes en esta disciplina. Es por ello que vamos a destacar en este apartado aquellas que mayor impacto y trascendencia han tenido.

2.2.1. Criterios de clasificación

Antes de analizar las diferentes tipologías es necesario comenzar afirmando que fueron Mendelsohn y Von Hentig los que elaboraron las primeras tipologías victimales, siendo el resto variaciones de estos dos modelos clasificatorios.

La idea de clasificar a las víctimas se hace con la intención de poner en evidencia la pobreza y unilateralidad con que el derecho penal venía abordando a la figura de la víctima, al desconocer la variedad de víctimas, su posible contribución al hecho delictivo y las necesidades de cada una de ellas (Patró *et al.*, 2014).

De ello que la línea mayoritariamente seguida a la hora de establecer los criterios de clasificación de las víctimas se vertebre en torno a los rasgos eminentemente relativos a la actitud penal de la víctima, a su contribución o coadyuvancia activa de la víctima en la dinámica del delito (modelos uniaxiales), aunque a veces sea en combinación con factores clasificatorios de signo heterodisciplinar, incluyendo entre ellos los de tipo criminológico, psicológico, sociológico e incluso biológico, enfocados a la predisposición, proclividad o vulnerabilidad de la víctima a sufrir determinados delitos (modelos multiaxiales).

Asimismo, las tipologías suelen atenerse a criterios de clasificación bien constitutivos (que nos sitúan ante una víctima y su particular fuente de vulnerabilidad), o bien situacionales (relativos a la víctima en cuanto inmersa en una posición criminodinámica, esto es, en función de su contribución al delito).

Frente a las primeras, donde las categorizaciones de víctimas constituyen unidades descriptivas de propensiones personales a la victimización, la mayoría de las tipologías suelen acuñar figuras situacionales y dinámicas.

2.2.2. El criterio de la culpabilidad correlativa de Mendelsohn

Una de las tipologías más paradigmáticas es la mendelsohniana. Este autor realiza una clasificación meramente situacional y uniaxial. La víctima se define según su incidencia o coadyuvancia activa en la dinámica criminal y por su actitud penal.

La contribución de la víctima al hecho delictivo parte de un enfoque tradicional o positivista de la victimología. Sus principales características son:

- La interacción dinámica sustentada en la concepción de la víctima contribuyente.
- Los diferentes grados de participación de la víctima en el hecho delictivo.
- Las consideraciones sociales de la víctima como precipitadora del delito.
- Prejuicios, estereotipos, etc.

Así, se establece una escala gradual de reproche, en la que la cuota victimal de culpabilidad crece a expensas de la cuota relativa al delincuente. En suma, se impone lo que el autor califica como "criterio de culpabilidad correlativa".

Mendelsohn clasifica a las víctimas en tres grupos:

a) *La víctima totalmente inocente o víctima ideal.* Se caracteriza por altos o absolutos niveles de inconsciencia e irrelevancia en el juego criminal. Se trata de la víctima ajena por completo a la actividad del delincuente, que no ha tenido ninguna influencia en la evolución y desenlace del delito, que no ha hecho nada para provocar la acción delictiva que sufre. Tiene su mejor exponente en la figura del niño.

b) *La víctima de menor culpabilidad.* Mendelsohn establece en esta categoría una diferenciación entre la víctima por imprudencia, la víctima por ignorancia y la víctima voluntaria.

- *La víctima por imprudencia:* es aquella persona que origina el hecho delictivo por su comportamiento negligente e irreflexivo, al omitir las precauciones elementales. Se trata de la persona descuidada, que a veces puede incluso presentar un comportamiento incontrolado, aquella que se expone al delito sin llegar a asumir el riesgo, considerando improbable que este ocurra y no poniendo por tanto ningún tipo de precaución. Por ejemplo, la persona que se deja la puerta de su casa abierta por un despiste, o aquella que exhibe joyas en un lugar criminógeno o las víctimas de accidentes de tráfico que han bebido o se han drogado antes de practicar la conducción.
- *La víctima por ignorancia:* es aquella que provoca su propia victimización por un desconocimiento relevante de la situación de riesgo, facilitando la actuación del delincuente. En estos casos el esfuerzo criminal será menor de tal modo que el delito no se habría producido sin la facilitación de la víctima. A diferencia de la víctima ideal, no estamos ante una insconsciencia neutral e indiferente, sino ante una ignorancia o irreflexión por parte de la víctima que determina en cierto grado la perpetración del delito. Como ejemplo, Mendelsohn alude a la mujer que se provoca un aborto por medios ilegales, pagando con la propia muerte su ignorancia. Actualmente, podemos pensar en otros ejemplos como los turistas que llevando encima sus pertenencias se adentran en lugares peligrosos por desconocimiento del lugar o los extranjeros que por desconocimiento del idioma se ven envueltos en situaciones delictivas o las víctimas de timos o estafas burdas.
- *La víctima voluntaria*: es aquella que colabora y participa en la realización del delito prestando su consentimiento al infractor. Se trata por ejemplo de la víctima de una inducción o cooperación al suicidio o eutanasia.

c) *La víctima provocadora:* es aquella que incita al delito. Se trata de las víctimas de su propia provocación, ya que realizan una acción de inicio sin la cual el delito no se habría perpetrado. El delito surge como represalia o venganza por la previa intervención de la víctima.

Esta tipología aspira a cumplir un papel de utilidad básica en la aplicación de la pena por parte de los juzgadores, precisamente porque se relaciona la pena con la actitud victimal. Se establece una relación inversa entre culpabilidad del agresor y de la víctima, de tal modo que a mayor culpabilidad de uno, menor culpabilidad del otro. El autor discrimina entre un primer grupo de víctimas, las denominadas inocentes, en cuyo caso la acción típica debe ser imputada en su integridad al infractor. Un segundo grupo, integrado por las víctimas de menor culpabilidad, esto es, la víctima por ignorancia, por imprudencia y la víctima voluntaria en las que la respectiva colaboración o incidencia participativa victimal debería comportar efectos reductores de la pena imponible al infractor y, finalmente un tercer grupo compuesto por la víctima provocadora, en cuyos supuestos, al ser la acción legalmente justificable, al no existir materialmente una acción victimizante, no cabría imponer sanción alguna al inculpado.

Las críticas a esta clasificación son las siguientes:

a) Su dimensión exclusivamente individualizadora, que ignora a las categorías de víctimas colectivas.
b) Su evidente elementalidad o simplicidad, ya que define a la víctima por un único componente situacional. Es una clasificación que solo ubica a la víctima en un momento inmediatamente anterior al acto victimizante, atendiendo a los efectos de su actitud previa al delito.
c) El desenfoque producido por una exclusiva concentración en la víctima. En efecto, la tipología propuesta pretende contener una situación interactiva, pero no lo logra, ya que solo se define a partir de la referencia unilateral a la víctima, dejando en el olvido los factores criminales y la posición relativa al infractor.
d) La confusión terminológica, ya que el autor maneja términos y acuñaciones jurídico-penales con falta de rigor, confundiendo por ejemplo los términos culpabilidad e imputación. Además, hace solo referencia a categorías legales.

2.2.3. *El catálogo de propensiones victimales de Von Hentig*

La tipología propuesta por Von Hentig se encuentra recogida en el capítulo XII de su obra *The crime and his victim* (1948). Se trata de una clasificación de las víctimas de muy distinta naturaleza a la anteriormente expuesta. Este autor maneja diversos factores psicológicos, sociales y biológicos, por lo que podemos afirmar que nos encontramos ante una tipología multiaxial y constitutiva, ya que parte de la fuente de vulnerabilidad de la víctima, es decir, de la proclividad de la víctima a sufrir determinados delitos.

La vulnerabilidad de la víctima basa sus ejes clasificatorios en un plano tridimensional e interactivo:

- *Personal:* basado en aspectos biológicos y psicológicos que afectan a la vulnerabilidad.
- *Relacional:* basado en la interacción entre las partes del hecho delictivo.
- *Contextual:* basado en la mayor configuración del riesgo en determinados espacios.

Precisamente, debido a este aspecto son muchos los autores que han tildado a esta tipología de positivista, desde el momento en que se alude a un tipo de víctima por destino o víctima nata, también conocida por ser una víctima especialmente vulnerable dadas sus características innatas.

A diferencia de Mendelsohn, este autor no pretende hacer una clasificación de todas las víctimas, sino que su objetivo es categorizar a las más frecuentes o mayormente victimizables. De este modo clasifica a las víctimas tendiendo a criterios biológicos, sociológicos y psicológicos:

A) Atendiendo a criterios biológicos

Distingue entre los jóvenes, las mujeres, los ancianos, los disminuidos psíquicos y otros sujetos mentalmente deteriorados. En su opinión, todos ellos son propensos a ser víctimas de delitos, ya que se encuentran en una situación de especial indefensión debido a su respectiva debilidad constitutiva.

En cuanto a los jóvenes, considera que su vulnerabilidad viene dada no solo por su inmadurez física sino también por su inmadurez moral.

La pertenencia al sexo femenino se erige en otra forma de vulnerabilidad debido a la fragilidad física y deseabilidad sexual que presentan las mujeres a diferencia de los hombres. Este riesgo a ser victimizado por razones de vulnerabilidad se incrementa notablemente cuando se combina con otros factores biológicos debilitantes como la juventud o la ancianidad.

En el supuesto del anciano, la vulnerabilidad viene dada no solo por su debilidad física y mental sino también por el cúmulo de riquezas.

Los disminuidos psíquicos y otros sujetos mentalmente deteriorados, entre los que incluye a los alcohólicos o drogadictos, ofrecen al infractor, en palabras del autor, uno de los más ostensibles flancos de vulnerabilidad. Se trata de personas que presentan desamparo e incapacidad para autodefenderse, establecer lazos sociales profundos y maniobrar con agilidad en una sociedad de avispados. Es curioso cómo el autor identifica al drogadicto como un perfecto "prototipo de actor-sufriente", consideración que no extiende, sin embargo, al adicto al alcohol.

B) Atendiendo a los rasgos psicológicos

Distingue entre la persona ambiciosa y el deprimido. En el deprimido, la apatía y laxitud moral limitan el nivel de defendibilidad. El ambicioso engloba a personalidades con fuerte pulsión de ganancia, integrándose en esta categoría una variada gama de jugadores, avariciosos, trepadores, aventureros, etc., cuyas ansias de adquirir dinero o metas les arrastra a asumir riesgos especiales.

C) Atendiendo a criterios sociológicos

Distingue entre las víctimas aisladas socialmente, tales como las viudas o los extranjeros y aquellas que ejercen una profesión de alto riesgo.

El autor indica como la inmigración comporta una regresión del estatus personal hacia un intenso desarraigo en las relaciones vitales. De tal forma que el riesgo de victimización no cede hasta que no se produce en el inmigrante un perfecto ajuste existencial, proceso que puede prolongarse largamente o nunca coronarse. En las minorías étnicas se halla un similar grado de acentuada indefensión victimal.

Respecto a las personas que ejercen una profesión que conlleva un importante riesgo, tales como policías, empleados en servicios de vigilancia, taxistas, trabajadores en entidades bancarias, farmacéuticos, prostitutas, etc., ven personalmente multiplicada la posibilidad de convertirse en víctimas de una conducta delictiva.

Una de las ventajas de esta tipología es que aporta una enorme riqueza descriptiva de caracteres victimales de primera utilidad en el terreno de la prevención victimal.

Sin embargo, dos han sido las principales críticas a la tipología que nos ofrece este autor.

- El exacerbado casuismo. Más que tipos victimales, el repertorio de Von Hentig indica meramente niveles altos de riesgo o de vulnerabilidad personal al delito. El error de base reside en sus ideas positivistas: para este, la posesión de cualquiera de las características apuntadas en los tipos de víctimas desencadenaría a su portador a un concreto destino de victimización. De ahí la exposición de meras predisposiciones y riesgos como tipos de víctimas ya concretadas.
- Esta tipología adolece de una exclusividad conceptual entre las distintas categorías apreciadas. Existen tipos de víctimas que se repiten en dos o más categorías.

2.2.4. La tipología uniaxial de Jiménez de Asúa

Inspirada en las tipologías precedentes, aunque con una mayor influencia de Mendelsohn que de Von Hentig, en quien se inspira en algunas de las apreciaciones tipológicas realizadas, el penalista Luis Jiménez de Asúa establece una tipología basada en el criterio de la fungibilidad criminal. Jiménez de Asúa describe este concepto como la participación o vinculación personal de la víctima en el delito.

En esta clasificación uniaxial, se establece una discriminación genérica entre dos tipos de víctimas bien diferenciadas:

1. Víctimas indiferentes o al azar.
2. Víctimas determinadas o escogidas.

Se acoge así a un solo criterio delimitador general. Define las segundas diferenciándolas de las primeras por la especial vinculación o participación personal de la víctima en la génesis del acto delictivo. Jiménez de Asúa clasifica a estas víctimas como

a) *Víctimas resistentes explícita o presuntamente*. Entre las víctimas resistentes, diferencia entre las víctimas que muestran una resistencia a ser victimizadas o que acometen de alguna forma una defensa frente al victimario (víctimas resistentes o de explícita resistencia), de aquellas otras cuya resistencia hay que presuponer ante la imposibilidad material de las víctimas para desplegar una oposición, ya que en situaciones normales, hubiesen reaccionado de este modo. Por ejemplo, las víctimas drogadas, inconscientes o con sus capacidades mentales mermadas (víctimas presuntamente resistentes).
b) *Víctimas coadyuvantes o colaboradoras*. Jiménez de Asúa utiliza ejemplos para definir a este tipo de víctimas como el denominado homicidio pasional provocado o el homicidio consentido.

Son dos las principales críticas a esta clasificación: en primer lugar, se trata de una tipología catalogada como excesivamente escueta. Muestra de esta desatención tipológica la encontramos en las víctimas indeterminadas o indiferentes, las cuales no merecen por parte del autor una subdivisión interna. En segundo lugar, el criterio general de la fungibilidad victimal admite algún tipo de objeción. A modo de ejemplo, podrían apreciarse ciertas categorías intermedias: se trataría de aquellas víctimas innominadas, sin relevancia personal o incidencia relacional con el victimario pero que han sido seleccionadas conforme a unos específicos rasgos lo suficientemente acusados como para estimar a tales víctimas como parcialmente determinadas. Por ejemplo, el asesino en serie que se acoge a un patrón victimológico en la selección de sus víctimas o el ladrón en domicilios que persigue unas determinadas características victimales (que la casa no tenga alarma, perro o fácil acceso).

2.2.5. *La tipología de Fattah*

La influencia más significativa de Mendelsohn se refleja en la elaboración tipológica de Ezzat Fattah (1967). Este autor se basa en la distribución gradual de responsabilidad de acuerdo con el comportamiento de la víctima. Estamos por tanto ante una tipología uniaxial. Diferencia cinco tipos de víctimas:

1. *Víctima no participante*. Se trata de la víctima ideal o con ningún tipo de grado de responsabilidad. Define a una persona sin vínculo alguno con el victimario.
2. *Víctima latente o predispuesta*. Se trata de una persona que presenta determinadas características que le hacen ser más fácilmente vulnerable frente al victimario. Entre los factores que promueven su catalogación como víctima, se alude a los siguientes:

   a) *Biopsicológicos*. Origen establecido en base a cuatro aspectos no excluyentes, a saber: edad, sexo, discapacidad física o intelectual y adicciones.
   b) *Sociales*. Hace referencia a tres aspectos diferenciados como son la profesión u oficio, la condición económica y las condiciones de sociabilidad.
   c) *Psicológicos*. Fattah considera que serán más proclives a sufrir un delito las personas que presenten desviación sexual, negligencia o imprudencia, exceso o defecto de confianza o defectos en el carácter.

3. *Víctima provocativa*. Fattah distingue entre la víctima precipitadora o aquella persona que propicia las condiciones idóneas para la comisión del delito y la víctima provocadora, que es aquella otra que incita a la comisión del hecho delictivo.
4. *Víctima participante*. Se trata de la persona que colabora activamente en el hecho delictivo, ya sea de forma activa o pasiva.
5. *Víctima falsa*. Es la persona que simula ser víctima de un delito o bien se autovictimiza, esperando determinadas consecuencias positivas de la acción.

Respecto a los logros de esta tipología, hay que destacar la mención a las víctimas falsas. La crítica se sustenta en su confusión conceptual, dada la yuxtaposición entre las categorías planteadas.

2.2.6. *La tipología de Sellin y Wolfgang*

Esta tipología se distancia de las anteriores al no haber elegido para la misma el eje distributivo de la responsabilidad victimal. De esto modo, Sellin y Wolfgang (1964) distinguen entre victimización primaria, secundaria, terciaria, mutua y no victimización.

1. *Victimización primaria*: se aprecia una categoría que incorpora la necesidad de un contacto entre víctima y victimario, a la que denominan víctima de confrontación. La victimización confrontada o personalizada suscita un especial y más intenso miedo al delito en la población. El hecho de que se hable de una victimización cara a cara no implica necesariamente la concurrencia de una víctima individualizada, pudiendo ser esta plural o colectiva.
2. *Victimización secundaria*: tiene lugar por la confrontación entre una organización institucional pública o privada y un ataque contra el patrimonio de dicha entidad victimal. Dentro de esta categoría se puede distinguir entre virtud de las dimensiones de la organización victimizada e igualmente a tenor de las especiales vinculaciones víctima-victimario que pueden estar en la base de la motivación delictiva.
3. *Victimización terciaria:* se erige en una suerte de cajón de sastre o categoría abierta para todo tipo de delito en el que se atente contra el orden público. La paz pública, de una manera difusa, se erige aquí en víctima corporativa de estas conductas.
4. *Victimización mutua:* aporta una víctima plural, consensual y normalmente sumergida. Se habla de mutua victimización cuando es imposible identificar quién es el autor del delito y quien la víctima, al ser evidente la recíproca implicación de ambos intervinientes en el acto delictivo.
5. *No victimización:* Sellin y Wolfgang aluden a esta categoría como una categoría victimológica equivalente al delito sin víctima, aunque goza de mayor amplitud al abarcar conductas que ni tan siquiera se configuran como delitos. Estas conductas podrán generar un paciente o receptor de perjuicio no grave, pero no una verdadera víctima. Los autores traen al efecto el ejemplo de las personas deprimidas por un hogar roto o los padres de niños incorregibles.

Se ha criticado que esta última tipología no ofrece categorías excluyentes y a veces presenta una excesiva dependencia respecto de los criterios de la ley penal. Por ejemplo, en la llamada victimización terciaria habrá que estar a lo que diga la ley en relación con las conductas que puedan perturbar el orden público, e incluir en un catálogo de víctimas una categoría de no víctima, de tal leve contenido, constituye una flagrante tautología.

2.2.7. *La tipología de Schaffer*

Esta tipología combina criterios constitutivos con criterios dinámicos. Basa su distribución en la identificación de una figura responsable en cada caso, así como en la extensión de tal responsabilidad. Schaffer distingue siete categorías de víctimas: las víctimas no implicadas, las víctimas provocativas, las víctimas precipitadoras, las víctimas biológicamente débiles, las víctimas socialmente débiles, las víctimas autovictimizadoras y las víctimas políticas.

1. *Las víctimas no implicadas en la decisión y actuación delictiva:* normalmente coinciden con las figuras victimales azarosas y fungibles. Estas víctimas quedan exentas de ningún tipo de responsabilidad penal.
2. *Las víctimas provocativas:* juegan un papel básico en la apertura de hostilidades delictivas. Son aquellas que incitan al delito. Según Schaffer, en este caso, la responsabilidad penal debe ser rigurosamente repartida entre víctima y victimario.
3. *Las víctimas precipitadoras:* aquellas que no realizan conducta alguna en contra del victimario, pero influyen en su motivación a partir de un reprochable comportamiento imprudente. En cuanto la víctima no ha sabido medir sus riesgos al actuar de tal forma, crea las condiciones favorables para que el delito se produzca. En opinión de Schaffer, en estos casos, la víctima deberá asumir ciertas dosis de responsabilidad.
4. *Las víctimas biológicamente débiles*: precipitan el delito a causa de su vulnerabilidad y accesibilidad como blanco de victimización. Sin embargo, a juicio de Schaffer, están exentas de responsabilidad penal y no deben compartir la responsabilidad con el ofensor. La participación de esta responsabilidad es una carga que en su caso habrá de recaer en el Estado y la comunidad, en tanto no han sabido proteger a sus ciudadanos más desamparados.
5. *Las víctimas socialmente débiles*: en el caso de haberse producido la victimización por causas de marginación o vulnerabilidad social, análoga asignación parcial de responsabilidad recaerá sobre el Estado.
6. *Las víctimas-victimarias o autovictimizadoras:* son las autoras y al mismo tiempo las responsables de su propio perjuicio victimal. Integran una categoría que se oferta como alternativa al impropio concepto de delito sin víctimas. Schaffer aduce la imposibilidad esencial de que exista delito sin causación de víctima. Se trata del autor de una conducta justificable penalmente.
7. *Las víctimas políticas:* aquellas que precipitan en algún sentido la acción a consecuencia de su posición ideológica opuesta a la del victimario. Estas víctimas, cualquiera que sea o devenga su calificación formal-legalista, no pueden ser estimadas responsables desde un punto de vista ético y sociológico.

La clasificación expuesta reformula y matiza la propuesta mendelsohniana, eminentemente a partir de elementos sociológicos. Sin embargo, queda algo ligera de componentes psicológicos realmente aleatorios de la interacción víctima-victimario. En efecto, la provocación y precipitación victimal se exponen en trazos demasiado gruesos. En cambio, el más novedoso acierto en la presente tipología se localiza en la categorización independiente de las víctimas políticas, comprensiva de los casos de abuso de poder.

2.2.8. *La tipología de Gulotta*

Gulotta es autor de una propuesta notablemente descriptiva desde el punto de vista de la psicología victimal (Gulotta, 1976). Realiza una primera gran clasificación de víctimas para diferenciar a las víctimas falsas de las auténticas.

1. Víctimas falsas:
   - *Víctimas simuladoras:* aquellas que actúan por motivaciones egocéntricas y narcisistas, ya sea de forma consciente o inconsciente.
   - *Víctimas imaginarias:* aquellas que pretenden falsamente haber sufrido un delito. No tienen sentido de la realidad e incluso llegan a considerar hechos fantásticos como reales. De ahí que Gulotta afirme que en las víctimas imaginarias la pseudología fantástica es consecuencia de una afección o inmadurez psíquica (paranoia, histeria o confusión infantil).

2. Víctimas auténticas o reales:
   - *Víctimas fungibles o no participantes:* aquellas que no han tenido ningún tipo de participación en el hecho delictivo, mientras que la infungible es aquella que ha contribuido de una forma u otra en la acción delictiva ocasionada. En relación a las víctimas fungibles, el autor distingue a su vez entre las modalidades de víctima accidental y víctima indiscriminada

     - *Víctimas accidentales o por azar:* aquellas que, aun no habiendo tenido ninguna relación con el delincuente, ni habiendo facilitado o favorecido de ninguna manera la conducta delictiva, de forma inconsciente han de considerarse producto exclusivo de todo el hecho causal, del comportamiento y de la actitud del infractor. Los motivos del hecho delictivo comportan un carácter supravictimal. Gulotta pone como ejemplo de víctima accidental al cliente de un banco que es objeto de un atraco o de la persona que sufre un atropello derivado de una conducción imprudente.
     - *Víctimas indiscriminadas:* aquellas que no tienen ningún tipo de vínculo con el infractor. La víctima es una figura absolutamente neutra dentro de las relaciones víctima-victimario. Se trata de las víctimas de ciertos atentados terroristas, delitos contra la salud pública, delitos ecológicos o delitos financieros.

   - *Víctimas infungibles o participantes:* aquellas que desempeñan un cierto papel en la génesis del delito. Gulotta integra los supuestos más evidentes de intervención, voluntaria o no, de la víctima en la dinámica criminal. Esta participación se concreta en lo siguiente:

- *Víctimas imprudentes:* a través de un comportamiento irreflexivo. Aquella que realiza comportamientos que pueden facilitar o incluso generar la victimización. Se trata de aquella persona que omite las precauciones más elementales y facilita con ello la realización del hecho delictivo. Un ejemplo es la persona víctima de un hurto porque no ha cerrado las vías de acceso al inmueble, la que deja a la vista un objeto valioso en un vehículo de motor abierto, la que transita a altas horas de la noche por un barrio conflictivo, etc.
- *Víctimas alternativas:* mediante una inserción en un contexto de riesgo criminógeno cuya especificación y concreta distribución de papeles dependerá de distintas circunstancias. Se trata de la víctima alternativa, aquella situada en un determinado contexto como posible autor o víctima. Un ejemplo de ello es la víctima de una riña tumultuaria.
- *Víctimas provocativas:* aquellas que resultan como tal tras una agresión realizada contra el victimario en la que ha actuado en primer lugar. Se trata de víctimas de su previa provocación. El delito surge precisamente como represalia o venganza por la previa intervención provocadora de la víctima.
- *Víctimas voluntarias:* la participación victimal puede producirse a causa de la prestación de su consentimiento para ser sujeto pasivo de un delito. Un ejemplo de ello son las víctimas de un homicidio consentido o de la eutanasia.

Víctimas falsas

- Víctimas simuladoras
- Víctimas imaginarias

Víctimas auténticas o reales

- Víctimas fungibles o no participantes
  - Víctimas accidentales o por azar
  - Víctimas indiscriminadas
- Víctimas infungibles o participantes
  - Víctimas imprudentes
  - Víctimas alternativas
  - Víctimas provocativas
  - Víctimas voluntarias

FIGURA 2.2. Esquema de la tipología de Gulotta.

Respecto a la valoración de esta clasificación, se puede aseverar que se trata de una distinción interesante a fines preventivos y de diagnosis, ya que sigue la línea defendida por algunos autores de que a medida que la personalidad individual de la víctima pierde importancia en la determinación del delito, crece la responsabilidad del delincuente. No obstante, las críticas se basan en poner de relieve que la correcta sistemática de esta tipología se debilita cuando se opone necesariamente fungibilidad a participación. Es cuestionable que una víctima no fungible tenga que ser estimada irreversiblemente como participante, pero aún lo es más la necesidad de tener que adscribirla a alguna de las cuatro modalidades de participación señaladas. Es perfectamente concebible una victimización individualizada o específica sin que la víctima haya contribuido en absoluto a la acción por imprudencia, contextualización, provocación o voluntariedad. Pensemos en la víctima que presenta factores de riesgo biológicos o sociológicos, por ejemplo. Profundizando en esta idea, la víctima neutra es tan posible en los casos de víctima determinada como en los de víctima fungible.

2.2.9. La propuesta víctimo-situacional de Joutsen

Este autor aporta una tipología situacional. Pero como la mayoría de las clasificaciones previamente analizadas, solo localiza el juego victimal en el umbral del hecho delictivo, siendo así que la relación víctima-victimario no se agota en la conformación del designio criminal (Joutsen, 1987). Desarrolla su clasificación en base a dos aspectos relacionados: la actitud preventiva de la víctima y la intencionalidad de la víctima en relación al hecho delictivo.

Atendiendo a la *actitud preventiva de la víctima*, el autor distingue entre la víctima concienzuda o diligente, la víctima facilitadora y la víctima invitadora.

1. *Víctima concienzuda:* aquella que se conduce con una precaución razonable y propia de una persona diligente. Se trata de una figura de víctima irreprochable o víctima ideal. El paradigma de la precaución vendrá dado por el conjunto de medidas tipo corrientemente adoptadas por el ciudadano promedio.
2. *Víctima facilitadora*: aquella que tiene una falta de conciencia del riesgo y además no toma ningún tipo de prevención. Ello implica que allane el camino del delincuente por un fallo o defecto preventivo, aunque ello se verifique a veces con independencia de haber ya conformado el infractor un propósito delictivo. Joutsen distingue entre la facilitación accidental, en la que se produce una omisión preventiva y que afecta solo al modo de perpetración del delito, de la facilitación esencial, que por su potencial sugestivo, afecta a la decisión delictiva de un modo relevante, es decir, que no se hubiese producido sin mediar la facilitación de la víctima.
3. *Víctima invitadora*: constituye el reverso de la víctima concienzuda o diligente. Posee en común con esta la plena conciencia del riesgo, pero su reacción es radi-

calmente opuesta: la víctima invitadora asume temerariamente el riesgo pero no se atiene a las elementales medidas precautorias. La asunción victimal de riesgo resulta aquí siempre determinante en cuanto el delito no se habría perpetrado sin su mediación. En cambio, la falta de conciencia del riesgo, que caracteriza a la víctima facilitadora distingue a esta categoría del presente tipo de invitación victimal, aunque ambos posean en común una negligencia preventiva.

Atendiendo a la *intencionalidad victimal* en relación con el hecho delictivo, es decir, a la existencia de una transacción bilateral víctima-victimario, Joutsen distingue entre la víctima provocadora, la víctima consentidora y la víctima simuladora.

1. *Víctima provocadora:* realiza una acción positiva de inicio, sin cuyo concurso el delito no se habría cometido. Se trata, en suma, de un acto de apertura de hostilidades que se cualifica especialmente cuando, como en el subtipo de víctima perpetradora, esta es deliberadamente ofensiva y agresiva en su provocación, hasta el punto de poder aplicar la causa de justificación completa de legítima defensa.
2. *Víctima consentidora:* aquella que accede a ser sujeto de la acción delictiva en forma previa o bien sobrevenida. De nuevo, distingue aquí Joutsen entre la víctima instigadora y la facilitadora. Mientras que la *víctima instigadora o promotora* facilita la acción en sentido positivo y directo, la *víctima facilitadora* lo hace en el sentido de una omisión preventiva. Joutsen cree necesario distinguir aquí entre consentimiento e instigación, de tal modo que el consentimiento implica que la víctima secunda la acción con su voluntariedad, mientras que la instigación procede de la víctima, quien fomenta el delito, a pesar de ser el victimario quien lo perpetra.
3. *Víctima simuladora:* aquella que alega falsamente la comisión de un delito, motivada por cuestiones de índole económicas o emocionales, tales como el odio, la revancha, la venganza o el chantaje, entre otros. Alerta Joutsen de la posibilidad de que la víctima cometa un delito de falsedad o fraude.

Nos encontramos ante unas distinciones más teóricas que funcionales, ya que en la práctica es difícil que las categorías apreciadas se ofrezcan de una forma tan nítida y distintiva. Las intersecciones y los encadenamientos tipológicos son frecuentes en un mismo supuesto. Veamos el ejemplo de un robo instigado por la víctima con objeto de defraudar a la compañía de seguros. Estamos aquí ante una víctima instigadora que a su vez se puede catalogar de simuladora.

A pesar de que en la tipología nos movemos en relación al contacto entre víctima y victimario, también se producen otras formas participativas que pueden darse en delitos no relacionales o de contacto. Por ejemplo, en los delitos financieros también cabe la invitación o facilitación. También pueden extenderse a supuestos en que se impliquen víctimas y autores colectivos e institucionales.

Varias son sin embargo las críticas que se han realizado a esta tipología.

En primer lugar, se observa que Joutsen somete algunas categorías a un tratamiento que niega arbitrariamente a otras. Si, por ejemplo, aprecia dos formas de facilitación victimal (aquella accidental, que afecta solo a la forma, menos esforzada, de comisión delictiva y la facilitación determinante, que incide en la motivación criminal) no se entiende porque no realiza una discriminación semejante en el caso de la víctima invitadora (aquella que asume un riesgo innecesario), de la que se entiende que su conducta es siempre determinante en la decisión del delincuente. Sin embargo, es posible igualmente el caso de una invitación accidental no relevante: el autor bien puede haber adoptado ya la decisión delictiva con precedencia e independencia de la posterior asunción victimal de riesgo, conducta que, meramente, le allanará inesperadamente el camino.

En segundo lugar, es cuestionable aludir a la víctima precipitante o provocativa como categoría general por la imprecisión y tautología de sus términos. Cuando mucho, se acepta como categoría operacional específica, adecuada solo para determinadas áreas de la criminalidad.

Por último, en la víctima consentidora se hace necesario reparar en la cuestión de la validez del consentimiento victimal, y no solo, como hace el autor, en términos de la edad y la madurez de la víctima. Habrá que considerar asimismo si ha existido compulsión o maquinación para obtener ese permiso de la víctima. Por otra parte, habrá que analizar si en la tolerancia, pasividad o resignación victimal pueden estimarse actitudes siempre válidas como consentimiento positivo. El miedo, depresión o desamparo aprendido de la víctima pueden ser causas de una indefensión conocida y explotada por el infractor que luego alega consentimiento. El consentimiento, en algunas categorías de delito, puede desproveer a la acción de su contenido típico, con lo cual, desde un punto de vista formal, la víctima consentidora deviene en no víctima. Es decir, la víctima consentidora constituirá un tipo participativo válido solo cuando el consentimiento victimal no implique la atipicidad de la conducta del autor.

2.2.10. La tipología de Landau y Freeman-Longo

Se trata de un sistema multidimensional que combina determinados conceptos jurídicos con diferentes factores involucrados en el hecho delictivo (Landau y Freeman Longo, 1990). De este modo, estos autores proponen incluir como dimensiones clasificatorias las siguientes:

1. La fuente de victimización, que puede ser individual, grupal, por parte de la sociedad, del Estado, del orden internacional, etc.

2. El marco legal, pudiendo tratarse de una norma administrativa, laboral, civil o penal, ya sea de ámbito local, autonómico, nacional, europeo o internacional.
3. La intencionalidad del victimario (doloso, imprudente o fortuito).
4. La identificación de la víctima (individual, grupal, colectiva, la humanidad, etc.).
5. La vulnerabilidad de la víctima, según la edad, sexo, raza, características físicas, psicológicas o sociales.
6. La percepción de la victimización por parte de la víctima (correcta o ignorancia de su estatus de víctima).
7. La percepción de la victimización por parte de los demás.
8. El tipo de victimización, pudiendo ser física, sexual, psicológica, social, etc.
9. La gravedad de la victimización hace referencia a la gravedad del daño ocasionado a la víctima, pudiendo ser nulo, moderado o severo.
10. La relación entre víctima y victimario, pudiéndose tratar de un familiar, amigo, conocido o desconocido.
11. La contribución de la víctima al suceso, pudiendo ser ninguna, mínima, moderada o alta.

2.2.11. La multicomprensiva tipología de Neuman

La tipología de Neuman es considerada de forma general la más completa de todas, ya que se inserta a cada víctima en el contexto social en el que la victimización se perpetra (Neuman, 1984). Se trata por tanto de una tipología sustentada en la contextualización de la víctima y descrita en base a las características propias del ambiente donde la acción delictiva tiene lugar.

Como indica Herrera Moreno (1996), Neuman maneja todos los registros tipológicos revisados hasta el momento: los criterios victimológicos (actitud victimal), los criterios criminológicos (área de criminalidad afectada), los criterios jurídico-penales (delitos) y los criterios sociológicos (áreas de vulnerabilidad social).

Neuman distingue entre víctimas individuales, familiares, colectivas y sociales.

Las *víctimas individuales* se clasifican a su vez en víctimas con una actitud victimal inexistente (diferenciando entre víctimas inocentes y resistentes), con una actitud victimal culposa (distingue entre víctimas provocadoras, cooperadoras e imprudentes) y con una actitud dolosa (víctimas consentidoras). Respecto a las víctimas que tienen una actitud victimal inexistente, Neuman diferencia entre dos tipos de víctimas. Mientras que la *víctima inocente* es aquella que no se encuentra implicada en la trama delictiva de ningún modo, la *víctima resistente* es aquella que muestra cierta oposición a ser victimizada.

En el grupo de las víctimas con una actitud negligente, se encuentran las *víctimas provocadoras*, aquellas que incitan con un comportamiento previa a la comisión de un delito; las *víctimas cooperadoras*, aquellas que colaboran en la comisión del delito, y *víctimas imprudentes*, aquellas cuya falta de cuidado explica la causación de la victimización.

El tercer tipo de víctimas individuales son las víctimas con una actitud dolosa, entendiendo por estas a las *víctimas consentidoras*, que prestan su consentimiento para que el delito sea cometido.

Cuando Neuman alude a las *víctimas familiares* se refiere a las víctimas de delitos cometidos en el ámbito doméstico, es decir, en ambientes familiares donde las relaciones y los vínculos establecidos son tan estrechos que en ocasiones son tolerados socialmente o pasan inadvertidos por el sistema de justicia penal, al no ser denunciados. Bajo estas premisas, Neuman diferencia entre los niños laboralmente explotados o maltratados, las mujeres maltratadas, los ancianos maltratados y las víctimas de violación conyugal.

Neuman alude a las *víctimas colectivas* para poner en valor a determinados grupos sociales caracterizados por el poder de conformar cada uno de ellos una comunidad victimal. Así, distingue entre las *víctimas de delitos contra el Estado*, como la rebelión o la sedición, las *víctimas de delitos contra la sociedad*, como las víctimas de delitos de genocidio o de actos terroristas, y *las víctimas determinados grupos victimizados por el sistema penal*.

Respecto a las *víctimas sociales,* Neuman se refiere a víctimas del sistema social o colectivos propicios de ser excluidos socialmente y marginados por razón de su nacionalidad, su nivel socioeconómico, su orientación sexual, etc. Así, incluye en esta categoría a los niños, enfermos, minusválidos, locos, ancianos, minorías y homosexuales.

Neuman es consciente de que una tipología tan completa y con multitud de variantes conlleva dificultades para una organización respecto a la clasificación y los criterios a seguir.

Víctimas individuales

- Actitud victimal inexistente
  - Víctimas inocentes
  - Víctimas resistentes
- Actitud victimal culposa
  - Víctimas provocadoras
  - Víctimas cooperadoras
  - Víctimas imprudentes

Víctimas familiares

Víctimas colectivas

- Víctimas de delitos contra el Estado
- Víctimas de delitos contra la sociedad
- Grupos victimizados por el sistema penal

Víctimas sociales

FIGURA 2.3. Esquema de la tipología de Neuman.

2.2.12. El enfoque de victimología supranacional de Schneider

Este autor realiza una original tipología en base a la vulnerabilidad que atañe a ciertos grupos sociales, por lo que las categorías que plantea poseen una atribución marcadamente colectivista en base a la violación de los derechos humanos más allá de las victimizaciones individualistas (Schneider, 1975).

De este modo, distingue entre las víctimas socioestructurales, las víctimas culturales y las víctimas institucionales.

1. *Víctimas socioestructurales*: aquellas que pertenecen a minorías marginales empobrecidas. Las víctimas de mutilaciones genitales toleradas serían un ejemplo.
2. *Víctimas culturales:* son un subtipo de las primeras pero resultantes de la presión de la cultura e ideología dominantes sobre minorías vulnerables. Las víctimas de delitos de odio formaría parte de esta clasificación.
3. *Víctimas institucionales:* aquellas que se encuentran encerradas en una institución cerrada como las prisiones o los centros de internamiento de menores.

2.2.13. Hacia una teoría general de los tipos victimales

Desde estas páginas queremos defender la utilidad de las tipologías victimales. Ahora bien, de cara a evitar los defectos de exhaustividad e imprecisión, las tipologías deberían atenerse a una serie de notas definitorias. Tres son las condiciones que deben cumplir para conformar una teoría general.

- Deben ser explicativas, más allá de descriptivas.
- Las divisiones deben aportar contenidos concretos, no difusos.
- Ha de valorarse su pragmatismo o instrumentalidad, es decir, deben saber inspirar conclusiones operativas.

Desde un punto de vista político criminal y de prevención victimal, la construcción de tipologías puede constituir un instrumento de primer orden en el área de la prevención victimal.

En efecto, clasificadas sistemáticamente las víctimas, se hace posible cuantificar la incidencia de los distintos tipos victimales en las diferentes áreas de criminalidad, de tal manera que se puedan identificar blancos preferentes de victimización. Una diligente labor divulgativa y una eficaz campaña de concienciación ciudadana contribuirá primordialmente a que tales blancos preferentes se hicieran conscientes de sus riesgos, para poder aplicar unas medidas preventivas específicas.

Construcción de tipologías

↓

Clasificación de víctimas

↓

Cuantificación de la incidencia de los tipos victimales en las diferentes áreas de criminalidad

↓

Identificación de blancos preferentes de victimización

↓

Labor divulgativa y campañas de concienciación ciudadana

↓

Consciencia de los riesgos

↓

Aplicación de medidas preventivas específicas

FIGURA 2.4. Utilidad de las tipologías victimales.

2.3. El perfil de la víctima

Conocer el perfil de la víctima constituye un elemento fundamental para la victimología ya que nos permite saber el riesgo de victimización de la persona e identificar a las víctimas más vulnerables en delitos concretos. Para determinar un perfil de víctima hay que conocer los factores de riesgo o las predisposiciones victimales. La descripción de una predisposición o propensión victimal no supone la asunción de explicaciones "deterministas" como las que antaño se habían referido a la existencia de víctimas natas (Herrera, 1996), se trata de factores que favorecen la victimización, no que la desencadenan.

2.3.1. Factores victimógenos

Podemos entender por factores victimógenos todos aquellos que favorecen la victimación, es decir, las condiciones circunstanciales y personales de un sujeto que lo hacen proclive a convertirse en víctima de un delito.

Existen individuos que por su naturaleza, las circunstancias en las que se encuentran, personalidad, etc., tienen mayor probabilidad de ser víctimas de delitos. Las predisposiciones victimógenas contribuyen por tanto a la elección de la persona sujeto del delito. El estudio de estas permiten agruparlas desde diferentes puntos de vista.

1. *Atendiendo al origen:* puede distinguirse entre predisposiciones *innatas y adquiridas*. Las primeras las posee el individuo desde el momento en que nace, como el sexo o determinadas deficiencias físicas y sensoriales. Las predisposiciones adquiridas son aquellas que el sujeto va desarrollando durante el transcurso de su vida.
2. *Desde un punto de vista temporal:* las predisposiciones pueden ser *permanentes* o *temporales*. Las primeras son aquellas inherentes al sujeto, es decir, las que le han acompañado durante toda su existencia, mientas que las segundas son aquellas que posee durante un periodo de tiempo determinado que podrá ser más o menos largo en el tiempo, como la edad o la profesión.
3. *Según su naturaleza o procedencia:* podemos distinguir entre predisposiciones *exógenas y endógenas*. Las primeras son de orden social o externo a la persona, se trata de factores sociodemográficos, mientras que las segundas son de carácter personal o interno. Se trata de la clasificación más acertada y defendida por la doctrina. Son factores exógenos:

   - *El estado civil.* El hecho de que una persona esté soltera o casada es una situación determinante para ser víctima de delitos como los de ámbito doméstico.
   - *La formación educativa.* La falta de escolarización se configura como un factor importante de marginación o exclusión social.
   - *La nacionalidad.* Este factor influye especialmente en los extranjeros, predominando en los lugares de turismo, donde son objeto de robos o estafas y en los inmigrantes indocumentados, por su especial vulnerabilidad y desconocimiento del idioma y de las costumbres y modos de vida del país de acogida.
   - *La profesión.* Existen profesiones que conllevan una serie de riesgos potencialmente victimógenos como el de los policías, taxistas, joyeros, prostitutas, enfermeros, etc.

Entre las *circunstancias personales* que hacen al sujeto más propenso a convertirse en víctima pueden distinguirse dos grandes subgrupos: las de índole biofisiológica y las de naturaleza psicológica.

1. *Factores biofisiológicos:* se incluyen los elementos propios e inherentes de la persona de origen biológico y fisiológico.

- *La debilidad corporal.* Las personas físicamente más débiles son más propensas a la victimización por su escasa capacidad de respuesta ante una amenaza o ataque. Dentro de este grupo son especialmente vulnerables los ancianos, las mujeres y los menores.
- *La edad.* Las estadísticas vienen a demostrar que las personas de edades comprendidas entre 25 y 50 años son más proclives a ser victimizadas, aunque en ello tiene que ver especialmente su mayor exposición al riesgo y la determinación de formalizar denuncia.
- *El sexo.* Según estudios realizados, el hombre es más propenso a ser víctima de delitos que la mujer, excepto en determinados delitos como la violencia de género o las agresiones y abusos sexuales.
- *La raza.* Por ejemplo, las víctimas de *racial profiling* o actos discriminatorios por razón de la raza.

2. *Factores psicológicos:* comprenderían todas las afecciones de naturaleza psicológica que padeciera el sujeto y que lo hacen por ello más proclive a ser víctima de delitos. Entre ellos pueden destacarse:

- Los procesos cognoscitivos. Se trata de procesos internos, es decir, no observables directamente, sino a través del estudio metódico de los fenómenos y comportamientos externos. Son procesos cognitivos las deficiencias sensoriales (la sensopercepción parte de la premisa de la interrelación existente entre la victimización y los sentidos, de tal modo que las personas con deficiencias auditivas, visuales, olfativas, gustativas o táctiles presentarían un mayor riesgo de ser victimizadas) y la poca capacidad de atención y falta de memoria.
- Las esferas afectivas (como el descuido de las medidas de seguridad o la falta de control de emociones tales como la ira o el miedo) y las volitivas (la voluntad incide en el proceso de victimización).

La personalidad hace referencia a determinados elementos o caracteres identificativos del sujeto asociados a su propia forma de ser. En este sentido, los rasgos de personalidad pueden vincular a un sujeto a una victimización inicial e incluso a reiteradas victimizaciones.

La personalidad modula la respuesta individual al hecho traumático, que se ve modificada en función de la estrategia adaptativa utilizada, que puede determinar, a modo de ciclo vicioso, el riesgo de nuevos hechos victimizantes y, por consiguiente, la aparición de situaciones de victimación crónica. De este modo, son especialmente vulnerables las personalidades desequilibradas o que presentan elementos de riesgo o de vulnerabilidad adquiridos a través del aprendizaje como la indefensión aprendida, la asunción de roles o la imitación.

Por último, se ha de aludir a otros factores de carácter psicológico como la desviación de los instintos. Los instintos son impulsos biológicos, siendo el más básico de todos ellos el instinto de conservación o supervivencia. La desviación del instinto de conservación personal hace que el sujeto demuestre un absoluto desinterés por todo lo que le rodea, lo que le impide asumir una posición de alerta ante situaciones de peligro, pudiendo llegar a la victimización con más facilidad.

Finalmente, hay que destacar que hay *momentos temporales y espacios* en los que hay un mayor probabilidad de ser víctimas de delitos. Se trata de elementos completamente externos a la víctima. Son los denominados factores de oportunidad victimales. Todos estos factores parten de la premisa de que todo hecho delictivo se desarrolla en un lugar y momento específico, por lo que se trataría de verificar las especiales connotaciones que presentarían los citados elementos sobre una modalidad delictiva específica.

En relación a los espacios victimales, las zonas urbanas son potencialmente más victimógenas que las rurales. Estudios ambientales han llamado la atención sobre el atractivo que tienen para el delincuente determinadas zonas de las ciudades (zona centro con mucho tránsito o grandes aglomeraciones de personas o zonas poco iluminadas o descampados) o tipos de viviendas (chalets) o espacios que destacan por su especial diseño urbanístico (ascensores, pasadizos, etc.).

Existen asimismo hábitats sociales especialmente vulnerables, como el entorno familiar, el escolar, el laboral o el espacio virtual (Herrera, 2008). En cuanto a la climatología, los lugares geográficos con buen clima incitan a la comisión de delitos en la calle.

Respecto a los momentos temporales, se produce una mayor victimización de noche, durante los fines de semana y en periodo de vacaciones.

Es necesario incluir aquí asimismo a los factores sociales. Se trata de todos los riesgos derivados de la propia estructura social, la estigmatización o marginación social de determinados colectivos especialmente vulnerables, que por esa condición se convierten en objetivos a agredir.

2.3.2. *Situaciones de riesgo*

Son de especial interés los factores relativos al estilo de vida, al propio comportamiento de la víctima, en definitiva, a la exposición a situaciones de riesgo, adopción de comportamientos peligrosos, ya sean de tipo provocador o que inciden en una disminución de las posibilidades de autoprotección, entre ellas se incluyen las actitudes poco precavidas en la defensa de los bienes jurídicos, como la ausencia o escasez de recursos de seguridad.

Entre las situaciones de riesgo ambientales se pueden destacar las determinadas por las adicciones (alcoholismo, drogadicción o ludopatía, entre otras) o las relaciones de enemistad. La interacción con infractores y/o con actividades ilegales, tales como la prostitución, las bandas juveniles o el tráfico de drogas, son una poderosa fuente de riesgo.

2.3.3. *Factores de protección victimal*

Al igual que hay factores de riesgo, se puede aludir a factores de protección, esto es, aquellos que inhiben, impiden o no favorecen la victimización. Rodríguez Manzanera, emulando a Sutherland, llega a afirmar que la victimización acontecerá en aquellos supuestos en los que los factores de protección no sean suficientes en cantidad y calidad para frenar el proceso de victimización o, en otras palabras, sean superados por los factores de riesgo.

Preguntas de autoevaluación

1. ¿Quién es el autor que formula la teoría del estilo de vida?:

   - ☐ *a)* Felson.
   - ☐ *b)* Hindelang.
   - ☐ *c)* Cohen.
   - ☐ *d)* Fattah.
   - ☐ *e)* Dussich.

2. Establece el orden en las fases del modelo de enfrenamiento social:

   - ☐ *a)* Preventiva, de revalorización, de acción y de preparación.
   - ☐ *b)* Preventiva, de acción, de preparación y de revalorización.
   - ☐ *c)* Preventiva, de preparación, de acción y de revalorización.
   - ☐ *d)* Preventiva, de revalorización, de preparación y de acción.
   - ☐ *e)* Ninguna de las anteriores.

3. ¿Quién es el autor que realiza una tipología en base a un enfoque de victimología supranacional?:

   - ☐ *a)* Neuman.
   - ☐ *b)* Gulotta.
   - ☐ *c)* Schaffer.
   - ☐ *d)* Schneider.
   - ☐ *e)* Fattah.

4. ¿A qué tipo de víctimas identifica Von Hentig en función de sus criterios biológicos?:

- ☐ *a)* A los jóvenes, mujeres, disminuidos psíquicos y vagabundos.
- ☐ *b)* A los jóvenes, mujeres, disminuidos psíquicos y drogadictos/alcohólicos.
- ☐ *c)* A los jóvenes, mujeres, disminuidos psíquicos y desempleados.
- ☐ *d)* A los jóvenes, mujeres, disminuidos psíquicos y delincuentes.
- ☐ *e)* A los jóvenes, mujeres, disminuidos psíquicos y ancianos.

5. ¿A qué nos referimos cuando hablamos de los factores victimógenos?:

- ☐ *a)* A todos aquellos que favorecen la victimización.
- ☐ *b)* A todos aquellos que previenen la comisión de delitos.
- ☐ *c)* A todos aquellos que impiden la victimización.
- ☐ *d)* A todos aquellos que facilitan que las víctimas abandonen la instalación en la victimización.
- ☐ *e)* Ninguna de las definiciones anteriores es la correcta.

3

Efectos psicológicos y ámbitos de victimización

La forma en la que las personas reaccionamos frente a un acontecimiento potencialmente traumático es muy variable, principalmente porque esta respuesta va a estar determinada por un importante número de condicionantes que están relacionadas:

- Con características del acontecimiento traumático (p. ej., tipo, gravedad o frecuencia del acontecimiento…).
- Con características de la persona que ha sufrido el acontecimiento traumático (p. ej., edad, estrategias para afrontar la situación…).
- Con el contexto de la persona que ha vivido este acontecimiento (p. ej., apoyo social, posibilidad de recibir ayuda profesional…).

Además, los posibles efectos psicológicos que pueden darse tras la exposición a un acontecimiento traumático también van a tener una variabilidad importante. Continuando con el análisis de los procesos de victimización que constituyeron el principal objeto de estudio de la primera victimología o victimología del acto iniciado en el capítulo anterior, en este capítulo se abordan las consecuencias psicológicas a corto y a largo plazo que se pueden presentar tras la exposición a una situación traumática a nivel general y de forma específica en diferentes procesos de victimización.

3.1. Consecuencias psicológicas a corto plazo tras la exposición al trauma

El trauma psicológico es la respuesta de una persona tras exponerse a un acontecimiento traumático. Cuando hablamos de acontecimiento traumático hacemos referencia a un concepto que ha sido ampliamente estudiado a lo largo de la historia, dando lugar a multitud de definiciones, en ocasiones controvertidas. Así, las definiciones y caracterización del concepto, *acontecimiento traumático,* han ido fluctuando incluso en las clasificaciones diagnósticas (Gómez, 2010). La principal controversia que ha supuesto la definición de acontecimiento traumático hace referencia a visiones del concepto más "objetivas" o más "subjetivas". Así, las más "objetivas" lo han definido como un suceso poco habitual y marcadamente angustiante para todo el mundo, mientras que otras propuestas se han centrado más en la valoración subjetiva, entendiendo que la vivencia subjetiva (p. ej., miedo) es esencial para que sea traumático.

Posiblemente cada una de las dos aproximaciones facilita la compresión de este concepto, ya que la visión más "objetiva" delimita lo que podemos entender por acontecimiento traumático, dando incluso lugar a listados de acontecimientos como el que se presenta en el cuadro 3.1. Mientras que la visión del concepto más "subjetiva" centra la atención en la respuesta emocional que a nivel individual se puede presentar al exponerse a un acontecimiento traumático, haciendo por lo tanto más énfasis en la respuesta de la persona más que en las características del acontecimiento.

Cuadro 3.1. *Listado de acontecimientos potencialmente traumáticos*

1. Desastres naturales (inundaciones, huracanes, tornados, terremotos…).
2. Accidentes de medios de transporte (coche, tren, avión, barco…).
3. Otro tipo de accidentes (laborales, industriales, domésticos, actividades de ocio…).
4. Combate o exposición a zona de guerra (en el ejército o como civil).
5. Violación, abuso o ataque sexual.
6. Acoso (sexual, en el trabajo, en antiguas relaciones…) o maltrato psicológico.
7. Violencia física (ataques, asaltos, maltrato…).
8. Actos terroristas o tortura.
9. Encarcelamiento, detención o cautividad forzosa.
10. Muerte accidental o violenta de una persona o de un ser querido.

Fuente: Crespo, Gómez y Soberón, 2017.

Si bien es cierto que ambas visiones han aportado diferentes matices a la comprensión de acontecimiento traumático, en los últimos años parece que la visión que hemos denominado más "objetiva" ha cobrado más relevancia, principalmente porque definir el concepto de acontecimiento traumático desde una visión más "subjetiva", en función de la respuesta emocional de la persona, suponía ampliar mucho el abanico de posibles acontecimientos traumáticos.

Las clasificaciones diagnósticas de trastornos mentales y del comportamiento vigentes en la actualidad, DSM-5 (American Psychiatric Association [APA], 2013) y CIE-11 (World Health Organization [WHO], 2018) incluyen una definición de acontecimiento traumático, véase cuadro 3.2, que no contempla la respuesta emocional de la persona tal y como ocurría en versiones anteriores de la clasificación diagnóstica, como en el DSM-IV-TR (APA, 1994), sino que se centran más en las características del acontecimiento.

Por lo tanto, el concepto actual más aceptado de acontecimiento traumático es el más restrictivo de los manejados hasta la fecha y esto ha supuesto que queden más delimitados los acontecimientos que formarían parte de los denominados traumáticos y los que no. No todos los acontecimientos que pueden generan malestar en la persona pueden denominarse traumáticos. Por ejemplo, el fallecimiento de un ser querido no se considera traumático salvo que haya sido violento o accidental.

Cuadro 3.2. *Definición de acontecimiento traumático según las clasificaciones diagnósticas*

Clasificación y fecha	*Definición de acontecimiento traumático*
DSM-IV-TR (1994)	La persona ha estado expuesta a un acontecimiento traumático en el que han existido 1 y 2: 1. La persona ha experimentado, presenciado o le han explicado uno (o más) acontecimientos caracterizados por muertes o amenazas para su integridad física o la de los demás. 2. La persona ha respondido con un temor, una desesperanza o un horror intensos.
DSM-5 (2013)	Exposición a la muerte, lesión grave o violencia sexual, ya sea real o amenaza, en una (o más) de las formas siguientes: 1. Experiencia directa del suceso(s) traumático(s). 2. Presencia directa del suceso(s) ocurrido a otros. 3. Conocimiento de que el suceso(s) traumático(s) ha ocurrido a un familiar próximo o a un amigo íntimo. En los casos de amenaza o realidad de muerte de un familiar o amigo, el suceso(s) ha de haber sido violento o accidental. 4. Exposición repetida o extrema a detalles repulsivos del suceso(s) traumático(s) (p.ej., socorristas que recogen restos humanos; policías repetidamente expuestos a detalles del maltrato infantil).
CIE-11 (2018)	Evento extremadamente amenazante u horrible.

Una definición de acontecimiento traumático que encaja en la visión actual de este concepto sería: "un suceso negativo intenso que surge de forma brusca, que resulta inesperado e incontrolable y que al poner en peligro la integridad física o psicológica de una persona que se muestra incapaz de afrontarlo, tiene consecuencias dramáticas para la víctima, especialmente de terror e indefensión. Además, se trata de un suceso con el que la persona no espera encontrarse nunca porque no forma parte de las experiencias humanas habituales" (Echeburúa, 2004: 29).

Así, tal y como se indica en esta definición, la persona que se expone a un acontecimiento traumático va a vivir una situación excepcional, generadora de un importante nivel de estrés y por lo tanto su organismo va a responder tanto a nivel físico como psicológico a esta situación. La respuesta de estrés ante esta situación se da a diferentes niveles (cuadro 3.3), y tiene como objetivo principal poner en marcha los mecanismos necesarios para hacer frente a esta situación.

Cuadro 3.3. *Respuesta de estrés*

Nivel	*Respuesta*
Cognitivo	– Evaluación constante de la situación y posibles repercusiones o consecuencias de lo que ocurre para posteriormente afrontar la situación.
Fisiológico	– Aumento de la activación del organismo para hacer frente a las demandas. Se ponen en marcha tres ejes básicos de actuación: neural, neuroendocrino y endocrino.
Motor	– Conductas o estrategias de afrontamiento. – A nivel general pueden darse respuestas de enfrentamiento, de ataque (huida o evitación de la situación) o colapso (pasividad o inhibición).

Fuente: Crespo y Labrador, 2003.

Por lo tanto, en un primer momento las respuestas psicológicas frente al acontecimiento traumático responden a una respuesta adaptativa y en la mayoría de las ocasiones no pueden considerarse patológicas o problemáticas, sino como una respuesta del organismo a esta situación. Así, se han descrito de forma pormenorizada (cuadro 3.4), diferentes reacciones, directamente relacionadas con la respuesta de estrés o como consecuencia de esta, que se pueden dar tras la vivencia de un acontecimiento traumático y que no son patológicas. De hecho, son respuestas, de alguna manera, esperables tras la vivencia de determinados acontecimientos y más bien nos produciría extrañeza que la persona no las presentase. Por ejemplo, si una persona sufre un ataque violento en la calle al entrar en su domicilio para sustraerle un collar y con motivo de esto sufre lesiones en el cuello, es esperable, normal e incluso saludable que su organismo responda adaptándose a lo sucedido para poder integrarlo dentro de sus experiencias vitales.

Las reacciones reflejadas en el cuadro 3.4 se van a presentar con mayor o menor intensidad en la mayoría de las personas que viven un acontecimiento traumático, principalmente como respuesta "normal" a la situación "anormal" que han vivido o presenciado.

Aumque es cierto que se puede afirmar que estas primeras reacciones son adaptativas, cabe considerar que pueden convertirse en una alteración, especialmente si la intensidad de estas es muy elevada o se prolonga en el tiempo. Además, pueden resultar también problemáticas para la persona si se llega a presentar una afectación de su funcionamiento cotidiano, en cualquier área de su vida. Por lo tanto, la respuesta en sí misma (p. ej., náuseas, pánico) no es anómala, sino que lo es cuando se mantiene en el tiempo, en general más de tres meses, o cuando es muy intensa. Estas respuestas, a nivel clínico se denominan síntomas. La agrupación de ciertos síntomas a nivel de pensamiento, percepción, emoción y conducta, junto con una afectación del funcionamiento del individuo (a nivel familiar, social, laboral o de salud) se denomina trastorno mental.

Cuadro 3.4. *Reacciones no patológicas en adultos tras la vivencia de un acontecimiento traumático*

– Nerviosismo o ansiedad.	– Problemas en el trabajo o familia.
– Tristeza o llanto.	– Enojo o irritabilidad.
– Culpabilidad por haber sobrevivido.	– Inseguridad.
– Ideas de suicidio.	– Necesidad de estar solo.
– Fatiga.	– Crisis de miedo o pánico.
– Problemas para dormir o descansar.	– Disminución en la resistencia física.
– Confusión para pensar o problemas de concentración.	– Dificultades para retornar al nivel normal de actividad.
– Problemas de memoria.	– Sentirse aislado o abandonado.
– Disminución de la higiene personal.	– Sentirse frío emocionalmente.
– Cambio en los hábitos alimenticios.	– Sentirse abrumado.
– Pérdida de confianza en uno mismo.	– Intensa preocupación por otros.
– Recuerdos muy vivos del evento.	– Náuseas.
– Culpar a los demás.	– Dolores de pecho o cabeza.
– Frustración.	– Temblores musculares.
– Desorientación en tiempo o lugar.	– Dificultad para respirar.
– Aumento de la presión sanguínea.	– Sentimiento de impotencia.
– Palpitaciones o taquicardia.	– Uso excesivo de alcohol o drogas.

Fuente: Organización Panamericana de la Salud, 2002.

Los trastornos mentales se recogen en las clasificaciones diagnósticas que elaboran periódicamente la Organización Mundial de la Salud (OMS) y la Asociación Americana de Psiquiatría (APA). En el presente capítulo se va a hacer referencia a la clasificación propuesta por la APA (2013) para referirnos a los trastornos mentales puesto que a pesar de las limitaciones que tiene resulta una herramienta didáctica para describir los trastornos mentales.

Los efectos psicológicos a corto plazo de la exposición a un acontecimiento traumático generalmente hacen referencia a las reacciones citadas en el cuadro 3.4, pero también pueden ser síntomas específicos de determinados trastornos mentales (véase cuadro 3.5). Principalmente, son síntomas recogidos en los trastornos de la categoría diagnóstica referida a trastornos relacionados con traumas y factores de estrés.

Además de los efectos, a nivel de síntomas, que puede tener la exposición al trauma, citadas con anterioridad, es posible que la persona expuesta a un acontecimiento traumático desarrolle, a corto plazo, un trastorno mental.

CUADRO 3.5. *Posibles síntomas tras la exposición al trauma*

Síntoma	*Descripción*
Intrusión	Presencia de representaciones involuntarias (como pensamientos o sueños) relacionadas con el acontecimiento. Así como respuestas fisiológicas ante estímulos relacionados con este.
Evitación	Necesidad de rehuir aspectos externos (lugar) o internos (pensamiento) relacionados con el acontecimiento.
Disociación	Desconexión no intencionada de uno mismo o de la realidad.
Reacción fisiológica	Respuesta del organismo ante estímulos que supone una activación del sistema nervioso.
Sentimiento de desapego	Dificultad para vincularse emocionalmente.
Creencias negativas	Pensamientos y expectativas marcadamente sobre uno mismo, el mundo o los demás.
Sobresalto	Reacción de alarma ante un estímulo.
Hipervigilancia	Necesidad de control con el fin de mantener la seguridad de la persona.
Problemas de concentración	Dificultades para mantenerse con el pensamiento en una actividad.

Fuente: adaptado de DSM 5 (APA, 2013).

Entre estos cabe destacar el *trastorno de estrés agudo* (TEA), que se describe en la Clasificación Diagnóstica y Estadística DSM-5 (2013) dentro de la categoría denominada trastornos relacionados con traumas y factores de estrés.

El TEA se caracteriza, tras la exposición a muerte, lesión grave o violencia sexual (mediante una experiencia directa, presencia o conocimiento de haberle sucedido a alguien próximo) por la presencia de diferentes síntomas que se encuentran agrupados en las categorías de: intrusión, estado de ánimo negativo, disociación, evitación y alerta (APA, 2013). Estos síntomas suelen aparecer inmediatamente tras la exposición al trauma y deben persistir al menos tres días y hasta un mes para que la persona pueda recibir este diagnóstico.

La prevalencia de este trastorno, a nivel mundial, varía en función del acontecimiento traumático, encontrando las tasas más altas (20-50%) en víctimas de violencia interpersonal como violación y las más bajas (6-12%) en víctimas de accidentes industriales (APA, 2013).

La evolución de los síntomas hacia un grado de intensificación que provoque una alteración en el funcionamiento o hacia la configuración de un trastorno mental depende de diferentes variables relacionadas con el propio acontecimiento traumático y con la víctima, los cuales, a nivel general, son parecidos a los citados en el capítulo 2 sobre los factores victimógenos.

De las variables relacionadas con el acontecimiento, la que adquiere mayor importancia de cara a generar posibles consecuencias psicológicas es la denominada severidad del acontecimiento traumático, que generalmente engloba situaciones de victimización interpersonal. Además, si la intensidad de la victimización se mantiene en el tiempo, puede agravar las consecuencias psicológicas.

Si bien es cierto que los acontecimientos que implican mayores y más graves consecuencias a nivel psicológico están relacionados con violencia interpersonal cabe considerar que la percepción que tiene la víctima sobre el acontecimiento, a nivel de gravedad e intencionalidad, es muy importante puesto que en definitiva es quién valora la vivencia que ha tenido. Por lo tanto, incluso las variables relacionadas con el acontecimiento traumático van a estar de algún modo mediadas por la persona que vive la situación.

Además de las características del acontecimiento traumático, la vulnerabilidad de la víctima va a contribuir a la evolución de las respuestas postraumáticas que se pueden o no desarrollar. De hecho, esta vulnerabilidad vendría a explicar las diferencias individuales tras la vivencia del mismo acontecimiento traumático. La vulnerabilidad que puede darse a nivel biológico o psicológico. A nivel biológico se pueden dar factores previos de resistencia genética al trauma o alteraciones biológicas que pueden surgir como consecuencia del trauma (Sosa y Capafóns, 2005). A nivel psicológico determinadas variables, que se citan a continuación, pueden también facilitar la aparición de respuestas postraumáticas poco adaptativas. Entre estas caben destacar: fragilidad emocional previa, mala adaptación a los cambios, "locus de control externo", historial previo como víctima de delitos violentos o de abuso, estrés acumulativo, antecedentes psiquiátricos familiares (Echeburúa, de Corral y Amor, 2004). Unas inadecuadas estrategias de afrontamiento o insuficiente apoyo familiar, social e institucional pueden incrementar la posibilidad de presentar consecuencias psicológicas tras la exposición al trauma.

Aunque tradicionalmente se han considerado casi de forma unitaria, las variables que facilitan la aparición de síntomas o trastornos tras la exposición al acontecimiento traumático en los últimos años se está concediendo un espacio importante a las variables que amortiguan, minimizando o eliminando, las consecuencias psicológicas tras la exposición al trauma.

Además, cabe destacar que diferentes estudios (Galatzer-Levya, Huangb y Bonanno, 2018) ponen de manifiesto que, al margen del tipo de acontecimiento traumático vivido, la evolución de las respuestas psicológicas tras la vivencia de un acontecimiento traumático más frecuente es hacia la resiliencia, seguida de la recuperación del impacto del trauma, la cronicidad de los síntomas postraumáticos o trastornos y por último, la aparición de síntomas o trastornos de forma demorada.

Por todo ello, se puede concluir que las consecuencias psicológicas van a estar mediadas por las características del propio acontecimiento, la valoración que la persona haga de este, la vulnerabilidad, el apoyo social, las estrategias de afrontamiento y la capacidad resiliente de la persona que lo ha vivido.

3.2. Consecuencias psicológicas a largo plazo tras la exposición al trauma

La consecuencia psicológica que ha recibido mayor reconocimiento científico y clínico es el denominado *trastorno de estrés postraumático* (TEPT). Este trastorno forma parte, en la Clasificación Diagnóstica y Estadística DSM-5 (2013), de la misma categoría diagnóstica que el TEA, descrito en el apartado anterior, denominada trastornos relacionados con traumas y factores de estrés. En esta categoría se incluyen cinco trastornos, dos de ellos exclusivamente dirigidos a menores que se describirán en el apartado de este capítulo dedicado a esta población. Los otros tres trastornos que configuran esta categoría son el TEA (descrito anteriormente), el TEPT y los *trastornos adaptativos* (TA). Así, todos los trastornos que forman parte de esta categoría tienen en común un criterio diagnóstico que hace referencia a la presencia de un factor de estrés o acontecimiento traumático vinculado a la sintomatología descrita.

Desde la inclusión del TEPT en 1980 en las clasificaciones diagnósticas, el interés tanto en el ámbito clínico como de investigación ha sido notable y ha supuesto diferentes revisiones en relación con la caracterización clínica del trastorno (Gómez, 2010). Posiblemente las modificaciones más importantes realizadas en la clasificación diagnóstica actual (APA, 2013) respecto a las ediciones anteriores, están relacionadas, por un lado, con la inclusión de síntomas (p. ej., culpa, enfado o vergüenza) que previamente no se habían incluido en estas, a pesar de la prevalencia de estos en personas expuestas a un acontecimiento traumático. Y, por otro lado, con la ubicación del TEPT, ya que tradicionalmente ha formado parte de los trastornos de ansiedad y a partir de 2013 forma parte de la categoría diagnóstica citada con anterioridad trastornos relacionados con traumas y factores de estrés. Este cambio de ubicación del TEPT en la clasificación diagnóstica facilita que los trastornos relacionados con traumas tengan una identidad clínica independiente de otras categorías diagnósticas, poniendo de manifiesto la importancia de vincular necesariamente estos trastornos con la vivencia, presencia o conocimiento de un estresor o acontecimiento traumático.

Actualmente, el TEPT se configura (APA, 2013) como un trastorno con ocho criterios diagnósticos, que necesariamente tiene que presentar la persona para recibir el diagnóstico de TEPT. El primero de ellos, hace referencia a la exposición a muerte, lesión grave o violencia sexual. De tal manera, que como ocurre en todos los trastornos relacionados con traumas y factores de estrés, el primer criterio diagnóstico se refiere al origen del cuadro, el acontecimiento traumático, que posteriormente podrá dar lugar a los síntomas clínicos. Los cuatro criterios siguientes hacen referencia a los síntomas propios de este trastorno y los tres últimos criterios detallan los aspectos referidos a duración de los síntomas, funcionamiento del individuo y diagnóstico diferencial con otras situaciones como por ejemplo condiciones médicas. A continuación, vamos a detallar los cuatro criterios referidos a la sintomatología propia del TEPT tal y como se plasman en la clasificación diagnóstica DSM-5 (2013) pero se sugiere al lector que pueda consultar esta referencia para conocer en detalle las especificaciones de cada criterio diagnóstico:

1. El TEPT se define por un grupo de síntomas denominados síntomas de intrusión, entre los que se encuentran: recuerdos angustiosos recurrentes, involuntarios e intrusivos del suceso traumático; sueños angustiosos recurrentes; reacciones disociativas, malestar psicológico intenso tras la exposición a estímulos relacionados con el acontecimiento traumático y reacciones fisiológicas intensas tras la exposición a estímulos relacionados con el acontecimiento traumático.
2. La clasificación diagnóstica detalla síntomas referidos a evitación o esfuerzos para evitar, como son: evitar recuerdos, pensamientos o sentimientos sobre el acontecimiento traumático y evitar estímulos externos (p. ej., personas) que evocan recuerdos, pensamientos o sentimientos asociados al acontecimiento traumático.
3. El TEPT supone la presencia de alteraciones cognitivas y del estado del ánimo como: incapacidad para recordar un aspecto importante del acontecimiento traumático; creencias o expectativas negativas persistentes y exageradas sobre uno mismo, los demás o el mundo; percepción distorsionada sobre la causa o las consecuencias del acontecimiento traumático; estado emocional negativo persistente; disminución importante del interés o la participación en actividades significativas; sentimiento de desapego o extrañamiento de los demás; incapacidad para experimentar emociones positivas.
4. La alteración importante de la alerta y reactividad asociada al acontecimiento traumático, que hace referencia a: comportamiento irritable y arrebatos de furia; comportamiento imprudente o autodestructivo; hipervigilancia, respuesta de sobresalto exagerada, problemas de concentración y alteración del sueño.

La prevalencia anual de este trastorno, en Europa, oscila en torno al 0,5-1%, mientras que en EE.UU. alcanza una prevalencia del 3,5%. Los acontecimientos con más altas tasas de prevalencia de TEPT son las violaciones, combate, militar, cautiverio y genocidio por causas políticas (APA, 2013).

Tal y como puede observarse en el cuadro 3.6, el TEA, descrito en el apartado anterior, y el TEPT comparten un importante número de síntomas y prácticamente la diferencia entre ambos trastornos radica en un criterio temporal, ya que los síntomas propios del TEA aparecen inmediatamente tras el acontecimiento traumático y pueden mantenerse hasta un plazo de un mes, mientras que para el diagnóstico de TEPT los síntomas deben mantenerse como mínimo un mes.

CUADRO 3.6. *Trastornos relacionados con traumas y factores de estrés*

Trastorno	*Síntomas*
Trastorno de estrés postraumático	– Intrusión. – Evitación. – Alteraciones cognitivas y del estado del ánimo. – Alteración de la alerta y reactividad. – Con o sin síntomas disociativos.
Trastorno de estrés agudo	– Intrusión. – Estado de ánimo negativo. – Disociativos. – Evitación. – Alerta.
Trastornos adaptativos	– Emocionales (ánimo deprimido y ansiedad). – Alteraciones de la conducta.

Fuente: APA, 2013.

Como se ha mencionado con anterioridad, en la categoría diagnóstica trastornos relacionados con traumas y factores de estrés se recogen, además del TEA y del TEPT, los TA. Los TA (cuadro 3.6), se caracterizan por el desarrollo de síntomas emocionales o del comportamiento en respuesta a un factor estresante. Estos síntomas deben presentarse dentro de los tres meses siguientes al inicio del estresor (APA, 2013). Aunque este trastorno está incluido en la categoría diagnóstica trastornos relacionados con traumas y factores de estrés, difiere del TEA y del TEPT, además de en los síntomas característicos del cuadro clínico, en el tipo de factor estresante que lo suele desencadenar. Ya que, aunque los TA pueden tener como origen identificable, por ejemplo, un accidente (laboral o de tráfico) o un desastre natural, es más frecuente que los TA están vinculados a estresores como rupturas sentimentales, dificultades económicas o despidos laborales.

La prevalencia de este trastorno oscila entre el 5 y 20% en personas en tratamiento por salud mental (APA, 2013).

Cabe destacar que recientemente la clasificación diagnóstica elaborada por la OMS, CIE-11 (WHO, 2018), ha incorporado un trastorno, en la misma entidad diagnóstica que el TEPT, trastornos específicamente relacionados con el estrés, que se denomina *trastorno de estrés postraumático complejo* (TEPTC). Este trastorno se puede desarrollar tras la exposición a un acontecimiento de naturaleza amenazante u horrible, comúnmente acontecimientos prolongados en el tiempo o repetitivos de los que es difícil escapar o imposible como puede ser la tortura, violencia doméstica prolongada o el abuso sexual repetido en la infancia. Se caracteriza por los síntomas centrales del TEPT según la clasificación CIE-11(WHO, 2018):

a) Reexperimentación.
b) Evitación de pensamientos y recuerdos relacionados con el acontecimiento.
c) Hipervigilancia o aumento de la activación.

Más otros tres grupos de síntomas caracterizados por:

a) Problemas severos y generalizados en la regulación del afecto.
b) Creencias persistentes acerca de uno mismo acompañadas de sentimientos profundos de vergüenza, culpa o fracaso en relación con el acontecimiento traumático.
c) Dificultades persistentes para mantener relaciones y sentirse próximo a los demás.

La incorporación de este trastorno viene a reemplazar, de algún modo, el trastorno denominado *transformación persistente de la personalidad tras experiencia catastrófica* que se recogía en la versión anterior de la CIE, CIE-10 (OMS, 1992) y que no se ha recogido en la versión actual, CIE-11 (WHO, 2018). Este trastorno se definía por una transformación persistente de la personalidad de la víctima, presente al menos durante dos años tras la experiencia catastrófica (p. ej., desastres, campos de concentración, actos terroristas, tortura...). Además, formaba parte del trastorno una actitud de desconfianza y hostilidad hacia el mundo, aislamiento social, sentimientos de vacío o desesperanza, sensación de estar al límite y vivencia de extrañeza de sí mismo.

Por lo tanto, el TEPTC incluido en la clasificación CIE-11 (WHO, 2018) difiere principalmente del TEPT de la clasificación DSM-5 (APA, 2013) en la especificación del acontecimiento traumático, ya que en la clasificación CIE-11 especifica que deben ser, generalmente, acontecimientos prolongados en el tiempo o repetitivos de los que es difícil escapar o imposible, mientras que el DSM-5 no refiere esta caracterización. Además, en el TEPTC se incluye una alteración duradera de las relaciones con los demás.

Estas consecuencias psicológicas así como las que se citan en el siguiente apartado, pueden estar facilitadas no solo por la vivencia del propio acontecimiento traumático sino también por la denominada victimización secundaria, que ya se abordó en el capítulo 1.

3.2.1. Otros trastornos asociados a la experiencia traumática

Los diferentes trastornos citados hasta el momento hacen referencia en la etiología del cuadro a la exposición a un acontecimiento traumático, sin embargo, no son los únicos trastornos que pueden presentar las personas que han vivido un acontecimiento traumático. Tal y como puede observarse en el cuadro 3.7 la vivencia de un acontecimiento traumático puede relacionarse con el inicio o empeoramiento de un amplio espectro de trastornos mentales.

Por ello, a continuación, vamos a detenernos en describir las características generales de otras categorías diagnósticas recogidas en la clasificación diagnóstica DSM-5, más allá de la relacionada con traumas y estrés, que recogen trastornos que pueden presentar las personas que sufren un acontecimiento traumático.

CUADRO 3.7. *Trastornos asociados a la exposición a acontecimiento traumático*

Categoría diagnóstica	*Trastornos*[a]
Trastornos depresivos	– Trastorno de depresión mayor. – Trastorno depresivo persistente.
Trastornos de ansiedad	– Fobia específica. – Fobia social. – Trastorno de pánico. – Agorafobia. – Ansiedad generalizada.
Trastornos disociativos	– Trastorno de identidad disociativo. – Amnesia disociativa. – Trastornos de despersonalización/desrealización.
Trastornos relacionados con sustancias y trastornos adictivos	– Trastorno por consumo de alcohol. – Trastorno por consumo de sedantes, hipnóticos o ansiolíticos.

a No se incluyen todos los trastornos de cada categoría diagnóstica, sino aquellos que presentan con más frecuencia las personas expuestas a un acontecimiento traumático.

A) Trastornos depresivos

Se caracterizan fundamentalmente por una alteración a nivel de ánimo (p. ej., tristeza), a nivel cognitivo (p. ej., culpa excesiva) y a nivel somático (p. ej., alteraciones de sueño), que se mantiene en el tiempo y que supone una afectación del funcionamiento del individuo.

B) Trastornos de ansiedad

Se caracterizan por un miedo excesivo o por una amenaza real que persiste en el tiempo (p. ej., miedo a ser agredido por un familiar que previamente ya ha sido violento) o imaginada (p. ej., ir andando por la calle por la noche y tener la percepción de que alguien te sigue sin que sea así). Cada uno de los trastornos de ansiedad se centra en un miedo específico a situaciones u objetos diferentes (p. ej., miedo a situaciones sociales: fobia social, miedo a conducir: fobia específica). Además de miedo, estos trastornos se caracterizan por la presencia de ansiedad y conductas de evitación (de la situación u objeto temido). Si no se dan conductas de evitación es porque se soporta el miedo con un malestar muy intenso (p. ej., la persona con fobia a subir en ascensor lo haría, pero con miedo o ansiedad intensa).

C) Trastornos disociativos

Están muy relacionados con los trastornos por traumas y estrés, puesto que el origen de estos trastornos suele ser un trauma, aunque no es una condición necesaria para que se dé el trastorno, tal y como ocurría en los trastornos relacionados con traumas y estrés. Además, el TEPT y TEA, como se ha citado con anterioridad, presentan síntomas disociativos (p. ej., despersonalización) que se incluyen en la categoría diagnóstica trastornos disociativos. Estos trastornos se caracterizan por una desconexión a nivel de proceso cognitivo como de memoria, de percepción, de emoción, de conciencia e incluso de identidad.

D) Trastornos relacionados con sustancias y trastornos adictivos

En concreto los referidos a consumo de sustancias. Se caracterizan por un comportamiento patológico relacionado con el consumo de sustancias que de forma específica supone un control deficitario con relación al consumo, un deterioro social, un consumo de riesgo y la presencia de criterios farmacológicos (tolerancia y abstinencia) (APA, 2013). Aunque, a nivel general, estos son los trastornos relacionados con la exposición a un acontecimiento traumático, es importante señalar que en función del acontecimiento pueden presentarse otros trastornos, como por ejemplo las disfunciones sexuales tras la exposición a la violencia sexual.

Por lo tanto, tal y como se refleja en la figura 3.1 las consecuencias psicológicas tras exponerse a un acontecimiento traumático tanto a corto plazo como a largo plazo suponen un amplio espectro tanto de síntomas como de trastornos que, en función de las características del acontecimiento y de la víctima, van a iniciarse o mantenerse.

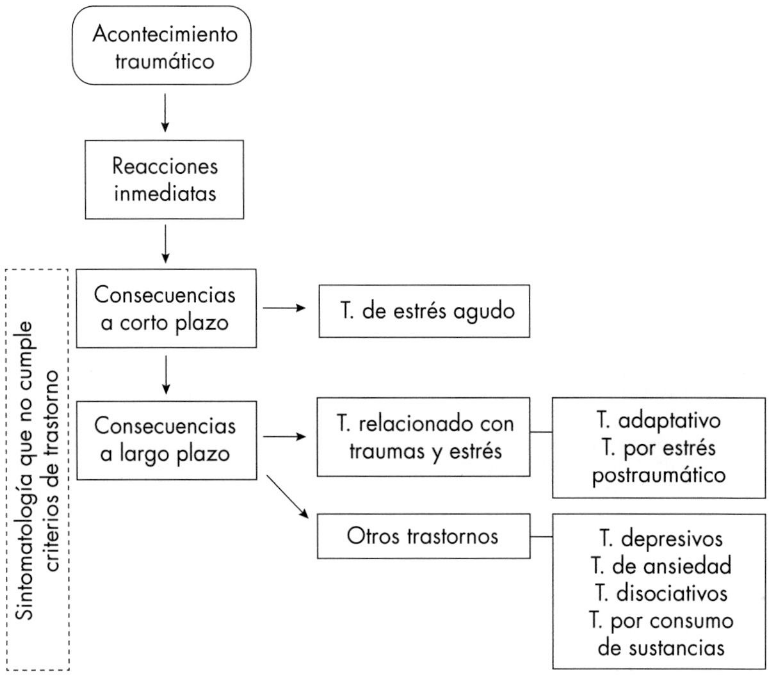

FIGURA 3.1. Resumen de las consecuencias a corto y largo plazo tras la exposición a un acontecimiento traumático.

Es importante señalar que es posible que la víctima no presente a largo plazo consecuencias psicológicas, pero también que la persona presente más de un trastorno. De hecho, la evidencia indica que las personas con TEPT son más propensas a presentar al menos otro trastorno mental (Kessler, Sonnega, Bromet, Hughes y Nelson, 1995).

3.3. Consecuencias psicológicas en diferentes ámbitos de victimización

Los ámbitos de victimización son numerosos, por ello se han seleccionado y se presentarán solo aquellos que tienen una alta prevalencia a nivel mundial y que, de algún modo, cuentan con servicios específicos de atención, que se enunciarán en el capítulo 5. Además, se presentarán las consecuencias psicológicas asociadas a cada proceso de victimización, tanto a nivel de trastornos como de sintomatología asociada.

Para ello, en primer lugar, se abordará la violencia de género entendida como la violencia ejercida contra la mujer y que hace referencia a "todo acto de violencia basado en la pertenencia al género femenino que tenga o pueda tener como resultado un daño o sufrimiento físico, sexual o psicológico para la mujer, así como las amenazas de tales actos, la coacción o la privación arbitraria de libertad, tanto si se producen en la vida pública como en la privada" (Asamblea General de las Naciones Unidas, art. 1, 1994).

Como se indica en el capítulo 1, en los años 90 las víctimas de violencia de género pertenecían al grupo de las denominadas víctimas invisibles. Por lo que aunque esta realidad social no es un asunto reciente, podemos afirmar que es en las últimas décadas cuando ha tomado una relevancia mayor a diferentes niveles. Así, ha proliferado notablemente el interés en el abordaje de la violencia de género, tanto a nivel de investigación como a nivel asistencial. Creando incluso a nivel institucional organismos específicos para atender de forma integral este tipo de violencia, ente los que caben destacar, el Observatorio Estatal de Violencia de Género adscrito a la Secretaría de Estado de Servicios Sociales e Igualdad que aborda el asesoramiento, evaluación, colaboración institucional, elaboración de informes y estudios y propuestas de actuación en materia de violencia de género. Y el Observatorio contra la Violencia Doméstica y de Género que aborda el tratamiento de estas violencias desde la Administración de Justicia.

Este abordaje ha dado lugar a conocer con detalle las consecuencias a nivel de salud física y psicológica que tiene para la mujer la exposición a la violencia, tanto física, psicológica como sexual, bien ejercida por la pareja o al margen de una relación de pareja.

La violencia hacia la mujer puede suponer múltiples ámbitos de victimización, pero en el presente documento nos vamos a centrar en aquellos que representan en la actualidad un problema de mayor magnitud a nivel de salud pública, esto es: violencia ejercida contra la mujer en la pareja, violencia sexual y violencia en relación con la trata de seres humanos.

3.3.1. Violencia ejercida contra la mujer en la pareja

Con relación a este tipo de violencia cabe destacar que la Macroencuesta de Violencia contra la Mujer (Ministerio de Sanidad, Servicios Sociales e Igualdad, 2015) encontró, (cuadro 3.8) que en España, un 12,5% de las mujeres mayores de 16 años informaban haber sufrido violencia física o sexual por parte de sus parejas frente a un 22% de mujeres europeas que informó haber sufrido este tipo de violencia.

Además, esta realidad es más preocupante cuando se encuentra que aunque un porcentaje importante de mujeres abandona las relaciones de pareja en las que sufrían violencia física o sexual, otras mujeres pierden la vida precisamente por esta violencia. Así en 2017 en España, 49 fueron víctimas mortales por violencia de género (Delegación del Gobierno para la Violencia de Género, 2017) siendo el agresor su expareja o estando en fase de ruptura (38,8%) o su pareja (61,2%).

CUADRO 3.8. *Violencia en la pareja o expareja*

Tipo	*A lo largo de la vida*		*Últimos 12 meses*	
	España	*U.E.*	*España*	*U.E.*
Física o sexual	12,5%	22%	2,7%	4%
Física	10,3%	20%	1,8%	4%
Sexual	8,1%	7%	1,4%	1%
Psicológica de control	25,4%	35%	9,2%	–
Psicológica emocional	21,9%	32%	7,9%	–
Económica	10,8%	12%	2,5%	–
Miedo	13%		–	

Fuente: adaptado de Macroencuesta de Violencia contra la Mujer (Ministerio de Sanidad, Servicios Sociales e Igualdad, 2015).

La violencia hacia la mujer enmarcada en una relación de pareja puede hacer referencia a diferentes tipos de violencia, como son la violencia psicológica, física, sexual, económica y social. Estos tipos de violencia pueden presentarse de forma unitaria en la relación o de forma múltiple. Además, es posible que varíen a lo largo de la relación, de tal manera que, por ejemplo, se presente en un primer momento únicamente violencia física pero posteriormente se inicie violencia sexual. Por lo tanto, la realidad de las mujeres que permanecen en una relación de violencia puede ser muy diferente en función de la violencia a la que están expuestas e incluso diferente en una misma mujer en función del momento de la relación.

Al margen del tipo de violencia que se dé, la relación de pareja enmarcada en la violencia se caracteriza, por un lado, porque la mujer se expone a un acontecimiento que no es puntual, sino que generalmente se alarga en el tiempo, apareciendo la violencia de forma intermitente. Así, la violencia en la pareja, generalmente, se mantiene a lo largo del tiempo, llegando a permanecer unos 10 años en esta relación. Y, por otro lado, se caracteriza por tratarse de la vivencia de un acontecimiento en el que la víctima sufre la violencia por parte de una persona con la que mantiene un vínculo afectivo.

Ambas circunstancias (tratarse de un acontecimiento que es un estresor crónico y la relación afectiva con el agresor) confieren un panorama facilitador para que la mujer presente una afectación de su salud, tanto a nivel físico como psicológico. De hecho, desde hace más de dos décadas la violencia en la pareja se entiende como un factor de riesgo para el desarrollo de trastornos mentales (Golding, 1999).

Las consecuencias psicológicas pueden tener diferentes niveles, ya que pueden presentar síntomas o trastornos. Los trastornos que con más frecuencia presentan las mujeres víctimas de violencia en la pareja, estarían enmarcados en las categorías diagnósticas, trastornos relacionados con traumas y factores de estrés, trastornos de ansiedad y trastornos depresivos (cuadro 3.9).

CUADRO 3.9. *Consecuencias psicológicas de la exposición a la violencia de pareja*

Categoría diagnóstica	*Trastorno*
Trastornos relacionados con traumas y factores de estrés	– Trastornos de estrés postraumático.
Trastornos de ansiedad	– Fobia específica. – Trastorno de pánico. – Agorafobia. – Ansiedad generalizada.
Trastornos depresivos	– Trastorno de depresión mayor.

Fuente: adaptado de Amor, Bohórquez y Echeburúa, 2006.

Los trastornos enmarcados en estas categorías, especialmente el TEPT y el *trastorno de depresión mayor* (TDM), son los más prevalentes en víctimas de violencia en la pareja. No obstante, cabe destacar, que la literatura científica pone de manifiesto que también las mujeres víctimas de violencia en la pareja pueden presentar otros trastornos relacionados con alteraciones del sueño y con la alimentación (Howard, Trevillon y Agnew-Davies, 2010).

Aunque la presencia de estos trastornos indica necesariamente una alteración en el funcionamiento de la víctima (familiar, académico-laboral o social), es importante considerar las consecuencias psicológicas a nivel de síntomas, aunque no lleguen a conformar un trastorno, que puede presentar la víctima. Ya que, más allá de los trastornos citados con anterioridad, es frecuente que la víctima presente otra sintomatología (Amor *et al.*, 2006), como:

- *Sintomatología ansiosa a nivel general:* más allá de un trastorno de ansiedad específico, ya que como se ha citado anteriormente, la mujer que vive en una relación de violencia en la pareja está expuesta de forma intermitente a una situación, que facilita la activación del sistema de alerta del organismo.
- *Alteraciones en relación con la autoestima:* niveles de autoestima más bajos que las mujeres que no han vivido violencia en la pareja.
- *Alteraciones cognitivas y emocionales negativas:* creencias negativas sobre ellas mismas, el mundo o los demás, así como sentimientos de culpa o vergüenza.
- *Ideación o comportamientos suicidas:* pensamientos de muerte, ideación suicida con o sin plan específico o intento de suicidio. Posiblemente se trata de la alteración clínica más grave, puesto que atenta contra la integridad y la vida de la víctima.

- *Consumo de sustancias:* conductas de consumo, principalmente de alcohol o sustancias psicotrópicas, que pudieran estar relacionadas con una forma de manejar la sintomatología postraumática, especialmente la referida a alteraciones en la alerta e hiperactividad.

Además de estas consecuencias a nivel psicológico, las víctimas de violencia de pareja sufren consecuencias a nivel físico, las cuales pueden afectar a nivel psicológico, al menos en lo referente a la calidad de vida de la mujer. Posiblemente, las consecuencias más evidentes son las más inmediatas, es decir, las relacionadas con la propia violencia, que pueden variar en función de la naturaleza de esta. Así, en la violencia física sexual, la mujer puede sufrir diferentes lesiones físicas (p. ej., hematomas, cortes...). Incluso, si la violencia es grave, puede llevarla al fallecimiento. Igualmente, en la violencia psicológica se dan alteraciones físicas (p. ej., dolores de cabeza o musculares, taquicardias, problemas gastrointestinales, mareo...) relacionadas fundamentalmente con el nivel de estrés que está soportando el organismo en ese momento. Pero las consecuencias a nivel físico debidas a la exposición a esta violencia no se quedan en las más inmediatas, ya que la continuidad de la exposición a la violencia genera un deterioro en el sistema de respuesta al estrés del organismo, facilitando el desarrollo de condiciones médicas crónicas, entre las que destacan alergias, problemas de piel, migrañas, alteraciones tiroideas, problemas musculares y reumáticos (Ruiz-Pérez, Plazaola-Castaño y Lozano, 2007).

3.3.2. *Violencia sexual*

La OMS define la violencia sexual como "todo acto sexual, la tentativa de consumar un acto sexual, los comentarios o insinuaciones sexuales no deseados, o las acciones para comercializar o utilizar de cualquier otro modo la sexualidad de una persona mediante coacción por otra persona, independientemente de la relación de esta con la víctima, en cualquier ámbito, incluidos el hogar y el lugar de trabajo" (OMS, 2003: 161).

Así, se entiende que la violencia sexual engloba (National Sexual Violence Resource Center, 2018): violación o agresión sexual, agresión sexual de niños e incesto, violación o agresión sexual realizada por el cónyuge o la pareja de una persona, contacto sexual/ toques no deseados, acoso sexual, explotación sexual y trata de personas, exposición de los genitales o el cuerpo desnudo a otro sin su consentimiento, masturbación en público y observación de una persona en actos privados sin su conocimiento o permiso.

La Agencia de los Derechos Fundamentales de la Unión Europea (2014), realizó un estudio con 42 000 mujeres residentes en la Unión Europea, encontrando que un 11% de las mujeres mayores de 15 años habían experimentado alguna forma de violencia sexual, ya sea por su pareja o no. Y, en la Macroencuesta de Violencia contra la Mujer

(Ministerio de Sanidad, Servicios Sociales e Igualdad, 2015) se encontró que un 7,2% de las mujeres mayores de 16 años habían sufrido violencia sexual sin haber mantenido una relación de pareja. Aquellas mujeres que sufrieron violencia sexual por parte de una pareja o expareja manifestaron que se habían visto obligadas a mantener relaciones sexuales en la pareja cuando no querían (6,4%), a mantener relaciones sexuales sin desearlo por miedo (6,1%), a realizar prácticas sexuales que no deseaban o resultaban humillantes (3,4%), mantener relaciones sexuales contra su voluntad, sujetándole o haciéndole daño (3,1%).

Generalmente, los estudios centrados en determinar la prevalencia de exposición a las diferentes formas de violencia sexual, así como las consecuencias a nivel psicológico, se centran exclusivamente en las referidas a agresión sexual con o sin penetración, valorando las otras posibles formas de violencia sexual conjuntamente bajo el nombre "otras formas de violencia contra la libertad e indemnidad sexual". Además, los delitos contra la libertad sexual contemplan la corrupción de menores e incapacitados y la pornografía de menores.

El hecho de centrar el análisis de los delitos contra la libertad sexual en adultos, únicamente en dos formas de violencia sexual y las demás estudiarlas conjuntamente, esté relacionado con la escasa atención que han recibido algunas formas de violencia sexual a pesar de la incidencia que presentan, como por ejemplo el acoso sexual ya sea físico (p. ej., tocamientos no deseados), verbal (p. ej., bromas sexuales ofensivas) o cibernético (p. ej., correos electrónicos con contenido sexual ofensivo). De hecho, en las estadísticas de criminalidad del Instituto de la Mujer se recogen 1433 denuncias referidas a agresión sexual, 975 de agresión sexual con penetración y 6399 denuncias de otros delitos contra la libertad sexual (Instituto de la Mujer y para la Igualdad de Oportunidades, 2018). Lo cual pone de manifiesto que la violencia sexual va más allá de las agresiones sexuales, que son las que, en la actualidad, reciben mayor atención a todos los niveles.

Los estudios que han analizado la respuesta tras la exposición a violencia sexual se han centrado mayoritariamente en la agresión sexual. Uno de los primeros trabajos propuesto en esta área fue el desarrollado por Burgess y Holmstrom (1974) que describieron dos fases tras la agresión sexual. La primera de ellas es una fase de desorganización en la que se van a presentar principalmente reacciones somáticas y reacciones emocionales. La segunda fase, de reorganización, va a suponer un intento por llevar a cabo un ajuste, pero en el que se evidencia una alteración en el estilo de vida. Además, van a aparecer miedos relacionados con la agresión y dificultades de sueño.

Desde estos primeros estudios, ha quedado evidencia de que la victimización por una agresión sexual supone alteraciones tanto a nivel físico como psicológico, como también ocurre en la mayoría de los procesos de victimización, aunque tradicionalmente se ha considerado que la vivencia de una agresión sexual aumenta notablemente el riesgo de presentar alteraciones psicológicas frente a cualquier otro acontecimiento traumático.

A nivel psicológico, los trastornos que con más frecuencia presentan las mujeres víctimas de una agresión sexual son el TEPT, TDM, trastornos de alimentación y trastornos por consumo de sustancias (de la Cruz, 2014).

Además de estos posibles trastornos que puede presentar una víctima de una agresión sexual, cabe considerar la siguiente sintomatología:

- *Sintomatología ansiosa a nivel general:* el organismo de la mujer después de la agresión puede permanecer en una activación elevada, manifestando síntomas de ansiedad como sudoración, palpitaciones, mareo, etc. Aunque con frecuencia se trata de síntomas ansiosos a nivel general, es importante valorar que estos síntomas no evolucionen hacia un trastorno de ansiedad.
- *Alteraciones en relación con la autoestima:* niveles de autoestima más bajos que las mujeres que no han vivido una agresión sexual.
- *Alteraciones cognitivas y emocionales negativas:* creencias negativas sobre ellas mismas, el mundo, o los demás, principalmente un sentimiento de desconfianza y miedo, así como sentimientos de culpa o vergüenza.
- *Ideación o comportamientos suicidas:* pensamientos de muerte, ideación suicida con o sin plan específico o intento de suicidio. Posiblemente se trata de la alteración clínica más grave, puesto que atenta contra la integridad y la vida de la víctima.
- *Amnesia disociativa:* incapacidad para recordar una parte del acontecimiento (amnesia localizada) o un aspecto concreto del acontecimiento (selectiva).
- *Alteraciones en la sexualidad:* la violencia sexual puede ser un factor de vulnerabilidad para presentar una alteración en la respuesta sexual (p. ej., dolor durante las relaciones sexuales, falta de deseo sexual…). De hecho, es posible que la víctima presente estas alteraciones con una frecuencia y duración suficiente como para que suponga no solo una alteración clínica sino propiamente un trastorno Mental, que se englobaría dentro de la categoría Disfunciones sexuales. En esta categoría se recogen los trastornos caracterizados por una alteración clínicamente significativa de la capacidad de la persona para responder sexualmente o para experimentar placer sexual. Los referidos a la mujer son: el *trastorno orgásmico femenino*, el *trastorno de interés/excitación sexual femenino* y el *trastorno de dolor génito-pélvico/penetración.*

Además de estas alteraciones o disfunciones sexuales, se ha encontrado que tanto víctimas de agresión sexual con penetración como sin esta, aunque en mayor medida en las que han sufrido una agresión con penetración, se dan otras alteraciones en torno a la sexualidad, entre las que destacan la preocupación por la reputación sexual y el malestar en relación con la percepción que la pareja tiene de ella por la agresión sufrida (Perilloux, Duntley y Buss, 2012).

Esta sintomatología es determinante para comprender la gravedad del impacto que ha sufrido la mujer tras la agresión sexual. Así, por ejemplo, el sentimiento de vergüenza es con frecuencia la causa por la que la mujer decide no informar de la agresión sufrida, minimizando por tanto las posibilidades de recibir ayuda ni por parte de los profesionales ni por el entorno más cercano (amigos o familiares).

Si bien es cierto que los trastornos y la sintomatología citada con anterioridad son comunes en la victimización por agresión sexual, conviene matizar que diferentes características de la agresión, principalmente quién es el agresor, pueden exacerbar algunas respuestas emocionales. Así, las víctimas en las que el agresor es un desconocido presentan con más frecuencia, en lo referente a los estados emocionales negativos, miedo, mientras que si es un conocido presentan con más frecuencia culpa.

A nivel físico, cabe destacar que una parte importante de las consecuencias físicas de la agresión sexual están directamente relacionada con esta. Así, las víctimas pueden presentar lesiones físicas a nivel genital, oral y/o anal, enfermedades de transmisión sexual y embarazos no deseados (HM Government, 2007). Además, pueden presentar otras alteraciones, como dolores musculares o problemas gastrointestinales.

Por último, en el siguiente apartado, vamos a describir las posibles consecuencias psicológicas a las que están expuestas las mujeres víctimas de trata.

3.3.3. *Violencia en relación con la trata de seres humanos*

En relación a la víctima de trata, el Código Penal, recoge en el artículo 177 bis que "será castigado con la pena de 5 a 8 años de prisión como reo de trata de seres humanos el que, sea en territorio español, sea desde España, en tránsito o con destino a ella, empleando violencia, intimidación o engaño, o abusando de una situación de superioridad o de necesidad o de vulnerabilidad de la víctima nacional o extranjera, o mediante la entrega o recepción de pagos o beneficios para lograr el consentimiento de la persona que poseyera el control sobre la víctima, la captare, transportare, trasladare, acogiere, o recibiere, incluido el intercambio o transferencia de control sobre esas personas, con cualquiera de las finalidades siguientes:

a) La imposición de trabajo o de servicios forzados, la esclavitud o prácticas similares a la esclavitud, a la servidumbre o a la mendicidad.
b) La explotación sexual, incluida la pornografía.
c) La explotación para realizar actividades delictivas.
d) La extracción de sus órganos corporales.
e) La celebración de matrimonios forzados."

(Vigente redacción introducida en la Ley Orgánica 1/2015 por la que se modifica la Ley Orgánica 10/1995 del Código Penal).

Los diferentes estudios que se han realizado para conocer la situación de las mujeres víctimas de trata ponen de manifiesto que la mayoría han sufrido explotación sexual, por lo tanto, las consecuencias a nivel de salud, no se limitan a aspectos psicológicos, como también ocurría en las víctimas de violencia de pareja, sino que también pueden presentar alteraciones a nivel físico e incluso a nivel de salud sexual.

Las consecuencias psicológicas que pueden manifestar las mujeres víctimas de trata, principalmente, con fines de explotación sexual, están siendo estudiadas desde hace relativamente poco tiempo, puesto que los primeros estudios centrados en esta materia son de hace unos 15 años. No obstante, ya contamos con evidencia suficiente para constatar que las mujeres víctimas de trata presentan TEPT, TDM, trastornos de ansiedad. Aunque también es frecuente que presenten trastornos por consumo de sustancias y trastornos psicóticos. Estos últimos tienden a remitir una vez que finalizó la victimización (Ottisova, Hemmings, Howard, Zimmerman y Oram, 2016).

Los trastornos psicóticos, que no han sido citados hasta el momento se definen por alteraciones a nivel de pensamiento desorganizado, comportamiento motor desorganizado, delirios, alucinaciones y síntomas negativos.

Los porcentajes de prevalencia de cada uno de estos trastornos varían en función del estudio de referencia, pero generalmente se encuentra que el TEPT es el trastorno más prevalente. Además, cabe destacar que las mujeres víctimas de trata presentan con frecuencia ideación o intentos de suicidio. Así, Oram *et al.* (2012) encontraron una prevalencia de ideación suicida del 51%. Presentan otras alteraciones que vienen a ser similares a las que presentan las víctimas de violencia sexual (Oram, Stöckl, Busza, Howard y Zimmerman, 2012).

Las consecuencias físicas más graves que presentan las mujeres víctimas de trata se relacionan con el desarrollo de enfermedades crónicas como el Virus de la Inmunodeficiencia Humana, aunque también pueden presentan otras alteraciones físicas. Las más comunes son: dolor de cabeza, dolor de espalda, dolor dental, fatiga y mareo (Ottisova *et al.,* 2016).

Tal y como se ha citado con anterioridad, las consecuencias en la salud de la mujer víctima de trata hacen referencia a su salud a nivel general, pero además es importante señalar que el impacto de un acontecimiento traumático como este amenaza la salud de la mujer, pero también su bienestar social y económico. Ya que la mujer se encuentra generalmente en un país que no es su país de origen, por lo tanto, tiene multitud de barreras a nivel de idioma, apoyo social y posibilidades laborales. Además, se encuentra en muchas ocasiones con un bagaje de acontecimientos traumáticos previos a la explotación sexual, como engaños o separación de la familia. Podemos afirmar que más allá de las características individuales de la mujer, la trata es uno de los acontecimientos que más facilita la aparición de variables (p. ej., falta de apoyo social e historia previa de acontecimientos traumáticos) para que el impacto a nivel psicológico en la vida de la mujer sea mayor y por lo tanto aumente la probabilidad de encontrarnos consecuencias psicológicas. Con todo ello, se puede concluir que los principales trastornos asociados a la victimización por violencia de género son el TEPT y el TDM.

Se han descrito las consecuencias psicológicas de la exposición a la violencia de género y por lo tanto la población a la que hacen referencia son únicamente mujeres, pero conviene puntualizar que en ninguno de los ámbitos de victimización descritos (violencia en la pareja, sexual y trata) las víctimas son mujeres ya que hombres y menores están expuestos a la victimización en estos ámbitos.

La proporción de hombres víctimas, en los tres ámbitos señalados, es significativamente menor que de mujeres. Así, la proporción de mujeres asesinadas por sus parejas es seis veces mayor que la proporción de hombres asesinados por sus parejas, lo que refleja la disparidad de ambos sexos (Stöckl *et al.*, 2013).

En relación con las denuncias realizadas en 2017 en España contra la libertad sexual, cabe destacar que un 8,25 % fueron hombres víctimas de una agresión sexual, un 6,98% fueron hombres víctimas de una agresión sexual con penetración y un 15,99% fueron hombres que denunciaron en relación con otro delito contra la libertad sexual. Estos datos son consistentes con otros países que indican un porcentaje en torno al 8% en el que la víctima es un hombre (Rennison, 2002). Y, en referencia a la trata de seres humanos, los datos indican que dos de cada tres víctimas son mujeres, siendo esta proporción todavía más elevada si se trata de explotación sexual. Además, las mujeres suelen estar sometidas a formas de trata más graves (United Nations Office of Drugs and Crime, 2016).

Por lo tanto, podemos afirmar que la violencia en la pareja, la violencia sexual y la trata son ámbitos de victimización en los quc fundamentalmente la víctima es una mujer, pero que es importante considerar que la realidad refleja también como víctimas en estos ámbitos a los hombres, los cuales pueden presentar consecuencias psicológicas similares a las que pueden tener las mujeres, tal y como se refleja en el cuadro 3.10.

CUADRO 3.10. *Consecuencias psicológicas en hombres tras la exposición a violencia de pareja, sexual y trata*

Ámbitos de victimización	*Consecuencias psicológicas*
Violencia en la pareja	– Trastornos: TEPT, TDM. – Otras alteraciones: ideación suicida.
Violencia sexual	– Trastornos: TEPT, TDM, disfunciones sexuales, trastornos del sueño. – Otras alteraciones: culpa, enfado, ansiedad, ideación o comportamientos suicidas, abuso de sustancias, comportamiento violento, absentismo.
Trata de seres humanos	– Trastornos: TEPT, TDM, esquizofrenia y otros trastornos psicóticos. – Otras alteraciones: sintomatología ansiosa y depresiva.

Fuente: OMS, 2016 y Ottisova *et al.*, 2016.

3.3.4. Terrorismo

Aunque el término terrorismo fue acuñado por primera vez en el siglo xviii, todavía no existe un consenso sobre la definición de este. No obstante, por terrorismo se entienden comúnmente los "actos de violencia dirigidos contra los civiles procurando objetivos políticos o ideológicos" (Oficina del Alto Comisionado de las Naciones Unidas para los Derechos Humanos, 2008: 6).

El terrorismo es un problema a nivel mundial puesto que en torno a dos tercios de los países sufrieron un ataque terrorista en 2016. Los países más afectados, en los últimos 5 años por el terrorismo, son Iraq, Afganistán, Nigeria, Siria y Pakistán. De hecho, en 2016, el 33% de los fallecimientos por terrorismo se agrupaban en estos países, solo en Iraq se registraron 2.800 fallecidos por terrorismo (Institute for economics and peace, 2017). Hasta la actualidad, en España, 10.181 personas han sido víctimas de terrorismo, entre los que se encuentran personas fallecidas, heridas, secuestradas o amenazadas.

El impacto que supone un atentado terrorista va más allá de la incidencia en las víctimas directas, afectando también a familiares, intervinientes (policías, médicos...) e incluso a la población residente donde se llevó a cabo el atentado (Muñoz, Crespo, Pérez-Santos y Vázquez, 2004). Los atentados perpetuados a nivel mundial se han llevado a cabo fundamentalmente mediante el uso de explosivos y armas (National Consortium for the Study of Terrorism and Responses to Terrorism, 2017), lo que provoca que generalmente se trate a acontecimientos graves, ya que ponen el peligro la integridad física de la víctima, incluso la propia vida. Pudiendo provocar una afectación en el funcionamiento de la víctima, a todos los niveles y surgiendo multitud de necesidades que abordar como consecuencia del atentado. El impacto suele ser mayor si las consecuencias son múltiples, como presentar secuelas físicas y además haber perdido a un familiar (Muñoz y Navas, 2007).

Precisamente para atender las necesidades que pueden presentar las víctimas de terrorismo tras sufrir un atentado, diferentes organizaciones a nivel internacional se han hecho cargo de apoyar a las víctimas de terrorismo, como el National Consortium for the Study of Terrorism and Responses to Terrorism y la Red Europea de Víctimas de Terrorismo. Además, la ONU lleva trabajando más de 30 años para promover los derechos de las víctimas de terrorismo, creando incluso el Comité contra el Terrorismo.

A pesar del interés por parte de diferentes organizaciones, las investigaciones llevadas a cabo sobre victimización terrorista han sido escasas hasta el año 2001. Ya que es a partir de los atentados del 11 de septiembre de 2001 en Nueva York cuando prolifera notablemente el interés científico por la población expuesta a atentados terroristas, no solo de las víctimas del 11-S sino de otros atentados terroristas ocurridos con anterioridad. Así, una revisión de los estudios focalizados sobre las víctimas y amenazados por Euskadi Ta Askatasuna (ETA) pone de manifiesto el notable incremento de esto a partir del año 2011 (Abella, 2016).

La escasa atención que han recibido a nivel de investigación hasta no hace mucho las víctimas del terrorismo es un aspecto posiblemente con más calado del que parece en un primer momento. Principalmente porque es posible que esté relacionado con la necesidad, manifestada repetidamente por las víctimas, de recibir un reconocimiento social.

Una parte importante de los estudios se han centrado en valorar las consecuencias psicológicas que el atentado ha tenido tanto en víctimas directas como en familiares, intervinientes y en la propia comunidad. Si bien es cierto que los efectos psicológicos a corto y largo plazo son similares en los diferentes grupos estudiados, es importante señalar que la principal diferencia estriba en la evolución de los efectos psicológicos. Ya que las víctimas directas e indirectas (en el capítulo 1 se recoge específicamente las víctimas que son consideradas indirectas), con más frecuencia mantienen los cuadros psicopatológicos, como el TEPT, iniciados tras el atentado, mientras que los efectos en los intervinientes y en la comunidad tienden a disminuir (García-Vera, Sanz y Gutiérrez, 2016).

El trastorno más frecuente que pueden presentar las víctimas del terrorismo es el TEPT, seguido del TDM, los trastornos de ansiedad y los trastornos por abuso o dependencia de sustancias (García-Vera y Sanz, 2016). Evidentemente no todas las víctimas del terrorismo van a desarrollar trastornos mentales, pero posiblemente una parte importante de las víctimas va a presentar otra sintomatología más allá de los efectos psicológicos del atentado a corto plazo. Esta sintomatología hace referencia a:

- Posibles reacciones de duelo: aquellas víctimas que han sufrido la pérdida de un ser querido tras el atentado tienen la tarea de elaborar el duelo. La elaboración de una pérdida es un proceso natural y no necesariamente debe ser patológico, pero es importante considerar que la causa del fallecimiento (atentado terrorista) puede ser un factor de riesgo para que el proceso de duelo se haga más complejo.
- Además del duelo para elaborar en relación a una persona fallecida, las víctimas de terrorismo también pueden tener que enfrentarse a elaborar otras pérdidas significativas, como por ejemplo la pérdida de la audición como consecuencia del atentado terrorista.
- Alteraciones cognitivas y emocionales negativas: creencias negativas sobre ellas mismas, el mundo o los demás, principalmente un sentimiento de desconfianza y miedo, así como sentimientos de venganza y culpa.
- Ideación o comportamientos suicidas: pensamientos de muerte, ideación suicida con o sin plan específico o intento de suicidio.

Además, cabe recordar que las lesiones que pueden presentar las víctimas de terrorismo pueden suponer un cambio importante en su vida y afectar notablemente a su funcionamiento, ya que en ocasiones puede implicar hasta una incapacidad para desarrollar la actividad laboral que antes del atentado desarrollaba.

3.3.5. Acoso laboral

La violencia laboral es conocida como *mobbing* o acoso laboral. El acoso en el trabajo supone "un continuado y deliberado maltrato verbal o modal que recibe un trabajador de otro/s, con vistas a reducirlo, someterlo, amilanarlo o destruirlo psicológicamente y que consiste en comportamientos de hostigamiento frecuentes, recurrentes y sistemáticos contra él" (Piñuel, 2001: 55).

La prevalencia del acoso laboral, en España, se estima en un 9,2%, (Piñuel y Oñate, 2006), porcentaje algo inferior a las cifras europeas. La mayoría de las víctimas son acosadas por sus superiores jerárquicos (acoso descendente), aunque también pueden ser acosadas por otros superiores jerárquicos, por compañeros (acoso horizontal) y en menor medida por sus subordinados (denominado acoso ascendente).

Las diferentes formas en las que se puede manifestar esta violencia abarcan multitud de comportamientos hacia la víctima como por ejemplo amenazarla, gritarla y aislarla prohibiendo que hablen con ella.

Tal y como señala la Inspección de trabajo y Seguridad Social (2018) existen elementos constitutivos del acoso laboral que son requeridos por la Jurisprudencia. Estos elementos son:

- Hostigamiento, persecución o violencia psicológica contra una persona o conjunto de personas.
- Carácter intenso de la violencia psicológica.
- Prolongación en el tiempo.
- La finalidad de este comportamiento debe ser dañar psíquica o moralmente al trabajador.

Estos elementos indican que el acoso laboral no se trata de una situación de tensión o malestar en el trabajo, sino de una violencia intensa, frecuente y continuada con la finalidad de dañar a la persona. De hecho, el impacto que provoca no se queda exclusivamente en la víctima, sino que familiares de esta e incluso compañeros de trabajo pueden manifestar un malestar, físico o psicológico, asociado a esta situación. Sin embargo, la comunidad científica se ha centrado escasamente en conocer de forma empírica las implicaciones del impacto en familiares y compañeros de víctimas.

La víctima de acoso laboral se expone a un proceso que supone la presencia de diferentes fases, en relación con su estado psicológico. Así, González de Rivera (2002) señala cinco fases clínicas propias de esta violencia, que se recogen, de forma resumida, en el cuadro 3.11.

Estas fases dan evidencia de cómo el proceso de acoso va generando una afectación progresiva en la víctima, que se inicia con síntomas de inquietud y ansiedad para ir avanzando hacia síntomas traumáticos.

CUADRO 3.11. *Evolución clínica del acoso laboral*

Fase clínica	*Caracterización*
Autoafirmación	– Inquietud, ansiedad, agresividad moderada, alteraciones del sueño.
Desconcierto	– Duda sobre su versión y la situación. Agravamiento de síntomas de la fase anterior.
Depresivo	– Pérdida de eficacia, autoestima, motivación, culpa, aislamiento y evitación. – Otras alteraciones: sintomatología ansiosa y depresiva.
Traumático	– Estrés, ansiedad, intrusiones obsesivas, conflictos familiares.
Estabilización crónica	– Baja laboral (si se incorpora al trabajo, empeoramiento de síntomas), pensamiento focalizado, temor al lugar y recuerdos, problemas de concentración y memoria.

Fuente: adaptado de González de Rivera, 2002.

Aunque existen trastornos asociados a la victimización por acoso laboral, principalmente el TEPT y el TDM, las víctimas de acoso laboral presentan mayoritariamente, más que trastornos, un amplio número de síntomas (Moreno-Jiménez, Rodríguez, Garrosa y Morante, 2004). Entre estas cabe destacar:

- *Alteraciones psicosomáticas:* síntomas físicos (p. ej., dolor de cabeza o malestar general), como manifestación de una enfermedad médica o no, que causan un malestar importante en la persona.
- *Sintomatología ansiosa a nivel general:* más allá de un trastorno de ansiedad específico, ya que como se ha citado en la victimización por violencia de pareja, la exposición a un estresor mantenido en el tiempo, en este caso acoso laboral, puede facilitar la activación del sistema de alerta del organismo.
- *Síntomas de estrés postraumático:* los síntomas postraumáticos que con más frecuencia presentan estas víctimas están enmarcados en el criterio diagnóstico referido a una alteración importante de la alerta y reactividad (comportamiento irritable y arrebatos de furia comportamiento imprudente o autodestructivo, hipervigilancia, respuesta de sobresalto exagerada, problemas de concentración y alteraciones del sueño). Aunque estos sean los síntomas más frecuentes, la víctima puede presentar cualquier otra sintomatología postraumática.
- *Alteraciones cognitivas y emocionales negativas:* creencias negativas sobre ellas mismas, el mundo o los demás, principalmente un sentimiento de vergüenza y culpa.
- *Ideación o comportamientos suicidas:* pensamientos de muerte, ideación suicida con o sin plan específico o intento de suicidio.

Esta sintomatología, aunque no sean trastornos, pueden provocar un nivel de interferencia en la vida de la persona de igual intensidad que si presentase un trastorno. Además, alguna de ellas como la ideación o comportamientos suicidas son muy graves puesto que suponen una amenaza para la integridad o vida de la persona.

Además de estas repercusiones, a nivel psicológico, la victimización por acoso laboral también puede provocar consecuencias físicas. A diferencia de los procesos de victimización descritos hasta ahora, en el acoso laboral no se dan consecuencias físicas por la propia violencia (p. ej., pérdida de un miembro que puede presentar una víctima de un atentado terrorista), sin embargo, los estudios revelan que el proceso de acoso, caracterizado entre otras cosas porque se alarga en el tiempo, puede suponer un deterioro en el organismo por la activación continua del sistema de respuesta de estrés del organismo que ha sido constatado incluso mediante pruebas de laboratorio que encuentran una alteración de los niveles de cortisol en saliva (Hansen *et al.*, 2006). Además, la víctima puede presentar problemas musculares.

3.3.6. Accidentes

La victimización por accidentes puede englobar diferentes escenarios (accidentes laborales, de tráfico, aéreos...) pero, en este caso, nos vamos a centrar exclusivamente en los referidos a tráfico, principalmente por el número de afectados que supone.

En 2017 se registraron 1067 accidentes mortales en vías interurbanas, de los cuales resultaron 1200 fallecidos y 4837 heridos graves u hospitalizados (Dirección General de Tráfico, 2018).

En los últimos cinco años el total de fallecidos, en España, por accidente de tráfico es de más de 8000 personas y más de 500 000 heridos de los cuales 43.748 fueron hospitalizados (Dirección General de Tráfico, 2016).

En 2015 las lesiones más frecuentes (55%) en víctimas de accidentes de tráfico hospitalizadas fueron las fracturas, principalmente de extremidades y tórax, seguidas de las internas (17,6%) siendo las más comunes, la lesión interna en el pecho (12%), la lesión cerebral (9,4%) y la lesión de abdomen (6,5%). En torno al 34% de las víctimas que necesitan asistencia hospitalaria son valoradas a los 30 días posteriores al accidente, como heridos graves, con una valoración de MAIS 3 según la escala de valoración europea Maximum Abbreviated Injury Scale (Dirección General de Tráfico, 2017).

A nivel mundial, 1,25 millones de personas fallecen cada año por accidentes de tráfico y 50 millones de personas sufren lesiones (World Health Organization, 2015).

Además de las víctimas mortales y lesionados, es importante considerar que, en un accidente de tráfico, aunque una de las personas no resulte fallecida o lesionada, siempre va a ser una víctima indirecta. Por lo tanto, los datos indican que es uno de los acontecimientos traumáticos que, a nivel mundial, las personas viven con más frecuencia.

Un parte importante de estos accidentes están relacionados con delitos contra la seguridad vial. Así, la estadística de procedimientos judiciales revela que en 2017 ha habido 81 951 condenas por delitos viales, que suponen el 32% del total de las 254 608 condenas por toda clase delitos (Fiscal de sala coordinador de seguridad vial, 2018).

La literatura científica ofrece datos dispares en relación con la prevalencia de los trastornos psicopatológicos que se asocian a la victimización por accidente de tráfico, pero en general podemos afirmar que la presencia de trastornos en las víctimas de accidentes de tráfico es menor que en los procesos de victimización abordados hasta ahora en este capítulo.

Las personas expuestas a algunos de los procesos de victimización tratados anteriormente, como las víctimas de violencia en la pareja, sexual o trata, se exponen a amenazas de la dignidad personal, en ocasiones durante un tiempo prolongado, lo que confiere un panorama muy dañino para la integridad psicológica de la persona. Sin embargo, en las víctimas de accidentes de tráfico el daño se va a caracterizar más por una amenaza hacia la integridad física y psicológica, pero no de la dignidad personal.

Si bien es cierto que estas implicaciones del acontecimiento traumático y la prevalencia de trastornos es menos intensa en las víctimas de accidentes de tráfico que en otros procesos de victimización, es importante no subestimar las consecuencias que puede tener esta situación en las personas que lo sufren. Especialmente, porque las lesiones físicas que pueden presentar las víctimas de accidentes de tráfico suponen generalmente un descenso en la calidad de vida de la persona y facilita, por tanto, la aparición de trastornos o síntomas psicológicos.

Los principales cuadros psicopatológicos asociados a los procesos de victimización son el TDM, TEPT, TA y diferentes trastornos de ansiedad, principalmente la *fobia específica* (Esbec y Echeburúa, 2015). El TEPT ha sido el cuadro clínico más estudiado en víctimas de accidentes de tráfico, sin embargo, no está claro que sea el trastorno más prevalente, cuestionando que por delante de este puedan estar los *trastornos adaptativos* o el TDM.

Además, las víctimas de accidentes de tráfico pueden presentar la siguiente sintomatología:

- *Sintomatología ansiosa a nivel general:* más allá de un trastorno de ansiedad específico la víctima puede referir niveles elevados de ansiedad la mayor parte del día.
- *Alteraciones cognitivas y emocionales negativas:* creencias negativas sobre ellas mismas, el mundo o los demás, principalmente un sentimiento de ira o culpa en función de las causas que han motivado el accidente.
- *Amnesia disociativa:* incapacidad para recordar una parte del acontecimiento (amnesia localizada) o un aspecto concreto del acontecimiento (selectiva).
- *Dificultades de adaptación al dolor crónico:* como consecuencia de las lesiones sufridas tras el accidente, la víctima puede presentar dolores que interfieran en su funcionamiento diario, por lo tanto va a ser necesario un proceso de adaptación a esta nueva situación, especialmente si el dolor es crónico.

La victimización por accidentes de tráfico supone consecuencias físicas, fundamentalmente las lesiones provocadas por el accidente, como las que se han citado con anterioridad. Además, cabe destacar el dolor crónico por las consecuencias a nivel psicológico que este puede suponer como ansiedad y depresión (Åhman y Stålnacke, 2008).

3.4. Aspectos a considerar en grupos específicos

Determinados grupos específicos, como los menores, mayores o personas con diversidad funcional, pueden ser especialmente vulnerables y además ser una población de riesgo para exponerse a determinados procesos de victimización. A continuación, se recoge información sobre las posibles consecuencias psicológicas que algunos de estos grupos pueden presentar en función de los procesos de victimización a los que se exponen con más frecuencia para reflexionar sobre los aspectos a considerar con estas poblaciones.

3.4.1. Menores

Los menores de edad pueden exponerse a cada uno de los diferentes ámbitos de victimización abordados en las páginas anteriores, considerando que el acoso laboral en este caso se centraría en el ámbito escolar. El desarrollo del proceso de victimización de un menor está estrechamente ligado con el momento evolutivo en el que se encuentre ya que su capacidad cognitiva va a jugar un papel importante en cómo va a integrar y abordar el impacto vivido tras la experiencia traumática. Igualmente, los posibles síntomas o trastornos que puede presentar el menor van a variar en función del momento del desarrollo en que se encuentre. Así, por ejemplo, el consumo de sustancias asociado a un proceso de victimización en un menor no es posible que se presente previo a la etapa escolar, sin embargo, es una de las consecuencias por considerar en la adolescencia.

Tras la vivencia de un acontecimiento traumático y en función de múltiples variables, como ocurre con los adultos, relacionadas con el propio acontecimiento, y con variables del menor y del contexto, el menor puede presentar consecuencias del impacto del trauma que pueden aparecer a lo largo de todo el ciclo vital. Así, puede presentar una ausencia de consecuencias, lo cual es muy poco probable, consecuencias a corto plazo pero que con el tiempo se vayan mitigando o consecuencias a corto plazo que además se mantengan según avanza su desarrollo, llegando incluso a la edad adulta, aunque hayan transcurrido más de cuarenta años del acontecimiento traumático. Incluso, es posible que el menor no presente consecuencias evidentes a corto plazo pero que aparezcan a largo plazo. Existe numerosa evidencia científica que pone de manifiesto que la edad es un factor de riesgo para presentar posibles trastornos psicológicos e incluso físicos tras la exposición a un acontecimiento traumático.

El interés en los menores como víctimas ha crecido a lo largo del tiempo, siendo en los últimos años cuando ha recibido más atención (Tran *et al.*, 2018) tanto en el ámbito de la investigación como asistencial. Los estudios se han centrado en determinar los síntomas y trastornos asociados a la victimización en menores por maltrato físico, maltrato psicológico, abuso sexual, exposición a violencia de pareja y acoso escolar.

La vivencia de experiencias traumáticas por parte de un menor puede provocar diversas alteraciones (Alcántara, López-Soler, Castro y López, 2013; Cantón-Cortés y Cortés, 2015; Pereda, 2010; Wolke y Lereya, 2015) que abarcan (cuadro 3.12) diferentes categorías diagnósticas.

Varias de estas categorías (trastornos de la excreción y trastornos disruptivos, del control de los impulsos y de la conducta) incluyen trastornos que tienen su inicio en la infancia o adolescencia, aunque pueden presentarse en la etapa adulta. En concreto, los trastornos de la excreción implican la eliminación inapropiada de orina o heces (APA, 2013). Y, los trastornos disruptivos, del control de los impulsos y de la conducta suponen un grupo de trastornos en los que la persona presenta dificultades para el autocontrol del comportamiento y las emociones, traduciéndose en conductas que no respetan los derechos de los demás (p. ej., agresión) o que suponen conflictos (APA, 2013).

CUADRO 3.12. *Trastornos en menores tras la exposición a maltrato, abuso sexual, exposición a la violencia de pareja y maltrato*

Categoría diagnóstica	*Trastornos*
Trastornos relacionados con traumas y factores de estrés	– Trastorno de apego reactivo. – Trastorno de relación social desinhibida. – Trastorno de estrés postraumático.
Trastornos depresivos	– Trastorno de depresión mayor.
Trastornos de ansiedad	– Fobia social.
Trastornos disociativos	– Despersonalización. – Desrealización.
Trastornos de la personalidad	– Trastornos de la personalidad límite.
Trastornos relacionados con sustancias y trastornos adictivos	– Trastorno por consumo de alcohol. – Trastorno por consumo de sedantes, hipnóticos o ansiolíticos.
Trastornos de la excreción	– Enuresis. – Encopresis.
Trastornos de la conducta alimentaria y de la ingesta de alimentos	– Anorexia nerviosa. – Bulimia nerviosa.
Trastornos disruptivos, del control de los impulsos y de la conducta	– Trastorno de conducta.

Otra parte de las categorías diagnósticas, incluidas en el cuadro, implican trastornos cuyo inicio no tiene que darse necesariamente en la infancia o adolescencia y además los criterios diagnósticos para el trastorno son iguales que los que serían para adultos, pero con consideraciones específicas para menores, que aparecen anotadas en cada criterio diagnóstico que requiere esta adaptación a menores. Por ejemplo, en el TDM cuando se describe en el criterio A "Estado de ánimo deprimido la mayor parte del día" se especifica que en los niños y adolescentes el estado de ánimo puede ser irritable (APA, 2013). Estas categorías son los trastornos depresivos, trastornos de ansiedad, trastornos disociativos, trastornos relacionados con sustancias y trastornos adictivos y trastornos de la conducta alimentaria y de la ingesta de alimentos.

En relación con la categoría referida a los trastornos de personalidad, cabe destacar que son trastornos que suponen tal y como se recoge en el DSM-5 (APA, 2013) un patrón permanente de experiencia interna y de comportamiento que se aparta acusadamente de las expectativas de la cultura de la persona. Estos trastornos se inician, generalmente, en la adolescencia. Es recomendable el diagnóstico de estos trastornos después de los 18 años de edad de la persona y si se realiza antes de esta edad es necesario que las características del trastorno se lleven manifestando al menos un año.

Por último, la categoría diagnóstica referida a trastornos relacionados con traumas y factores de estrés contempla, por un lado, trastornos que tienen su inicio en la infancia o adolescencia. Y, por otro lado, trastornos que no tienen que darse necesariamente en la infancia o adolescencia y que además los criterios diagnósticos para el trastorno son iguales que los que serían para adultos pero con consideraciones específicas para menores.

Los trastornos relacionados con traumas y factores de estrés de inicio en la infancia son dos, tal y como se recoge en el cuadro 3.12. Ambos trastornos están relacionados con uno de los aspectos más relevantes que se puede dar en los menores expuestos a trauma y que hace referencia al apego. El apego es un sistema que regula la experiencia emocional mediante el contacto con el cuidador (Wallin, 2012), por lo que una dificultad en el establecimiento del apego puede traer importantes repercusiones para la persona.

Así, estos dos trastornos hacen referencia a una alteración en las conductas de apego y se presentan en menores que en sus primeros meses de vida se han visto expuestos a negligencias. En concreto, el *trastorno de apego reactivo* se caracteriza por un patrón de conductas de apego alterado e inadecuado en el que el niño no suele recurrir a una figura de apego cuando la necesita (APA, 2013) y el *trastorno de relación social desinhibida* supone un comportamiento demasiado familiar con personas extrañas (APA, 2013). Ambos trastornos se han incluido en el cuadro 3.12 por tratarse de trastornos específicos de menores relacionados con traumas, pero no son trastornos incluidos en las investigaciones referenciadas anteriormente, sobre todo porque su inclusión en la clasificación diagnóstica es reciente ya que estos trastornos se contemplan por primera vez en la clasificación DSM-5 (APA, 2013) y, por lo tanto, la investigación en relación con estos trastornos es todavía limitada.

El otro trastorno recogido en la categoría diagnóstica relacionada con traumas y factores de estrés es el TEPT, en el que además de plasmar las especificaciones propias para los menores, se incluyen las características clínicas del TEPT para menores de 6 años.

Los diferentes trastornos presentados son comunes a los ámbitos de victimización citados anteriormente (maltrato físico, maltrato psicológico, abuso sexual, exposición a violencia de pareja y acoso escolar) y se han presentado de forma conjunta intencionadamente para ofrecer una visión global de las consecuencias que puede tener en menores la exposición a los acontecimientos traumáticos citados. Sin embargo, es necesario puntualizar que en función del ámbito de victimización se pueden presentar, además, otras alteraciones. Así, por ejemplo, las víctimas de abuso sexual pueden presentar problemas relacionados con la sexualidad como sexualidad insatisfactoria o conductas de riesgo sexual (Pereda, 2010). Además, algunos de los trastornos presentados son más frecuentes en un grupo de víctimas que en otros, como por ejemplo la presencia de fobia social en víctimas de acoso escolar.

Los menores pueden presentan las siguientes alteraciones a nivel clínico: retrasos en el desarrollo, alteraciones en la excreción (aunque no llegue a constituirse como un trastorno), retraimiento, ideación o conductas suicidas, somatizaciones (dolores de cabeza o de estómago), baja autoestima, conductas autodestructivas e ira.

Evidentemente, esta sintomatología y trastornos suponen en el menor una afectación de las áreas de funcionamiento de su vida, pudiendo verse alterado el rendimiento escolar, la capacidad para establecer relaciones y mantenerlas, así como el nivel general de salud física e incluso el mantenimiento de hábitos saludables.

Tanto las consecuencias psicológicas como las físicas pueden verse agravadas si el menor se encuentra en una situación de polivictimización.

Por último, conviene recoger la exposición que los menores y adolescentes tienen a diferentes acosos vinculados a las tecnologías de la comunicación, especialmente mediante un dispositivo móvil, y que englobaría principalmente lo que ha venido a denominarse *ciberbullying* (acoso entre iguales mediante tecnologías de la comunicación), *grooming* (conductas de un adulto, mediante las tecnologías de la comunicación, dirigidas a un menor con fines de establecer una relación con el menor y abusar sexualmente del menor) y el *sexting* (envío mediante mensajes o WhatsApp de contenido sexual). Los estudios sobre las consecuencias psicológicas en menores víctimas de acoso mediante tecnologías de la comunicación ponen de manifiesto que la sintomatología o trastornos más frecuentes son de tipo ansioso, depresivo y de autoestima, además de presentar ideación suicida (Foody, Samara y Carlbring, 2015). En este tipo de acoso mediante tecnología, cobran especialmente relevancia las cogniciones negativas de la víctima (p. ej., no voy a poder superar esta situación, nunca voy a tener una vida normal), posiblemente por las características específicas de las tecnologías de la comunicación, como es la capacidad de difusión que tienen y la dificultad para eliminar permanentemente el contenido divulgado.

3.4.2. Mayores

El estudio de la victimización en los ancianos ha recibido menos atención, tanto a nivel de investigación como de intervención, que cualquier otro grupo de edad. Así en España, el primer estudio a nivel nacional que se realiza para conocer la prevalencia de maltrato de personas mayores en la familia es de hace una década (Iborra, 2008). Sin embargo, se cuenta con la suficiente evidencia científica para afirmar que las personas mayores pueden sufrir maltrato, tanto en el ámbito de la familia como a nivel institucional y que este representa una amenaza para su integridad física y psicológica (Pillemer, Burnes, Riffin y Lachs, 2016).

Además, la investigación ha puesto de manifiesto que el maltrato hacia los mayores es una situación que conocemos parcialmente, no solo por la invisibilidad que este fenómeno ha tenido, sino porque algunas cuestiones sociales o culturales dificultan que los mayores informen sobre el maltrato que viven. Posiblemente la población que más representa esta situación son los hombres mayores que sufren maltrato, ya que posibles atribuciones tradicionales sobre la masculinidad dificultan que puedan denunciar la situación en la que se encuentran y por lo tanto se genera una situación de escasa detección y reconocimiento del problema (Melchiorre *et al.,* 2016).

De los tipos de maltrato que puede sufrir el mayor, el más frecuente es el psicológico, pero además pueden sufrir maltrato físico, sexual, psicológico, económico, abandono y violación de los derechos básicos (Instituto de Mayores y Servicios Sociales, 2007).

Las principales consecuencias asociadas a la victimización en las personas mayores por maltrato en el ámbito de la familia es la presencia de sintomatología ansiosa, depresiva, así como quejas somáticas y deterioro en la calidad de vida (Soares *et al.*, 2010). Esta sintomatología también está presente en los mayores que han sido víctimas de violencia sexual o física pero además refieren síntomas postraumáticos como hiperactivación, evitación y reexperimentación, que en la mayoría de las personas se mantiene a lo largo de los años (Cook, Dinnen y O´Donnell, 2011).

Es importante destacar que las cuestiones sociales o culturales que anteriormente se han mencionado pueden facilitar la aparición de determinada sintomatología. Así, por ejemplo, las mujeres mayores que han sido víctimas de violencia en la pareja pueden presentar aislamiento, sentimientos de impotencia y niveles bajos de autoestima, si no se sienten capacitadas para informar de la situación de violencia en la que están (McGarry, Simpson y Hinchliff-Smith, 2010).

Aunque las personas mayores presentan esta sintomatología a nivel psicológico, es un grupo de población en el que las consecuencias físicas tienen una especial relevancia porque son más graves para la persona. Así, las personas mayores en situación de maltrato acuden con frecuencia a los servicios sanitarios e incluso permanecen más tiempo hospitalizados (Dong, 2015). Estas consecuencias físicas se refieren a problemas gastrointestinales, musculoesqueléticos y psicosomáticos (Stöckl y Penhale, 2014).

Además, en personas mayores expuestas a la violencia en la pareja, con maltrato físico durante periodos prolongados de tiempo, se pueden dar daños físicos permanentes, discapacidad e incluso fallecimientos prematuros.

3.4.3. Personas con diversidad funcional

Las personas con discapacidad, tal y como se denominan oficialmente en España, se nombrarán en este documento como personas con diversidad funcional, término acuñado por el Independent Living Movement en los años 70, puesto que es una forma menos excluyente de denominar a este grupo de población.

Las personas con diversidad funcional, ya sea psíquica, física o sensorial, presentan un elevado riesgo de victimización. De hecho, la violencia interpersonal es sufrida en mayor medida, tanto por hombres como por mujeres, que tienen algún tipo de diversidad funcional frente a los que no la tienen (Hughes, Lund, Gabrielli, Powers y Curry, 2011). Así, por ejemplo, la violencia física por parte de la pareja sufrida por mujeres sin diversidad es significativamente inferior (1,7%) con relación a la que refieren las mujeres con diversidad (5,4%).

A pesar de los datos que ponen de manifiesto esta situación, son víctimas a las que tradicionalmente se les ha prestado una escasa atención. No obstante, en las últimas décadas ha crecido notablemente el interés para dar una adecuada atención a este grupo de población. Este interés se concreta, por ejemplo, en medidas de protección de las víctimas con necesidades especiales recogidas en el Estatuto de la Víctima (Ley 4/2015 del Estatuto de la víctima de delito), en documentos para la valoración policial de víctimas con discapacidad intelectual (Arqueros *et al.*, 2017) y en guías para los profesionales de la salud que proporcionan información basada en la evidencia para evaluar a personas que sufren violencia en la pareja y presentan diversidad funcional (Salwen, Gray y Mona, 2016). Además, tanto a nivel nacional como internacional se han desarrollado diferentes proyectos, desde el año 2000, centrados en identificar la violencia de género que viven las mujeres con diversidad funcional (Cermi y Fundación Cermi Mujeres, 2016).

Las consecuencias asociadas a la victimización que sufren las personas con diversidad funcional han sido estudiadas principalmente en víctimas de violencia sexual, de género y en menor medida de acoso en el ámbito laboral. Siendo la población con discapacidad intelectual la que ha recibido más atención.

Las consecuencias psicológicas de las víctimas de abuso sexual (Sequeira y Hollins, 2003) son, principalmente, el TDM y TEPT, pero además pueden presentar la siguiente sintomatología:

- Niveles bajos de autoestima.
- Ira.

- Síntomas disociativos.
- Autolesiones.
- Abuso de alcohol.

Y las consecuencias en las víctimas de acoso laboral presentan fundamentalmente síntomas depresivos que se mantienen en el tiempo (Figueiredo-Ferraz, Gil-Monte y Olivares-Faúndez, 2015).

En este grupo, como ocurre con la población de mayores, algunas circunstancias, como por ejemplo las dificultades de comunicación que puede presentar la persona con diversidad funcional, pueden suponer un riesgo para la comunicación de la situación de abuso, de cualquier tipo, lo que puede redundar en un mantenimiento de este.

Por esto y por lo expuesto con anterioridad en otros grupos específicos podemos afirmar que, aunque las consecuencias psicológicas son similares a las que pueden presentar otras víctimas, en estos grupos se hace especialmente relevante tener en consideración que los profesionales que asisten a estos grupos deben estar formados en las necesidades específicas de esta población con el fin de evitar que pueda darse una victimización secundaria así como contar con las habilidades profesionales necesarias (p. ej., empatía o capacidad de escucha) para facilitar que se implementen de forma exitosa las medidas establecidas para las protecciones de sus derechos.

3.5. Descripción de los efectos psicológicos a través de un caso clínico

S.P. es una mujer de 30 años, soltera, que acude a consulta derivada por su médico de cabecera por presentar dolores intensos de cabeza, musculares y dificultades para conciliar el sueño. S.P. sufrió abusos sexuales en la infancia, desde los 9 hasta los 11 años, por parte de un tío materno.

A) Historia del problema

S.P refiere que los abusos comenzaron a los 9 años cuando pasó unas vacaciones con sus primos y tíos maternos. S.P manifiesta que diferentes miembros de su familia conocían lo que sucedía, pero no hacían nada al respecto, lo que le hizo cuestionase la importancia de lo que ocurría y sentirse culpable. A lo largo de los años que se dio el abuso incrementó su sensación de indefensión y miedo a que volviese a repetirse el abuso. Desde los 9 años hasta los 11 años este abuso se repitió en numerosas ocasiones, hasta que el tío de S.P se trasladó de ciudad por motivos laborales.

Cuando S.P. se trasladó con 19 años a Valencia a estudiar un grado universitario comenzó a presentar diferente sintomatología como dolores de cabeza, malestar general y dificultades para concentrarse y para mantener el sueño. Que se mantienen en la actualidad junto con otra sintomatología que no refiere al médico de cabecera, pero sí manifiesta en las primeras sesiones de evaluación.

B) Síntesis de la evaluación

Se llevaron a cabo tres sesiones de evaluación: durante dos sesiones se utilizó la entrevista clínica y en una sesión se aplicaron diferentes instrumentos para valorar sintomatología ansiosa, depresiva y postraumática.

Los resultados de la evaluación pusieron de manifiesto que S.P. presentaba desde hace diez años la siguiente sintomatología: pesadillas, malestar ante noticias o informaciones relacionadas con abusos a menores, dificultades para mantener el sueño, evitación (encuentros con la familia materna), estado emocional negativo (principalmente culpa y vergüenza), escaso interés en diferentes actividades, irritabilidad y dificultades de concentración.

Desde hace unos meses refiere tener creencias negativas (p. ej., "no se puede confiar en nadie", "estoy mal y nunca voy a poder recuperarme", "no tiene sentido que siga esforzándome por el trabajo ni por nada") que le interfieren en su funcionamiento diario (especialmente en el trabajo y en las relaciones sociales) de forma importante y le dificultan para tomar decisiones. Además, presenta malestar general y dolores de cabeza, por lo que recibe medicación desde hace cinco años.

S.P. decide solicitar ayuda actualmente, a pesar de presentar esta sintomatología desde hace bastantes años porque recientemente ha sufrido una ruptura de pareja que ella cree que ha sido provocada por sus dificultades, y ha considerado oportuno poner solución a su situación.

Preguntas de autoevaluación

1. ¿Dónde puede consultar el profesional los criterios diagnósticos de los trastornos que puede presentar S.P. (caso clínico presentado anteriormente)?:

   - ☐ *a)* En la clasificación diagnóstica CIE.
   - ☐ *b)* En la clasificación diagnóstica DSM.
   - ☐ *c)* En diferentes páginas web.
   - ☐ *d)* En la clasificación diagnóstica CIE y DSM.
   - ☐ *e)* En la OMS y APA.

2. ¿Hacia dónde han evolucionado las respuestas psicológicas de S.P. (caso clínico presentado anteriormente) tras la vivencia del abuso?:

   - ☐ *a)* La cronicidad de los síntomas postraumáticos.
   - ☐ *b)* La resiliencia.
   - ☐ *c)* La recuperación.
   - ☐ *d)* La aparición demorada de síntomas o trastornos.
   - ☐ *e)* La desadaptación.

3. ¿Cuál es el trastorno que posiblemente presenta S.P. (caso clínico presentado anteriormente) en función de la sintomatología descrita anteriormente, en el apartado 3.5.?:

   - ☐ *a)* Trastorno adaptativo.
   - ☐ *b)* Trastorno de estrés postraumático.
   - ☐ *c)* Trastorno de estrés agudo.
   - ☐ *d)* Trastorno reactivo.
   - ☐ *e)* Los síntomas que presenta S.P. no son propios de un trastorno.

4. ¿A qué categoría diagnóstica corresponderían los trastornos de despersonalización y desrealización que se deben explorar si presenta S.P. (caso clínico presentado anteriormente)?:

   - ☐ *a)* Trastornos depresivos.
   - ☐ *b)* La despersonalización y desrealización son síntomas del TEPT pero no trastornos independientes.
   - ☐ *c)* Trastornos disociativos.
   - ☐ *d)* Trastornos de ansiedad.
   - ☐ *e)* Trastornos psicóticos.

5. ¿Qué alteraciones pudo presentar S.P. (caso clínico presentado anteriormente) como consecuencia del abuso cuando era menor?:

   - ☐ *a)* Alteraciones en la excreción.
   - ☐ *b)* Somatizaciones.
   - ☐ *c)* Ira.
   - ☐ *d)* Alteraciones de la autoestima.
   - ☐ *e)* Cualquiera de las consecuencias citadas anteriormente podrían estar enmarcadas en los efectos psicológicos tras la exposición al abuso por parte de un menor.

4
La víctima frente al sistema de justicia penal

Una de las características de la moderna victimología, también denominada de la acción o proactiva por contraposición a la victimología del acto (Herrera, 1996), ha sido centrar la atención en los procesos de desvictimización. Como se ha indicado en el capítulo 1, la moderna victimología busca articular mecanismos que contribuyan a que la víctima supere el trauma vivido, a diferencia de la victimología tradicional, que centró su atención en la víctima como recurso explicativo de la producción de hechos delictivos. Si en los capítulos anteriores de esta obra se ha abundado en el análisis de los procesos de victimización, de aquí en adelante se abordarán diversos aspectos integrados en los procesos de desvictimización. Uno de los más trascendentes para contribuir a la efectividad de los mismos es precisamente el reconocimiento de un estatuto jurídico de la víctima que la dote de herramientas que le permitan superar la experiencia vivida, pero que además la protejan de los peligros que sobre la misma se ciernen a su paso por el sistema de justicia penal, al tener que soportar su intervención en el proceso penal incoado tras la producción del hecho delictivo. Este capítulo se dedica al análisis de los derechos que integran este estatuto jurídico victimal, de las razones que propiciaron su reconocimiento y de los instrumentos jurídicos internacionales y nacionales que han servido para consolidar su vigencia.

4.1. Del olvido de la víctima a la actualidad: reconocimiento normativo de los derechos victimales

El reconocimiento normativo de los derechos a las víctimas tanto en el ámbito internacional como interno de los Estados constituye un proceso emprendido ya bien mediado el siglo XX. El contexto social que condujo a la positivación de los derechos victimales en instancias internacionales como inicio del proceso que después conduciría a que los distintos Estados normaran sobre el particular se produjo tras el fin de la Segunda Guerra Mundial, coincidiendo con el reconocimiento de los derechos humanos y con el propio desarrollo científico de la victimología como disciplina.

Siguiendo a Schaffer (1968) puede considerarse que cabe calificar de pendular la evolución por el interés de la víctima. Así, como se indicara en el capítulo 1, hemos pasado de un momento que puede identificarse con la edad de oro de la víctima, en que esta fue dueña de su conflicto, lo que cabe afirmar hasta el fortalecimiento del derecho común, a un segundo estadio identificado con la edad crepuscular, que coincide primero con el fortalecimiento y expansión en Europa del derecho germánico y culmina con la creación del Estado moderno y la consiguiente oficialización de la justicia, que se tildó de robo oficial del agravio personal a la víctima (Christie, 1977). En dicho contexto, el nacimiento del derecho penal moderno, sustantivo y procesal, supuso la articulación de un sistema de garantías frente a un ofensor contra el que se dirigía la acción penal pública, sin que cupiera espacio reservado en este escenario para la víctima, más allá de constituir una fuente de prueba de la que podía servirse la acusación.

De este olvido la víctima no se recupera hasta el nacimiento de la victimología, en que es redescubierta; lo que se ha identificado con la nueva edad de oro de las víctimas (Herrera, 1996). En dicho contexto, aunque el nacimiento de la victimología como disciplina puede situarse en obras inaugurales como las de Hans von Hentig o Beniamin Mendelsohn que vieron la luz a finales de los años 30 o durante los años 40, no fue hasta después de pasada la Segunda Guerra Mundial cuando las atrocidades producidas durante el conflicto hicieron aflorar la necesidad de respetar los derechos humanos, lo que culminó en la aprobación de la Declaración Universal de los Derechos Humanos en 1948. Este puede considerarse el texto jurídico inaugural en punto al reconocimiento normativo a escala internacional de los derechos fundamentales.

4.1.1. Ámbito internacional

Aunque a la Declaración Universal de los Derechos Humanos aprobada por Naciones Unidas se atribuye el carácter fundacional antes mencionado, en lo que al reconocimiento de derechos victimales propiamente se refiere, el proceso de su positivación a nivel global no se produjo hasta la aprobación de la Declaración de los Derechos de las Víctimas del Delito y del Abuso de Poder, adoptada por la Asamblea General de las Naciones Unidas (Resolución 40/34) el 29 de noviembre de 1985.

Fue un largo proceso el que medió entre la aprobación de la Declaración Universal y la adopción de este instrumento jurídico *soft law* en el que se positiviza por primera vez el decálogo de los derechos de las víctimas, que arrancó ya en el año 50 con la creación de la Comisión Internacional Penal y Penitenciaria, en cuyo seno se designó un comité de expertos que acabaría constituyendo el Comité de Prevención y Control del Delito, que impulsó la adopción de la referida Declaración. Fue en el IV Congreso de Naciones Unidas para la prevención del delito y el tratamiento del delincuente cuando se solicitó a los expertos la elaboración de las directrices para el abordaje de la cuestión de las víctimas desde el punto de vista internacional, aun cuando la recomendación a la Asamblea General de publicación de la mencionada Declaración no se produjo hasta el VII Congreso para la prevención del delito y el tratamiento del delincuente, realizado en Milán en agosto-septiembre de 1985. Esta declaración, en que se ha querido ver uno de los mayores logros en el campo del reconocimiento normativo de derechos victimales (Fattah, 2000), acuña un concepto amplio de víctima en el que, junto a las víctimas de delitos, se incluyen las del abuso de poder. La misma parte de la base del reconocimiento del derecho de las víctimas a ser tratadas con compasión y respecto a su dignidad, reconociéndoles los derechos de acceso a la justicia, información sobre el procedimiento, asistencia, reparación a cargo de los infractores o terceros responsables, indemnización a cargo del Estado en determinados supuestos y protección ante los peligros para su intimidad y seguridad.

El hecho de ser considerado víctima no está condicionado a que el autor de la violación haya sido identificado, detenido, juzgado o condenado. Se trata, no obstante, de un documento esencialmente orientado a la asistencia y a la obtención de reparación de las víctimas, más que a delinear las bases de un estatuto jurídico completo (Rodríguez Manzanera, 1989; Landrove, 1990; Ferreiro Baamonde, 2005; Villacampa, 2006).

En el ámbito de Naciones Unidas, también el Estatuto de la Corte Penal Internacional adoptado en Roma en 1998 contiene disposiciones protectoras de las víctimas. Si bien el mismo solo se aplica a las causas seguidas ante este tribunal internacional por los delitos para los que se le reconoce competencia, la sensibilidad respecto de las necesidades y de la posición especial de la víctima se observa a lo largo del documento y culmina con la previsión de medidas orientadas a la protección de las víctimas en el seno del proceso penal, aun sin descuidar la inclusión de algún precepto garantizador de la participación y de la reparación/indemnización a las víctimas en estos procesos. Sirva aquí traer a colación las disposiciones protectoras contempladas en el artículo 68 del Estatuto, o las posibilidades de intervención procesal de la víctima contempladas en el artículo 67 del mismo, así como las referidas a la reparación e indemnización de las víctimas incluidas en los artículos 75 y 79, entre las que se prevé la dotación de un fondo fiduciario para resarcir a las víctimas proveniente de las multas o de los bienes decomisados a los ofensores.

Al ser Naciones Unidas el organismo internacional con cuya actividad normadora arrancó el reconocimiento jurídico internacional de los derechos de las víctimas, lo ha hecho, sin embargo, a través de disposiciones jurídicas a cuyo cumplimiento no puede forzarse a sus miembros. De ahí que precisamente el principal problema de dichos textos ha sido el de su ejecutividad, lo que ha provocado que existan voces expertas que clamen por la necesidad de convertir la Declaración en una Convención cuya observancia pueda imponerse a las partes (Dussich, 2015).

4.1.2. Ámbito europeo

Siguiendo una lógica de paulatina aproximación territorial a la realidad normativa en España (Villacampa, 2006), aunque con diversa amplitud geográfica y en tiempos distintos, operan dos entes supranacionales que han normado en cuestiones relacionadas con la posición de la víctima frente al sistema de justicia penal, que no son otros que el Consejo de Europa y la Unión Europea.

A) Consejo de Europa

Pionero en este ámbito espacial en el reconocimiento de derechos victimales fue el Consejo de Europa, que ya a finales de los años 70 plasmó sus inquietudes relativas a la tutela de la víctima a través de la *Resolución* (77) 27 sobre Indemnización a las Víctimas del Delito, que años más tarde conduciría a la aprobación del Convenio europeo sobre Indemnización de las Víctimas de Delitos Violentos, realizado en Estrasburgo el 24 de noviembre de 1983, y sobre cuya base se han articulado los sistemas públicos de indemnización a las víctimas de delitos. Junto a estos, otros documentos normativos que tampoco tienen efecto vinculante para los Estados parte han abordado el reconocimiento normativo de derechos victimales. Así sucede en especial con la Recomendación del Comité de Ministros del Consejo de Europa (85) 11, de 28 de junio, sobre la Posición de la Víctima en el Marco del Derecho Penal y del Procedimiento Penal, que aun sin tener la trascendencia de la Declaración de Naciones Unidas del mismo año, constituye un instrumento jurídico *soft law* acerca de cuya influencia en punto a explicar la actual configuración normativa sobre el particular de los países integrantes del Consejo no se duda, esto a pesar de que se ha objetivado la escasa implementación de las disposiciones en ella contenidas (Brienen y Hoegen, 2003). Cabe destacar en este mismo apartado las posteriores Recomendaciones (99) 19, de 15 de septiembre, sobre Mediación en Materia Penal (87) 21, de 17 de septiembre, sobre Asistencia a las Víctimas y Prevención de la Victimización (2005) 9, de 20 de abril, sobre Protección de los Testigos y los Colaboradores de la Justicia, o la trascendente (2006) 8, de 14 de junio, sobre Asistencia a Víctimas del Delito.

Tanto o más trascendentes que los derechos victimales incluidos en las referidas recomendaciones, son los derechos victimales reconocidos por este organismo internacional en convenios orientados a la protección de específicos grupos de víctimas. En este sentido, más allá de poder entenderse que cuando el artículo 6 de la Convención Europea de Derechos Humanos reconoce el derecho a un juicio justo se refiere también a la víctima, junto al procesado, debe destacarse la batería de convenios que desde mediados del año 2000 se han venido aprobando en el Consejo de Europa para proteger víctimas de determinados delitos. Estos, además de ser documentos jurídicos vinculantes cuya implementación se está monitorizando por los respectivos grupos de expertos que se han creado por cada uno de estos textos normativos, han supuesto la asunción de un prisma claramente victimocéntrico en el tratamiento de determinadas formas de criminalidad por parte de este organismo, extrapolando lo que en el ámbito de la trata de seres humanos se ha conocido como política 3P (*prevention, protection, prosecution*) a otro tipo de procesos victimizadores, influyendo también en la política criminal adoptada en estos ámbitos por la UE.

Cabe destacar el Convenio del Consejo de Europa sobre lucha contra la trata de seres humanos de 16 de mayo de 2005 (Convenio de Varsovia), el Convenio del Consejo de Europa para la Protección de los Niños contra la Explotación y el Abuso Sexual de 25 de octubre de 2007 (Convenio de Lanzarote) o el Convenio del Consejo de Europa sobre Prevención y Lucha contra la Violencia contra las Mujeres y la Violencia Doméstica de 11 de mayo de 2011 (Convenio de Estambul).

B) Unión Europea

En sintonía con Naciones Unidas y el Consejo de Europa, la Unión Europea, concretamente su Parlamento, mostró desde los años 80 un apoyo continuo a la mejora de las condiciones victimales, con especial atención al derecho de las víctimas a obtener una indemnización. Como muestra de dicha sensibilidad se aprobaron dos resoluciones sobre indemnización a las víctimas, respectivamente, de actos de violencia y de delitos violentos, el 13 de marzo de 1981 y el 9 de octubre de 1989, pudiendo considerarse la segunda el germen de la actualmente vigente Directiva 2004/80/CE del Consejo, de 29 de abril de 2004, sobre Indemnización a las Víctimas de Delitos Violentos.

Al margen de las iniciativas tendentes a la armonización de legislaciones en materia indemnizatoria, la aprobación del tratado de Ámsterdam en 1997, con la consiguiente creación de un espacio judicial europeo, condujo a la adopción del primer documento jurídico relevante en punto al reconocimiento normativo de un decálogo de derechos de las víctimas de cualquier delito incardinado en la estructura de pilares, la Decisión Marco del Consejo 2001/220/JAI, de 15 de marzo de 2001, relativa al Estatuto de la Víctima en el Proceso Penal. La aprobación de dicha norma supuso un primer paso para establecer un estándar mínimo de protección de derechos victimales en los distintos Estados, especialmente respecto del derecho a la información. Sin embargo, aun cuando la sentencia del Tribunal de Justicia de las Comunidades de 16 de junio de 2005 en el caso Pupino aplicó el principio de interpretación conforme hasta el momento predicado únicamente de las disposiciones contenidas en Directivas también a diversos preceptos de esta Decisión Marco (Villacampa, 2006), lo cierto es que los Estados miembros se mostraron poco diligentes en la adaptación de sus legislaciones internas a las disposiciones de esta norma.

Posteriormente, en aplicación del Tratado de Lisboa y de la habilitación contenida en el artículo 82.2 del Tratado de Funcionamiento de la Unión Europea al Parlamento europeo y al Consejo para establecer normas mínimas mediante el procedimiento legislativo ordinario referidas, entre otras posibles cuestiones, a los derechos de las víctimas, la Unión ha aprobado en el último decenio diversas Directivas orientadas a la protección de víctimas de fenómenos criminales específicos que han precedido a la aprobación de las Directiva 2012/29/UE del Parlamento europeo y del Consejo, de 25 de octubre, por la que se establecen las Normas Mínimas sobre los Derechos, el Apoyo y la Protección de las Víctimas de Delitos y por la que se sustituye la Decisión Maco 2001/220/JAI del Consejo (Villacampa, 2015a). Estas Directivas sectoriales a las que nos referimos, para cuya adopción han resultado relevantes los Convenios sobre formas de victimización específica que antes había adoptado el Consejo de Europa, son la Directiva 2011/36/UE del Parlamento Europeo y del Consejo, de 5 abril de 2011, relativa a la Prevención y Lucha contra la Trata de Seres Humanos y a la Protección de las Víctimas y por la que se sustituye la Decisión marco 2002/629/JAI del Consejo y la Directiva 2011/93/UE del Parlamento Europeo y del Consejo, de 13 de diciembre de 2011, relativa a la Lucha contra los Abusos Sexuales y la Explotación Sexual de los Menores y la Pornografía Infantil y por la que se sustituye la Decisión marco 2004/68/JAI del Consejo. Ambos documentos, lo mismo que los correspondientes Convenios del Consejo de Europa que los inspiraron, adoptan un enfoque victimocéntrico en que el respeto a los derechos de las víctimas y, en especial, su protección constituyen los ejes centrales de las respectivas disposiciones, a salvaguardar con independencia de lo que suceda con el infractor.

A diferencia de sus predecesoras, estas normas resultan de aplicación directa a los Estados miembros, con lo que su implementación resulta más ágil. De igual manera, algunas de las medidas en ellas contenidas, como las relacionadas con la protección procesal de las víctimas, pueden considerarse precursoras de lo que después han constituido los contenidos de la mencionada Directiva 2012/29/UE. Esta norma constituye un hito en la actividad normadora de la Unión en materia de protección de los derechos victimales porque, superando el enfoque sectorializador de los derechos de las víctimas, elenca una batería de derechos que integran el contenido mínimo de los que los Estados miembros deben reconocer a las víctimas de cualquier delito. A pesar de constituir una disposición centrada fundamentalmente en el desarrollo de los derechos de las víctimas en el procedimiento penal, abordándose tan solo de manera parcial aspectos de carácter extraprocesal (Tamarit, 2015), obliga a los Estados a reconocer dichos derechos a las víctimas, tanto si son parte en el proceso como si no.

Declara el artículo 1 de dicha norma que su finalidad es la de garantizar que las víctimas de los delitos reciban información, apoyo, protección y puedan participar en los procesos penales. De manera que, junto a la inclusión de disposiciones generales en el capítulo 1 de la Directiva y a disposiciones relativas a la formación profesional y la cooperación el capítulo 6 de la misma, el capítulo 2 regula los derechos a la información y apoyo a las víctimas, el 3 está dedicado al reconocimiento del derecho a la participación en el procedimiento penal y, finalmente, el 4 se orienta al reconocimiento del derecho a la protección de las víctimas, aspecto en que la Directiva es más exhaustiva. El derecho a la indemnización y la reparación de las víctimas apenas es abordado en esta norma, a salvo de lo dispuesto en el artículo 16 respecto al derecho a obtener una decisión relativa a la indemnización por parte del infractor en el marco del procedimiento penal.

Respecto del derecho a la información, se reconoce que las víctimas serán informadas sobre sus derechos desde el primer contacto con la autoridad competente para recibir dicha información (art. 4), previéndose también el derecho a recibir información sobre su caso si así lo desean (art. 6), incluyendo dicho derecho la posibilidad de ser informada de que el procesado o condenado ha sido puesto en libertad o que se ha fugado. La garantía de la observancia del derecho a la información, y también de la participación de la víctima en el procedimiento penal, se halla en la previsión del derecho a la traducción y la interpretación en el artículo 7. En relación con el derecho a la asistencia, establece el derecho de acceso gratuito y confidencial a los servicios de apoyo a las víctimas, sean estos públicos o privados (arts. 8 y 9).

En relación con la participación de las víctimas en el procedimiento penal, se reconocen derechos como el consistente en la facultad de ser oídas (art. 10), lo que necesariamente pasa por el reconocimiento del derecho a entender y ser entendidas (art. 3). Se establecen a este respecto derechos en caso de que se adopte una decisión de no procesamiento del ofensor (art. 11) consistentes en que la víctima pueda pedir una revisión de tal decisión y que sea informada de su derecho en dicho sentido.

De conformidad con las disposiciones de los distintos derechos nacionales, la Directiva reconoce además el derecho a la justicia gratuita cuando las víctimas tengan la condición de parte en el correspondiente procedimiento penal (art. 13), el derecho al reembolso de gastos (art. 14) y el derecho a la restitución de bienes (art. 15). También se reconoce a las víctimas el derecho al acceso de servicios de justicia restaurativa garantizando su seguridad y la interdicción de la victimización secundaria en caso de acceso a los mismos (art. 12).

Finalmente, el derecho a la protección es el más regulado. Reconoce en su artículo 18 el derecho de las víctimas y sus familiares a recibir protección frente a la victimización secundaria o reiterada, la intimidación o las represalias, incluido el riesgo de daños emocionales o psicológicos, y para proteger la dignidad de las víctimas durante la toma de declaración y cuando testifiquen. Así, contempla el derecho a evitar el contacto entre víctima e infractor en dependencias judiciales (art. 19), el derecho a la protección de las víctimas durante las investigaciones penales (art. 20) y el derecho a la protección de su intimidad (art. 21). Huyendo de preconceptos conducentes al etiquetamiento de determinadas víctimas como especialmente vulnerables, la Directiva establece un sistema que consagra el principio de individualización (Tamarit, 2015) y que conduce a que todas las víctimas deban pasar necesariamente por un proceso de evaluación individual (art. 22) a fin de identificar sus necesidades de protección y articular las medidas necesarias para proveerla. Fruto de dicha evaluación se determina si la víctima requiere de necesidades especiales de protección o no, articulándose medidas de protección en función de tres diversos niveles: el correspondiente a las víctimas de cualquier delito (a las que pueden aplicarse las medidas de protección contempladas en los arts. 19, 20 y 21), el correspondiente a las víctimas con necesidades especiales de protección (que incluye la posibilidad de aplicar las medidas de protección previstas en el artículo 23) y el que corresponde a las víctimas con necesidades especiales de protección que gozan de un estatuto de protección hiperreforzado, en concreto los menores de edad, respecto de los que además cabe adoptar las medidas de protección contempladas en el artículo 24 de la Directiva.

En definitiva, con la aprobación de la Directiva 2012/29/UE la Unión Europea se ha dotado de un instrumento jurídico vinculante y directamente aplicable a los Estados parte que prevé el estándar protector mínimo de las víctimas que estos deben adoptar sobre la base del principio de individualización en la protección victimal, superando una aproximación sectorializadora al reconocimiento de derechos victimales. La transposición de esta norma a los ordenamientos internos de los diversos Estados debería estar ya completada en el presente. La adaptación de los ordenamientos internos a las disposiciones de esta Directiva habrá requerido la adopción de las correspondientes modificaciones normativas, lo que en el caso de España ha supuesto la aprobación de la Ley 4/2015, de 27 de abril, del Estatuto de la Víctima del Delito. Sin embargo, solo la monitorización sistemática de la implementación de esta norma en los Estados miembros será capaz de concluir si, pese a su aplicabilidad directa, está siendo observada. El proyecto europeo Vociare financiado por la Comisión Europea y coordinado por *Victim Support Europe,* tiene como principal cometido efectuar el referido análisis.

4.1.3. Ámbito interno español

En el ordenamiento interno español, antes de la aprobación de la Ley 4/2015, puede afirmarse que el proceso de reconocimiento de derechos de las víctimas, tras un largo periodo de olvido, había sido paulatino. Desde finales de los años 90 del pasado siglo fueron sucediéndose normas que supusieron la introducción de medidas de protección sustantivas y procesales que tendieron fundamentalmente a la protección de determinados tipos de víctimas, sobre todo las víctimas de delitos relacionados con la violencia doméstica y de género (Villacampa, 2006), lo que demuestra que la sectorialización en la protección de los derechos victimales ha sido la tónica reinante hasta la aprobación de la Ley 4/2015 en nuestro ordenamiento jurídico (Villacampa, 2015a).

Dicha sectorialización en el reconocimiento de derechos victimales halla su máxima expresión en la aprobación de leyes integrales que establecen un estatuto específico protector de las víctimas. Dos colectivos de víctimas han sido específicamente protegidas por el ordenamiento español. Las de la violencia de género –para cuya tutela integral se aprobó la Ley Orgánica 1/2004, de Protección Integral contra la Violencia de Género, que puso colofón a un conjunto de reformas anteriores orientadas a la protección específica de las víctimas de la violencia de género, como la LO 14/1999 o la Ley 27/2003, que introdujo la orden de protección a las víctimas de violencia doméstica– y las víctimas de la violencia del terrorismo, a las que si bien se había venido reconociendo tradicionalmente un sistema indemnizatorio público más comprensivo y anterior al articulado mediante la Ley 35/95 para el resto de víctimas de delitos violentos, no se ha dotado de una ley integral protectora hasta la aprobación de la Ley 29/2011, de 22 de septiembre, de Reconocimiento y Protección integral a las Víctimas del Terrorismo. Junto a estos, los menores de edad han gozado de un tratamiento jurídico específico, sobre todo cuando intervienen como testigos en un procedimiento penal.

Al margen de estas normas protectoras específicas, la referencia normativa fundamental en relación con el reconocimiento de derechos victimales en España hasta la aprobación de la Ley 4/2015 la constituyó la Ley 35/95, de 11 de diciembre, de Ayudas y Asistencia a las Víctimas de Delitos Violentos y contra la Libertad Sexual, en la que se prevén ayudas económicas a las víctimas de delitos violentos y contra la libertad sexual con cargo al presupuesto público, pero que, junto a ello, creó las Oficinas de Asistencia a las Víctimas de delito (OAV), introdujo la genérica previsión de notificación a las víctimas de las decisiones judiciales que afectasen a sus intereses, previó la obligación de información a las víctimas acerca del procedimiento para obtener obligaciones, así como la obligación de facilitar información sobre el curso de las investigaciones por parte de la policía o la de velar por que el interrogatorio a la víctima se haga con respeto a su situación.

Junto a esta, la Ley Orgánica 19/1994, de 23 de diciembre, de Protección de Testigos y Peritos en Causas Criminales, aplicable a los testigos, eventualmente víctimas, permitió preservar el anonimato de los testigos y evitar su identificación visual o el acceso a medios personales que permitiesen su localización por parte de terceros ajenos a la Administración de Justicia, así como la facilitación de protección policial, sin distinguir entre los supuestos de mera ocultación física de los de ocultación de la propia identidad, cuando en aplicación de la jurisprudencia del TEDH (Tribunal Europeo de Derechos Humanos) no supone vulneración del derecho de defensa el empleo de testigos ocultos, pero sí el de testigos anónimos.

A la vez, se fueron sucediendo modificaciones de la Ley de Enjuiciamiento Criminal tendentes a reconocer derechos victimales, sobre todo orientados a arbitrar medidas de protección de la víctima en el procedimiento penal. Destacan las modificaciones incorporadas mediante la Ley 38/2002, de 24 de octubre, y LO 8/2002, de 24 de octubre, que incluyeron los juicios rápidos y modificaron el procedimiento abreviado, al tiempo que reconocían derechos de información a las víctimas.

Cabe referirse también a las órdenes de alejamiento a las víctimas de los delitos contemplados en el artículo 57 del Código Penal introducidas en el artículo 544 bis Lecrim por obra de la LO 14/1999 y a la orden de protección del artículo 544 ter Lecrim incorporada por obra de la citada Ley 27/2003. También deben mencionarse las modificaciones operadas a la Lecrim en 2003 para posibilitar la práctica de la prueba testifical y otro tipo de diligencias a través de videoconferencia (arts. 325 y 731 bis Lecrim), así como las modificaciones introducidas en la declaración testifical prestada por menores a través de la LO 8/2006 en estos mismos preceptos tendentes a franquear el recurso a este mecanismo, así como la evitación de la confrontación visual con el ofensor, en el caso de las declaraciones prestadas por menores. Esta última norma incluyó modificaciones en LO 5/2000, de 12 de enero, reguladora de la responsabilidad penal de los menores, en que no se contenía mención alguna a las víctimas hasta que en 2006 se incluyeron en su artículo 4 un elenco de los derechos victimales en este tipo de proceso penal.

Junto a las normas de naturaleza procesal penal indicadas, el derecho victimal ha tenido su reflejo en derecho penal sustantivo. Consideraciones de tipo victimológico han sido tomadas en consideración en el diseño de determinados tipos delictivos que atienden a la vulnerabilidad victimal, de carácter situacional o relacional, como sucede con determinados delitos contra la libertad e indemnidad sexuales o los relacionados con la violencia de género, por poner dos ejemplos paradigmáticos. Junto a ello también en el diseño de determinadas sanciones penales y alternativas a la prisión han tenido cabida ese tipo de consideraciones.

Así sucede con sanciones penales que tienen un fuerte contenido reparador de tipo simbólico, como los trabajos en beneficio de la comunidad, o las sanciones consistentes en la privación del derecho a residir en determinados lugares o de acudir a ellos o las prohibiciones de comunicación o aproximación a determinadas personas contempladas en el artículo 48 del Código Penal, para cuya imposición se atiende fundamentalmente al peligro que el infractor representa para la víctima.

Sin embargo, si consideraciones de tipo victimológico pueden suponer un incremento de responsabilidad penal para el victimario, los esfuerzos por el mismo realizados para reparar a la víctima pueden tener un efecto beneficioso para este, desde constituir una circunstancia atenuante de la responsabilidad criminal (art. 21.5 Código Penal), hasta, en lo que a la aplicación de alternativas a la prisión se refiere, atender al cumplimiento de la responsabilidad civil derivada del delito o al menos al compromiso de satisfacerla para acordar la suspensión de la ejecución de la pena de delincuentes primarios o bien que la reparación efectiva del daño o indemnización del perjuicio constituyan elemento de necesaria concurrencia para acordar la suspensión con sustitución preceptiva en el caso de delincuentes no primarios (arts. 80.3 y 84.1ª Código Penal), de la misma forma que el cumplimento del acuerdo de mediación puede constituir una condición potestativamente imponible en cualquier suspensión (84.1ª Código Penal) o que la implicación del ofendido mediante su participación en programas de reparación pueda representar un adelantamiento del acuerdo de la libertad condicional (art. 90 Código Penal).

Con todo, antes de la aprobación de la LO 4/2015, los derechos victimales en nuestro ordenamiento se hallaban dispersos en distintas normas jurídicas y no gozaban de un reconocimiento sistemático. En dicho contexto de dispersión normativa y sectorialización en el reconocimiento de los derechos de las víctimas se aprobó por la Unión Europea la Directiva 2012/29/UE, que debía ser transpuesta a los ordenamientos de los distintos Estados antes del 16 de noviembre de 2015.

En el seno del anterior Gobierno del Partido Popular comenzó a gestarse el proyecto de Ley del Estatuto de la Víctima del Delito mediante el que articular la necesaria transposición de la Directiva comunitaria, como se deduce de la exposición de motivos de la Ley 4/2015. Sin embargo, el referido gobierno renunció a transponer los elementos de dicha Directiva a través de una reforma global del procedimiento penal español, que parecía iba a emprenderse mediante el borrador de Código Procesal Penal de 2012, que nunca llegó a tramitarse en el parlamento. En su lugar, se decidió transponer lo dispuesto en la Directiva 2012/29/UE mediante una iniciativa normativa mucho más quirúrgica, no incardinada en un cambio estructural del proceso penal español, en cuya gestación tuvo un papel relevante la presión que ejercieron determinadas asociaciones de víctimas; precisamente a las presiones no confesadas de determinados grupos, aún sin concretar, se refiere la propia exposición de motivos cuando apela a la necesidad de trasladar, mediante la aprobación de esta norma, las demandas y necesidades de la sociedad española, en aras a completar el diseño del Estado de derecho, centrado casi siempre en las garantías procesales y los derechos del imputado, acusado, procesado o condenado.

Tras una tramitación parlamentaria en la que apenas si hubo cambios sustanciales en relación con el proyecto presentado por el Gobierno, más allá de equiparar el nivel de protección de que pueden gozar las personas discapacitadas con necesidades especiales de protección al predicable de los menores, la Ley del Estatuto de la Víctima del Delito se aprobó el 27 de abril de 2015, entrando en vigor el 28 de octubre de ese año.

La referida norma, con haberse introducido al ordenamiento español como una suerte de bloque normativo que se superpone y, por tanto, convive con normas que anteriormente ya contemplaban derechos victimales y que no se han visto derogadas ni modificadas por su aprobación, constituye la primera en el ordenamiento español que reconoce sistemáticamente un decálogo de derechos victimales, como se analizará más adelante, de ahí su trascendencia.

Debería ser la norma mediante la que se superase la sectorialización endémica de la que ha adolecido la protección de derechos victimales en España, puesto que sistematiza los derechos victimales de que goza la víctima de cualquier delito, si bien la pervivencia de leyes victimales integrales específicas hace dudar de que eso vaya a ser así.

La propia acción política, con medidas como las normativas que incorpora el Pacto de Estado contra la violencia de género aprobado a finales de 2017, que clama, por ejemplo, por la aprobación de una ley integral de lucha contra la trata para explotación sexual, presagia el mantenimiento de la protección sectorial.

4.2. Efectos nocivos del sistema de justicia penal para con la víctima

La proclamación de derechos victimales que protegen a la víctima a su paso por el sistema de justicia penal se explica precisamente por la consciencia generalizada entre los especialistas de que el periplo institucional derivado de la incoación del correspondiente procedimiento penal genera en las víctimas consecuencias psicológicas, sociales, jurídicas y económicas negativas. Si la victimización primaria se identifica con el proceso de sufrimiento, directo o indirecto, de daños físicos o psíquicos derivados de un hecho delictivo o de algún tipo de acontecimiento traumático, dependiendo de la amplitud del concepto de víctima de que se parta, la victimización secundaria se identifica con los costes personales que tiene para la víctima de un hecho delictivo su intervención en el proceso penal incoado tras la comisión del referido ilícito (ver capítulo 1).

Aunque el procedimiento penal se dirige contra el ofensor, colateralmente se producen efectos nocivos en la víctima consecuencia del choque frustrante entre las expectativas de la misma y la realidad institucional, a menudo centrada en el objetivo primordial del proceso penal, la prueba de la comisión y consiguiente sanción del hecho delictivo, ajeno al sufrimiento físico y psicológico que el mismo haya podido causar en la víctima, quien a menudo se limita a constituir una fuente de prueba. De ahí que la victimización secundaria haya llegado a identificarse con una segunda experiencia victimal que puede ser incluso más negativa que la primaria, incrementando el daño causado por el delito con otros de dimensión psicológica o patrimonial (Beristain, 2000 y 2004; García Pablos, 2003; Landrove, 1990).

Fue en los años 70, coincidiendo con el redescubrimiento de los derechos victimales, cuando comenzó a hablarse de victimización secundaria, es decir, la generada como consecuencia de la intervención por parte de las instituciones que reaccionan frente a la comisión del hecho delictivo.

En dicho contexto de redescubrimiento de la víctima es cuando se centra la atención no solo en las perturbaciones que el padecimiento del hecho delictivo produce en la misma, sino también en los que a esta genera su tránsito por el sistema de justicia penal. El término se emplea para apelar a todo el conjunto de efectos perjudiciales de cualquier índole que la víctima sufre al instrumentarse el correspondiente procedimiento penal, no sin reconocer que este tipo de victimización puede producirse en distintos momentos procedimentales, así en la etapa de arresto, en la de denuncia, en la de toma de declaración a la víctima, en instancias de atención a la salud o durante el juicio y la sentencia, así como a diferentes niveles, esto es, el judicial y familiar, o el social y laboral.

Una vez que una persona padece una situación de victimización primaria como consecuencia de un delito, debe asistir al arresto, proceso judicial, juicio oral, sentencia, postsentencia, castigo, rehabilitación o tratamiento del agresor (Sales *et al.*, 1987), situaciones que brindan todas ellas distintas oportunidades de provocar efectos negativos en la víctima. De ahí que la principal herramienta para evitar la producción de tales perjuicios, una vez adquirida consciencia del potencial lesivo de las instituciones integradas en el sistema de justicia penal para con las víctimas, sea precisamente el reconocimiento de derechos a las mismas en el marco del sistema de justicia penal y su consiguiente implementación.

4.3. Decálogo de derechos victimales: información, participación, asistencia, protección y reparación

Con este objetivo en mente y en última instancia con la voluntad de reparar a las víctimas, los distintos instrumentos normativos internacionales antes mencionados, y los adoptados a nivel interno español después, les reconocen una serie de derechos que pueden sintetizarse en los siguientes (Tamarit, 2006a):

- *Derecho a la información:* puede considerarse el primero de los derechos a reconocer, en la medida en que constituye el presupuesto para el ejercicio de los restantes. La víctima tiene derecho a ser informada por parte de los operadores jurídicos, tanto de los derechos que le asisten como de las posibilidades que tiene de ser reparada así como de aquellos aspectos que puedan afectar a su seguridad (como la puesta en libertad del ofensor). Sin embargo, respecto a aquellas informaciones cuyo conocimiento pueda suponer algún tipo de efecto perjudicial en la víctima, debe respetarse su voluntad de no ser informada.
- *Derecho a la participación:* la víctima debe tener reconocido el derecho a ser oída y a canalizar sus pretensiones en el proceso penal por medios adecuados para lo que debe garantizarse que será comprendida y que podrá hacerse comprender en el marco del procedimiento penal. Junto a ello, cabe reconocer a la víctima la posibilidad de intervenir como parte en el proceso, lo que debe venir acompañado de la facilitación de instrumentos técnicos que permitan dicha intervención. Además de la participación de la víctima en distintos niveles en el procedimiento penal tradicional, el desarrollo de formas justicia restaurativa también puede constituir una vía mediante la que hacer efectiva la voluntad de la víctima de adoptar una posición participativa.
- *Derecho a la protección:* el reconocimiento de dicho derecho pasa por la adopción de medidas orientadas a minimizar el impacto nocivo que el procedimiento penal pueda tener sobre la víctima, particularmente en sus comparecencias y declaraciones como testigo, velando por su seguridad frente a amenazas o represalias, al tiempo que se garantiza la protección de su derecho a la intimidad.
- *Derecho a la asistencia:* la víctima tiene derecho a que se le preste asistencia integral, que debe comprender no solo la jurídica, sino la psicológica y en su caso

la psiquiátrica, así como a beneficiarse de programas de apoyo social que hagan posible que supere el proceso de victimización vivido. Dicha asistencia debe prestarse independientemente de la incoación del correspondiente procedimiento penal y del carácter público o privado de las entidades mediante las que se articule la prestación de estos servicios asistenciales victimales, garantizándose en todo caso la capacitación profesional de quienes los prestan.

– *Derecho a la reparación:* se emplea aquí el concepto de reparación en un sentido amplio, no solo limitado a la compensación económica que debería tener reconocida la víctima para sufragar los perjuicios ocasionados por el hecho delictivo, esto tanto si la referida indemnización se obtiene del infractor, por medio de mecanismos como la responsabilidad civil del delito, como si se obtiene a través de sistemas públicos de indemnización a las víctimas. Así entendida la reparación a la víctima no se limita a la económica, sino que también incluye la reparación inmaterial que puede articularse a través de formas de satisfacción moral en el marco del mismo proceso penal o de un proceso de justicia restaurativa.

La expuesta síntesis de derechos reconocidos a las víctimas será la que se empleará en los epígrafes que siguen al exponer los contenidos de la Ley del Estatuto de la Víctima del delito. Debe advertirse que esta norma disciplina lo que tiene que ver con el reconocimiento del derecho a la información, a la participación y a la protección de la víctima en el marco del procedimiento penal, siendo que el reconocimiento de derechos no tan circunscritos al ámbito procesal como el derecho a la asistencia y la reparación están reconocidos fundamentalmente en otras normas jurídicas y serán objeto de análisis en el siguiente capítulo.

4.4. Ley del Estatuto de la Víctima del Delito: cuestiones generales

La aprobación de esta ley se explica por la necesidad de transponer al ordenamiento jurídico español el decálogo de derechos victimales contemplados en la Directiva 2012/29/UE, cosa que debía efectuarse antes del 16 de noviembre de 2015 y que el legislador español solventó con la aprobación de una norma el 27 de abril de 2015, vigente desde el 28 de octubre de ese mismo año.

La Ley del Estatuto de la Víctima del Delito constituye una transposición fiel, incluso en exceso literal, de lo dispuesto en la Directiva de la que trae causa, puesto que se ha incluido en el derecho interno español como una suerte de bloque normativo superpuesto a las normas protectoras de las víctimas previamente existentes en nuestro derecho interno. Así, en ocasiones, las disposiciones que contiene la Ley 4/2015 se suman a las ya contenidas respecto de la protección de las víctimas en otras disposiciones, como en las Leyes 19/1994, Ley 35/1995, LO 1/2004, LO 11/2009 o las medidas cautelares protectoras de las víctimas contempladas en los artículos 544 bis y siguientes Lecrim antes de la aprobación de esta norma, mientras en otros casos adapta las normas preexistentes a los dictados del Estatuto, como sucede con las modificaciones de la Lecrim que se contemplan entre las disposiciones finales de esta norma.

Tal procedimiento de transposición de la Directiva 2012/29/UE al derecho interno español puede acabar comportando ausencia de total sistematicidad en el reconocimiento de derechos victimales en España, debido a la pervivencia, siquiera parcial, de estatutos victimales específicos junto a la subsistencia de normas diversas de las que inferir el estatuto jurídico de las víctimas de delitos en nuestro ordenamiento interno. Con todo, la aprobación de la Ley 4/2015 ha supuesto la promulgación de una norma que estructura por primera vez el catálogo de los derechos victimales en derecho español.

La Ley 4/2015 se estructura en cuatro títulos:

1 Título Preliminar. Contiene una serie de disposiciones generales.
2. Título I. Dedicado a los derechos básicos, que podrían identificarse con el reconocimiento de derechos extraprocesales, entre los que destaca el derecho a la información.
3. Título II. Orientado a la regulación del derecho a la participación de la víctima en el proceso penal.
4. Título III. Destinado a la regulación del derecho a la protección de las víctimas.
5. Título IV. "Disposiciones comunes". Aquí se regulan de forma más pormenorizada a la de la Ley 35/1995 la organización y las funciones de las oficinas de asistencia a las víctimas (arts. 27 a 29). Se insiste en aspectos como la necesaria coordinación de los servicios de asistencia a las víctimas de delitos (arts. 32 y siguientes), así como en lo imprescindible de la formación de los profesionales que deben prestar este tipo de servicios (arts. 30 y 31).

Del decálogo de derechos que integran el estatuto jurídico de la víctima antes indicados, la Ley 4/2015 regula pormenorizadamente los derechos a la información, a la participación y a la protección de las víctimas, sin abordar de manera exhaustiva el derecho a la asistencia, más allá de proclamar el reconocimiento del derecho a la asistencia y del derecho de acceso de las víctimas a los servicios de asistencia y apoyo (arts. 3 y 10), así como de regular sucintamente la organización y funciones de las oficinas de asistencia a las víctimas en el capítulo I del título IV de la Ley 4/2015, y sin tampoco entrar apenas en la regulación del derecho a la reparación e indemnización de la víctima, limitándose a reconocer ciertas causas que dan lugar a la indemnización y reparación material a las víctimas instrumentales a la participación de las mismas en el procedimiento penal (así el derecho a al reembolso de gastos del artículo 14 o a la devolución de bienes del artículo 18).

A todos estos derechos se refiere el artículo 3 de la norma, que enuncia los derechos que se reconocen a las víctimas con independencia o no de que se conozca la identidad del infractor y sin atender tampoco a cual sea el resultado del proceso, esto es, el reconocimiento de tales derechos se predica de todas las víctimas con independencia de si el proceso se dirige o no contra alguien concreto y al margen de si concluye anticipadamente o no, y en este caso con independencia de si lo hace mediante sentencia condenatoria o absolutoria. Dispone el artículo 3.1 que "toda víctima tiene derecho a la protección, información, apoyo, asistencia y atención, así como a la participación activa en el proceso penal y a recibir un trato respetuoso, profesional, individualizado y no discriminatorio desde su primer contacto con las autoridades o funcionarios, durante la actuación de los servicios de asistencia y apoyo a las víctimas y de justicia restaurativa, a lo largo de todo el proceso penal y por un periodo de tiempo adecuado después de su conclusión, con independencia de que se conozca o no la identidad del infractor y del resultado del proceso".

En cuanto al ámbito de aplicación, el artículo 1 dispone que la norma se aplica a todas las víctimas de delitos cometidos en territorio español o que, sin serlo, puedan ser perseguidos en España, con independencia de la nacionalidad de las víctimas, de si son mayores o menores de edad o de si tienen o no residencia legal en España. Tal declaración implica que se protege a la víctima de cualquier delito, tanto si es española como si es extranjera, sea residente legal o ilegal en este segundo caso, y con independencia de su edad.

4.4.1. Concepto de víctima

Entre las disposiciones generales, el título preliminar (art. 2) determina el ámbito subjetivo de la misma, ofreciendo por primera vez en el ordenamiento español un concepto auténtico del término víctima. Término que tradicionalmente no había sido empleado por la Ley de Enjuiciamiento Criminal, que se refería al perjudicado o al ofendido, pero en ningún caso a la víctima.

A los estrictos efectos de la aplicación de la Ley 4/2015 (puesto que el concepto de víctima con carácter general se ha abordado en el capítulo 1), su artículo 2 indica que las disposiciones de la misma son aplicables tanto a la víctima directa como a la víctima indirecta del delito. En este sentido, la ley se aleja de un concepto en exceso estrecho de víctima, que sería el que se circunscribiría a las víctimas directas del delito, incluyendo en el mismo a las víctimas indirectas, en alusión a la victimización que padecen quienes sufren daños como consecuencia de la victimización de una persona allegada, cual sucede con el impacto psíquico, emocional y económico provocado por la muerte o la desaparición de una persona en sus descendientes, cónyuge o pareja u otras personas con las que une a la víctima directa una relación de parentesco o dependencia.

El concepto de víctima directa que incorpora el artículo 2 de la Ley 4/2015 coincide con el del homólogo precepto de la Directiva e incluye a "toda persona física que haya sufrido un daño o perjuicio sobre su propia persona o patrimonio, en especial lesiones físicas o psíquicas, daños emocionales o perjuicios económicos directamente causados por la comisión de un delito".

En cuanto al concepto de víctima indirecta, el que introduce la norma española es más amplio que aquel del que parte la Directiva, puesto que si la misma se refiere únicamente a los familiares de la persona cuya muerte haya sido directamente causada por el delito y que hayan sufrido daño o perjuicio como consecuencia de aquella muerte, la Ley 4/2015 añade a los familiares de la persona cuya desaparición haya sido directamente causada por el delito, salvo que en uno u otro caso dichos familiares sean los responsables de los hechos.

Con resultar oportuna la ampliación del concepto de víctima indirecta incluida en el ordenamiento español que este precepto representa, al incluir entre las mismas no solo a los familiares del fallecido, sino también a los del desaparecido que han sufrido algún tipo de perjuicio a consecuencia del delito, lo que resulta criticable es la gradación en punto al reconocimiento de la condición de víctimas indirectas en función del grado de proximidad a la víctima directa que se deduce del artículo 2 de la Ley 4/2015 (Tamarit, 2015). En este sentido, a efectos del reconocimiento de la condición como víctimas indirectas, el artículo 2 de la Directiva 2012/29/UE no establece jerarquización de tipo alguno, indicando que los familiares del fallecido que pueden tener dicha consideración son el cónyuge, la persona que convive con la víctima y mantiene con ella una relación personal íntima y comprometida, en un hogar común y de manera estable y continua, los familiares en línea directa, los hermanos y hermanas y las personas a cargo de la víctima.

Por el contrario, el artículo 2 de la Ley 4/2015 reconoce, en primer lugar, la condición de víctimas indirectas únicamente al cónyuge no separado legalmente o de hecho y a los hijos de la víctima o del cónyuge no separado legalmente o de hecho que en el momento de la muerte o desaparición de la víctima convivieran con ellos; a la persona que hasta el momento de la muerte o desaparición hubiera estado unida a ella por una análoga relación de afectividad y a los hijos de esta que en el momento de la muerte o desaparición de la víctima convivieran con ella; a sus progenitores y parientes en línea recta o colateral dentro del tercer grado que se encontraren bajo su guarda y a las personas sujetas a su tutela o curatela o que se encontraren bajo su acogimiento familiar. Y solo en defecto de estos, cabe reconocer la condición de víctima indirecta a los demás parientes en línea recta (por ejemplo, ascendientes) y a los hermanos, con preferencia entre ellos, del que ostentara la representación legal de la víctima.

Al margen de que la referencia al parentesco colateral no se incluye entre las referencias parentales de la Directiva cuando sí se incluye en la Ley 4/2015, la gradación en el reconocimiento de la condición de víctima indirecta introducida en el artículo 2 de la

Ley 4/2015 no puede justificarse. Con ser cierto que la Directiva admite que los Estados miembros puedan establecer procedimientos para limitar el número de familiares que puedan acogerse a los derechos establecidos en la Directiva o puedan determinar qué familiares tienen prioridad para ejercer derechos establecidos en la misma, en lugar alguno se habilita a los Estados parte a establecer limitaciones en punto al reconocimiento de la condición de víctima indirecta al conjunto de familiares o personas dependientes que la Directiva menciona. En ese sentido, sí hubiese resultado respetuoso con la Directiva que, respecto del goce de algunos concretos derechos, especialmente en relación con aquellos cuyo ejercicio se halla en estrecha relación con la asignación de recursos escasos –derecho a la reparación, reconocimiento de asistencia–, la Ley 4/2015 hubiese establecido una jerarquización entre las víctimas indirectas en punto al goce de esos concretos derechos, pero lo que en modo alguno resulta acorde con la Directiva es establecer una limitación ya respecto del reconocimiento de su condición de víctima indirecta, puesto que la misma supone no solo el impedimento al ejercicio de cualquiera de los derechos reconocidos a las víctimas del delito, sino ya la propia negación de la consideración como víctima.

Junto a ello debe subrayarse que la consideración como víctima, directa o indirecta, con ser independiente de la edad, de la nacionalidad o de la residencia legal o ilegal de la víctima, se limita a las personas físicas. Aun cuando se hubiese planteado durante la tramitación parlamentaria de la Ley 4/2015, las personas jurídicas no pueden gozar de la consideración de víctimas a efectos del reconocimiento de derechos contemplados en esta norma, ello sin perjuicio de que, en tanto que perjudicados, puedan ejercer la acción civil en el marco del correspondiente procedimiento penal sustanciado como consecuencia de la comisión del delito y puedan llegar a ser indemnizadas en consecuencia.

4.4.2. *Transversalidad versus sectorialización*

Siguiendo la aproximación al reconocimiento normativo de derechos victimales emprendido por la Directiva 2012/29/UE, que adopta un planteamiento abierto en el sentido de que el estatuto jurídico que contempla abarque a todas las víctimas de delitos, la Ley del Estatuto de la Víctima del Delito se endereza también al reconocimiento de derechos victimales a las víctimas de cualquier delito.

Si bien el abordaje victimocéntrico de algunas realidades criminales se inició en la Unión Europea con la adopción de dos directivas que contemplaban estatutos protectores específicos para las víctimas de la trata de seres humanos y los menores que habían sufrido atentados a su indemnidad sexual –Directivas 2011/36/UE y 2011/93/UE– la aprobación de la Directiva 2012/29/UE ha supuesto la efectiva transversalización en el reconocimiento de los derechos victimales. Se observa cómo es distinta la aproximación a dicho reconocimiento normativo que adopta el organismo regional europeo pionero en el establecimiento de dicho estatuto jurídico, el Consejo de Europa, que todavía sigue adoptando estatutos jurídicos específicos para las víctimas de trata de seres humanos, los menores que padecen delitos sexuales y las mujeres frente a la violencia de género, como se deduce, respectivamente, de los mencionados Convenios de Varsovia, Lanzarote y Estambul.

La aproximación al reconocimiento normativo de los derechos victimales asumida por la Unión Europea y el Consejo de Europa varía, en el sentido de que mientras la primera ha superado un primer periodo de sectorialización para convertirse en transversal, el segundo sigue abordando la cuestión de manera todavía sectorial. Semejante al abordaje de esta cuestión por la Unión Europea es el asumido en España mediante la aprobación de la Ley 4/2015 pues, aunque el estatuto jurídico que esta norma impone coexiste con estatutos jurídicos pensados para víctimas de específicos delitos todavía subsistentes, no cabe duda del espíritu generalizador que impregna la norma, de su destino a instituirse como la disposición mediante la que reconocer los derechos victimales de todas las víctimas, cualquiera que sea el delito que hayan padecido. Las víctimas de todos los delitos son protegidas por igual por esta ley, con independencia de la forma de victimización sufrida o de la tipología legal que la defina. Dicha visión transversal de los derechos de las víctimas, frente a la protección sectorializada de los mismos apegada a preconceptos sobre víctimas vulnerables en función del delito padecido, resulta además consecuente con el principio de individualización de la protección al que luego se hará referencia más detenidamente, consistente en atender a las características del caso concreto y a las circunstancias, no tanto al tipo de delito padecido, en punto a determinar el modo en que deben garantizarse efectivamente los derechos victimales.

Esa visión de los derechos victimales no significa que no pueda atenderse al tipo de delito padecido como un elemento más a considerar para determinar la batería de medidas que deben adoptarse de cara a la protección, aunque sin caer en automatismos que conlleven la consideración directa de una víctima como vulnerable o como merecedora de un determinado nivel de protección en exclusiva función del delito padecido.

El propio preámbulo de la Directiva 2012/29/UE incluye referencias a diversos colectivos de víctimas, que considera pueden necesitar de especial atención, apoyo y protección debido al particular carácter del delito cometido contra ellas, entre las que incluye a las víctimas de delitos de terrorismo y las de la violencia por motivos de género. Junto a ello, entre los criterios a tener en cuenta para determinar las necesidades de protección de las víctimas en la correspondiente evaluación individual –artículo 22–, la Directiva incluye el tipo o la naturaleza del delito padecido, indicando que a estos efectos deberán ser objeto de la debida consideración las víctimas de terrorismo, delincuencia organizada, trata de personas, violencia de género, violencia en las relaciones personales, violencia o explotación sexual y delitos por motivos de odio, así como las víctimas con discapacidad, junto a los menores de edad.

En semejantes términos, sin renunciar a su carácter transversal y generalizador, la Ley del Estatuto de la Víctima del Delito indica en su preámbulo que tiene vocación de constituir el catálogo general de derechos procesales y extraprocesales de todas las víctimas de delitos, no obstante las remisiones a normativa especial en materia de víctimas con especiales necesidades o con especial vulnerabilidad. Evidenciándose en dicho preámbulo la consciencia de que determinadas víctimas tienen estatutos protectores específicos, se indica que, junto a las remisiones a la vigente normativa especial en la materia, se incluyen medidas concretas de protección para colectivos que carecen de legislación especial y, particularmente, las de menores de edad víctimas de abuso, explotación o pornografía infantil, víctimas de trata de seres humanos, discapacidad y otros colectivos, como los delitos con pluralidad de afectados y los de efecto catastrófico.

Junto a esto, entre los criterios en virtud de los cuales se elabora la evaluación individual (art. 23), se incluye la naturaleza del delito y la gravedad de los perjuicios ocasionados a la víctima, valorándose especialmente las necesidades de protección de las víctimas de los delitos de terrorismo, los cometidos por una organización criminal, los cometidos sobre el cónyuge o persona que esté o haya estado ligada al autor por una análoga relación de afectividad, aun sin convivencia, o sobre los descendientes, ascendientes o hermanos por naturaleza, adopción o afinidad propios o del cónyuge o conviviente, los delitos contra la libertad o indemnidad sexual, de trata de seres humanos, de desaparición forzada o los cometidos por motivos racistas, antisemitas u otros referentes a la ideología, religión o creencias, situación familiar, la pertenencia de sus miembros a una etnia, raza o nación, su origen nacional, su sexo, orientación o identidad sexual, enfermedad o discapacidad.

4.4.3. Derechos básicos de las víctimas: el derecho a la información

El título I de la Ley del Estatuto de la Víctima del Delito (Derechos básicos) reconoce una serie de derechos extraprocesales comunes a todas las víctimas, ejercitables con independencia de que sean parte en un proceso penal o hayan decidido o no ejercer algún tipo de acción o que pueden ejercitarse incluso con anterioridad a la iniciación del proceso penal incoable como consecuencia del padecimiento del correspondiente hecho delictivo. Se trata de un conjunto heterogéneo de derechos entre los que destaca el reconocimiento del derecho a la información, respecto del que algunos de los contemplados en el mismo título resultan instrumentales, y que puede ser considerado como el derecho presupuesto de los que goza la víctima, puesto que constituye la antesala del resto de los que se le reconocen en su estatuto jurídico (participación en el proceso, protección, asistencia y reparación). En definitiva, se trata del reconocimiento de un conjunto de derechos cuyo ejercicio se halla al margen de la intervención de la víctima en un eventual proceso penal derivado del hecho delictivo del que se la ha hecho objeto.

El carácter preliminar de los derechos que contempla este título se evidencia en el reconocimiento de un periodo de reflexión en garantía de los derechos de la víctima (art. 8) en virtud del cual queda vetado a abogados y procuradores dirigirse a las víctimas directas e indirectas de catástrofes, calamidades u otros sucesos que hubieran producido un elevado número de víctimas para ofrecerles sus servicios sus servicios profesionales hasta transcurridos 45 días del hecho, salvo que expresamente lo solicite la víctima. En caso de incumplimiento de dicha obligación, se prevé la imposición de responsabilidad disciplinaria por infracción muy grave que el mismo precepto indica que se desarrollará reglamentariamente, sin que por el momento la única norma dictada en desarrollo de esta ley –el Real Decreto 1109/2015, de 11 de diciembre– haya dispuesto nada al respecto.

El carácter heterogéneo de los derechos reconocidos en este título lo demuestra que ha sido precisamente este el escogido por el legislador para proclamar una facultad relacionada con un derecho victimal, el relativo a la asistencia y apoyo, que apenas se halla desarrollado en la norma más allá de en lo relativo al reconocimiento de la estructura y funciones de las oficinas de asistencia a las víctimas. Es en el artículo 10 donde se positiviza el derecho de las víctimas de acceso a los servicios de asistencia y apoyo. Más allá de por el carácter heterogéneo de los derechos aquí incluidos, es precisamente por considerar que el derecho a la asistencia debe reconocerse a las víctimas al margen de su eventual intervención en el correspondiente procedimiento penal por lo que se incluye en esta sede y no entre los derechos cuyo ejercicio se anuda a la sustanciación del correspondiente proceso penal.

Los reconocidos en este título son derechos de los que la víctima puede gozar sin necesidad de ser denunciante, pero en cuya conformación tiene relevancia que esta lo haya sido o no. De hecho, se reconocen como derechos al denunciante (art. 6), precisamente en el momento de presentar la denuncia, el derecho a obtener una copia certificada de la denuncia y a la asistencia jurídica gratuita y a la traducción escrita de la copia de la denuncia presentada cuando la víctima no entienda o no hable alguna de las lenguas que tengan carácter oficial en el lugar de presentación de la denuncia.

El más prevalente de los derechos reconocidos en este título es el derecho a la información, junto a los reconocidos en el mismo que pueden considerarse instrumentales a la efectividad del derecho a la información. Entre estas facultades de carácter instrumental, cabe mencionar el reconocimiento del derecho a entender y ser entendido (art. 4), que debe abarcar toda actuación que deba llevarse a cabo, desde los previos a la interposición de la denuncia, pasando por la interposición misma, hasta todo lo actuado durante el proceso penal. El reconocimiento de este derecho supone que las comunicaciones orales o escritas a las víctimas deban hacerse en lenguaje claro, sencillo y accesible, teniendo en cuenta sus características personales y las necesidades de las personas con discapacidad o los menores de edad, además de que debe facilitarse a la víctima la asistencia o apoyo necesarios para que pueda hacerse entender ante las autoridades u órganos de apoyo, lo que incluye la interpretación en lengua de signos y otros medios de comunicación oral para personas sordas, con discapacidad auditiva o sordociegas, junto a la posibilidad de que la víctima vaya acompañada de una persona de su elección desde el primer contacto con autoridades y funcionarios.

Una segunda facultad instrumental al ejercicio efectivo al derecho a la información, y eventualmente a la participación en el proceso penal, lo constituye el derecho a la traducción e interpretación (art. 9), que puede prestarse una vez que la víctima ha denunciado y comprende el derecho a ser asistida gratuitamente de intérprete al serle recibida declaración durante la investigación de la causa o en juicio, el derecho a la traducción gratuita de las resoluciones de las que debe ser informado y sobre la de sobreseimiento, la traducción gratuita de la información esencial para el ejercicio de los derechos de participación de la víctima en el proceso penal y el derecho a ser informada en lengua que entienda de la fecha, hora y lugar de la celebración del juicio.

El derecho a la información se reconoce a la víctima según se trate de extremos de los que la misma debe ser informada (art. 5) o solo en caso en que lo solicite (art. 7), por lo que en este segundo supuesto debe garantizarse el respeto a la autonomía de la víctima, la observancia de su decisión de no recibir información.

Antes de la aprobación de la Ley 4/2015, nuestro ordenamiento jurídico ya reconocía el derecho a la información –del perjudicado– durante el ofrecimiento de acciones (art. 109 Lecrim), en que se reconocía la obligación de informar sobre los actos procesales que afectasen a su seguridad o de la situación personal del imputado. Junto a ello, el artículo 15 de la Ley 35/1995 también preveía una serie de extremos sobre los que debía informarse a la víctima, a lo que se añadía lo que se conoce como el deber de informar durante el ofrecimiento policial de acciones que todavía contempla el artículo 771 Lecrim y, en su defecto, el deber de informar por parte del secretario judicial en el artículo 776.1 Lecrim, además de la obligación de informar de la fecha y hora del juicio y de la resolución que recaiga aunque no se sea parte.

Hallándose ya reconocido con carácter anterior a la aprobación de la Ley 4/2015 el derecho a la información, sin que las disposiciones indicadas se hayan visto modificadas, la norma dota de mayor sistematicidad al reconocimiento del derecho, clarificando la necesidad de respetar la voluntad de la víctima a no ser informada de determinados extremos.

Así, debe procederse a informar a la víctima desde el primer contacto con las autoridades competentes (art. 5) de los siguientes extremos: medidas de asistencia y apoyo disponibles y sobre alojamiento alternativo si resulta oportuno, derecho a denunciar y procedimiento para interponer denuncia y derecho a facilitar elementos de prueba, procedimiento para obtener asesoramiento y defensa jurídica, posible solicitud de medidas de protección y procedimiento, indemnizaciones y procedimiento para reclamarlas, servicios de interpretación y traducción disponibles, procedimiento para el ejercicio de los derechos victimales si vive fuera de España, recursos que puede interponer contra resoluciones contrarias, datos de contacto con la autoridad encargada de la tramitación del proceso y forma de contacto, servicios de justicia restaurativa disponibles, posible obtención de reembolso de gastos judiciales y procedimiento para su reclamación, derecho a efectuar la solicitud de ser informada de las resoluciones mencionadas en el artículo 7.

Previa la correspondiente solicitud, que puede ser revocada, y a excepción de las víctimas de violencia de género –a las que se informa de oficio de algunos extremos salvo que se opongan a ello–, se reconoce el derecho de las víctimas a recibir información sobre la causa penal (art. 7). Con esta solicitud habilitante se ofrece información sobre los siguientes extremos, lo que en puridad constituye información por motivos de seguridad: fecha, hora y lugar del juicio, contenido de la acusación dirigida contra el infractor, resoluciones que se le notifican, resolución de no inicio del procedimiento penal, sentencia que pone fin al procedimiento, resolución que acuerde la prisión o posterior puesta en libertad o la posible fuga, resoluciones que acuerden la adopción de medidas cautelares personales o que modifiquen las ya acordadas si tienen por objeto garantizar la seguridad de la víctima, resoluciones de cualquier autoridad judicial o penitenciaria que afecten a sujetos condenados por delitos cometidos con violencia o intimidación y que supongan riesgo para la seguridad de la víctima, las resoluciones contempladas en el artículo 13 (las relativas a la participación de la víctima en el proceso de ejecución de sentencia), además de que se puede facilitar información relativa a la situación en la que se encuentre el procedimiento, salvo que ello pueda afectar el correcto desarrollo de la causa.

4.4.4. Participación de la víctima en el proceso penal

Entrando en el análisis de los derechos victimales de contenido procesal, el título II de la Ley 4/2015 se dedica al reconocimiento del derecho a la víctima a la participación en el proceso penal, reconociéndoles posibilidades de participación más allá de la que les brinda su posible constitución como parte en el proceso penal. De tal manera que, según el artículo 11, la víctima tiene, de un lado, la posibilidad de ejercer la acción penal y la acción civil conforme a lo dispuesto en la Ley de Enjuiciamiento Criminal y, de otro, lo que constituye una verdadera novedad, se reconoce a la víctima el derecho a comparecer ante las autoridades encargadas de la investigación para aportarles las fuentes de prueba y la información que estimen relevante para el esclarecimiento de los hechos.

Tradicionalmente nuestro sistema jurídico penal preveía la posibilidad de que las víctimas se personaran en el procedimiento ejerciendo la acción penal o la civil o ambas, conforme al artículo 110 Lecrim, sin que el hecho de no mostrarse parte en la causa supusiese la renuncia al derecho al resarcimiento, puesto que el Ministerio Fiscal era quien ejercía la acción civil si el perjudicado no la ejercitaba pero tampoco renunciaba a la indemnización. Además, la víctima podía provocar el inicio del proceso, mediante denuncia, como cualquier otro denunciante (art. 259 y siguientes de la Lecrim) o interponiendo querella, sin necesidad de prestar fianza en este caso (arts. 270 y siguientes de la Lecrim), incluyéndose en 2002, únicamente en el procedimiento abreviado, la posibilidad de que ofendido y perjudicado se personasen sin necesidad de formular querella hasta el trámite de la calificación del delito. Tras la aprobación de la Ley 4/2015 se han introducido a los artículos 109 y siguientes de la Lecrim, que disciplinan el ejercicio de las acciones penales y civiles algunas modificaciones que facilitan el ejercicio de las mismas por parte de las víctimas. De un lado, se modifica el artículo 109 de la Lecrim, dedicado a la víctima que ejercita la acción penal y que se persona como acusación particular, indicando que el secretario judicial debe informarla de estos extremos, de manera que si es víctima de alguno de los delitos contemplados en el artículo 57 del Código Penal se le deben comunicar las cuestiones que afecten a su seguridad. A ello se añade que si ejercitan la acción penal mediante querella por homicidio o asesinato no deben prestar fianza.

Respecto del momento de la personación, esta debe producirse antes de dictar auto de conclusión de diligencias previas en el procedimiento abreviado y antes del trámite de calificación del delito en el procedimiento ordinario, sin que ello permita retrotraer ni reiterar las actuaciones. También se ha visto modificado el artículo 110 Lecrim, destinado a determinar el régimen jurídico de los perjudicados, que ya solo pueden ejercitar la acción civil, de manera que pasan a ser terceros en el proceso a los que solo se faculta al ejercicio de dicha acción.

Junto a estos preceptos, la Ley 4/2015 incluye un nuevo artículo 109 bis a la Lecrim, enderezado a disciplinar el ejercicio de la acción penal por parte de las víctimas que incluye dos particularidades. De un lado, acepta que las víctimas legitimadas ejerciten sucesivamente la acción penal; se admite que cada víctima se persone al proceso con su propia representación, pero que cuando pueda verse afectado el buen orden del proceso o el derecho a un proceso sin dilaciones indebidas el juez pueda imponer mediante auto que se agrupen una o varias representaciones o que sean dirigidas por una o varias defensas. De otro lado, se introduce la legitimación activa de las asociaciones de víctimas y de personas jurídicas a las que la ley reconoce legitimación para ejercer los derechos de las víctimas.

Cabe dudar de la oportunidad de esta opción cuando las víctimas son solo personas físicas y se concede dicha opción por la presión de las asociaciones, de ahí que se requiera la autorización de la víctima del delito para admitir dicha personación, pero todavía resulta más complejo justificar la legitimación de las corporaciones locales en cuyo territorio se haya cometido el hecho punible cuando este tenga por finalidad impedir u obstaculizar a sus miembros el ejercicio de funciones públicas.

Además de abundar en las posibilidades de participación tradicionalmente admitas en nuestro sistema, la Ley 4/2015 supuso un claro impulso a la participación de la víctima en el proceso penal. Ello se observa en el reconocimiento del mencionado derecho de la víctima a comparecer ante las autoridades encargadas de la investigación para aportarles fuentes de prueba, así como la información que estimen relevante para el esclarecimiento de los hechos (art. 11), lo que constituye un claro ejemplo de participación activa de la víctima en la fase preprocesal y de instrucción, en que esta deja, por tanto, de ser una persona que debe limitarse a comparecer a declarar cuando es citada para pasar a ser una suerte de colaboradora con la justicia.

Junto a ello, la Ley 4/2015 otorga legitimación a las víctimas no personadas para realizar actos procesales, como por ejemplo recurrir el auto de sobreseimiento, que previamente deberá haberles sido notificado, en un plazo de tres días, en cumplimiento de lo dispuesto en la Directiva 2012/29/UE. Pero también se les reconoce amplias facultades de intervención en la fase de ejecución de sentencia (art. 13).

Conforme al artículo 13 de la Ley 4/2015, aunque las víctimas no hayan sido parte en la causa, si han solicitado que se les comuniquen las resoluciones, debiéndoles haber sido dado el oportuno traslado para que en el plazo de 5 días puedan formular alegaciones, pueden recurrir:

1. El auto por el que el juez de vigilancia penitenciaria autoriza la clasificación del penado en tercer grado antes del cumplimiento de la mitad de la condena en las que tengan una duración superior a los cinco años de prisión y que hayan sido impuestas por alguno de los delitos contemplados en el propio artículo 13.1.a).
2. El auto por el que el juez de vigilancia penitenciaria acuerde de conformidad con el artículo 78.3 del Código Penal que los beneficios penitenciarios, los permisos de salida, la clasificación en tercer grado y el cómputo de tiempo para la libertad condicional se refieran al límite del cumplimiento de la condena y no a la suma de las penas impuestas en los delitos incluidos en el anterior elenco y los cometidos en el seno de un grupo u organización criminal.
3. El auto por el que se conceda al penado la libertad condicional cuando se trate de alguno de los delitos a que se refiere el artículo 36.2 del Código Penal o alguno de los delitos elencados en el artículo 13.1.a) de la Ley 4/2015 si se ha impuesto una pena de más de cinco años de prisión.

Junto a la posibilidad de recurrir las resoluciones antedichas, el artículo 13.2 de la Ley 4/2015, en fase de ejecución de sentencia, indica que pueden interesar que se imponga al liberado condicional las medidas o reglas de conducta previstas por la ley que consideren necesarias para garantizar su seguridad, cuando aquel hubiera sido condenado por hechos de los que pueda derivarse razonablemente una situación de peligro para la víctima, así como facilitar al juez o tribunal cualquier información que resulte relevante para resolver sobre la ejecución de la pena impuesta, las responsabilidades civiles derivadas del delito o el comiso que hubiera sido acordado.

La previsión de estas facultades tan amplias de intervención de la víctima en la fase de ejecución de sentencia ha sido motivo de crítica (Serrano Masip, 2015), no solo porque van más allá de lo que demanda en términos de participación de la víctima en el proceso penal la Directiva 2012/29/UE, sino porque la mera intervención en la fase de ejecución cuando no se ha sido parte en la fase declarativa del proceso resulta difícilmente justificable si no es desde postulados cercanos al populismo punitivo, sobre todo cuando nuestro ordenamiento no contempla la intervención de la víctima en aspectos de mayor trascendencia para la determinación del tipo de sanción a imponer o de la forma de ejecutarla, como dar voz a esta para que muestre su opinión acerca de qué tipo de sanción puede resultar más adecuada ante la concurrencia alternativa de penas o en el proceso conducente al acuerdo de la suspensión de la ejecución de la pena.

Además, la Ley 4/2015 reconoce en el título analizado una serie de derechos orientados a fomentar la participación de la víctima en el procedimiento penal y, por tanto, instrumentales a la real efectividad del derecho a la participación. En tal sentido, se reconoce el derecho al reembolso de gastos (art. 14) que haya sufragado la víctima para el ejercicio de sus derechos y las costas procesales que se le hubieran causado con preferencia respecto al pago de gastos causados al Estado cuando se imponga en la sentencia de condena su pago y se haya condenado al acusado, a instancia de la víctima, por delitos por los que el Ministerio Fiscal no hubiera formulado acusación o tras haberse revocado la resolución de archivo por recurso interpuesto por la víctima. Relacionado con este se encuentra el derecho a la devolución de bienes restituibles de su propiedad que hayan sido incautados en el proceso que contempla el artículo 18 de la Ley 4/2015.

Respecto al derecho a la justicia gratuita, en derecho interno español no se reconoce este derecho a las víctimas en los términos en que viene exigido por la Directiva 2012/29/UE, cuyo artículo 13 indica que debe garantizarse a las víctimas que sean parte el acceso a asistencia jurídica gratuita, sino únicamente cuando carecen de recursos para litigar, conforme al régimen dispuesto en la Ley 1/1996, de Asistencia Jurídica Gratuita.

No obstante, debe recordarse que, conforme al artículo 2.g) de la Ley 1/1996, modificado en 2015, con independencia de la existencia de recursos para litigar, se reconoce el derecho de asistencia jurídica gratuita, que se les prestará de inmediato, a las víctimas de violencia de género, de terrorismo y de trata de seres humanos en aquellos procesos que tengan vinculación, deriven o sean consecuencia de su condición de víctimas, así como a los menores de edad y las personas con discapacidad intelectual o enfermedad mental cuando sean víctimas de situaciones de abuso o maltrato; por lo que respecto de estas víctimas específicas sí se estaría cumpliendo con el mandato de la Directiva. En relación con todas las víctimas, a las que no se les reconoce dicho derecho en condiciones más generosas que a otras posibles partes en el proceso penal, el derecho interno español incumple lo dispuesto en la Directiva, puesto que el artículo 16 de la Ley 4/2015 se limita a facilitar la presentación de solicitudes de reconocimiento del derecho a la asistencia jurídica gratuita, que ya no solo puede hacerse en las sedes de colegios de abogados, sino también ante el funcionario, cuando se facilite información a las víctimas relativa al procedimiento para obtener asesoramiento y defensa jurídica o ante las oficinas de asistencia a las víctimas. Así pues, en los casos en que la víctima no goce de dicho beneficio, la única posibilidad que tiene de intervenir con representación procesal en el correspondiente procedimiento penal es hacerlo mediante su personación como acusación particular costeándose al menos el monto de su representación procesal.

Para facilitar la interposición de denuncia en supuestos de victimización de un residente español en un territorio de la Unión distinto al de residencia, el artículo 17 de la Ley 4/2015 reconoce a las víctimas residentes en España la posibilidad de presentar denuncia ante las autoridades españolas por delitos cometidos en otros territorios de la UE, de manera que el Estado español remita inmediatamente la denuncia presentada a las autoridades competentes en cuyo territorio se haya cometido el delito se constata la ausencia de competencia para juzgar de España.

Finalmente, a caballo entre el reconocimiento del derecho a la participación y a la reparación se halla el derecho de las víctimas de acceso a los servicios de justicia restaurativa contemplado en el artículo 15 de la Ley 4/2015. Esta cuestión se abordará en el siguiente capítulo.

4.5. Protección de las víctimas en el marco del procedimiento penal

Como se ha indicado, el derecho a la protección es aquel que se dedica a regular con mayor detenimiento la Ley 4/2015. El título III está dedicado al mismo.

Tal como indica la exposición de motivos, las medidas de protección que en este se contemplan buscan la efectividad frente a represalias, intimidación, victimización secundaria, daños psíquicos o agresiones a la dignidad durante los interrogatorios y declaraciones como testigo. Incluyen medidas de protección física y otras, como el uso de salas separadas en los tribunales, que tienen por objeto evitar el contacto de la víctima con el infractor.

El artículo 19 de la Ley 4/2015 proclama el reconocimiento del derecho general a la protección en el marco del procedimiento penal a todas las víctimas de delito. Lo hace en los siguientes términos: "Las autoridades y funcionarios encargados de la investigación, persecución y enjuiciamiento de los delitos adoptarán las medidas necesarias, de acuerdo con lo establecido en la Lecrim, para garantizar la vida de la víctima y sus familiares, su integridad física y psíquica, libertad, seguridad, libertad e indemnidad sexuales, así como para proteger adecuadamente su intimidad y su dignidad, particularmente cuando se les reciba declaración o deban testificar en juicio y para evitar el riesgo de victimización secundaria y reiterada".

El derecho a la protección, tal como viene configurado en el mencionado artículo 19 tiene un carácter comprensivo. La Directiva 2012/29/UE, que también reconoce este derecho con carácter general en su artículo 18 y dedica a su regulación el capítulo 4, fija un mínimo de medidas protectoras para con todas las víctimas de delitos que los Estados miembros deben adoptar. Sin embargo, más allá de lo establecido en la Directiva, cabe articular cualquier medida de protección que sirva a la tutela de bienes jurídicos de la víctima relacionados con su seguridad, la protección de su intimidad y la evitación de la victimización secundaria, que constituyen los tres peligros que se trata de conjurar con la previsión de las medidas de tutela normativamente arbitradas.

Para la protección de estos tres aspectos, la Ley 4/2015 prevé un conjunto de mecanismos que, partiendo del principio de individualización y de la consiguiente necesidad de someter a las víctimas a la correspondiente evaluación individual para determinar las concretas necesidades de protección, se estructuran en función de tres distintos niveles de protección.

4.5.1. Principio de individualización

Tanto la Directiva 2012/29/UE como la Ley 4/2015 que la transpone en España adoptan un enfoque de aproximación a la protección de las víctimas que diverge de planteamientos más tradicionales en el diseño de programas de tutela victimal. Si tradicionalmente se había apelado a la idea de víctimas vulnerables para identificar grupos victimales que, bien por el tipo de delito padecido, bien por sus características personales, eran automáticamente consideradas víctimas vulnerables –como las mujeres o los niños–, con el consiguiente reconocimiento de un estatuto protector reforzado que necesariamente pretería la protección de víctimas no integradas en dicho estereotipo –por ejemplo, varones víctimas de delitos violentos–, el enfoque que adoptan tanto la Directiva como la ley obliga a revisar los planteamientos predominantes hasta ahora respecto de la concepción de las necesidades de tutela victimales, asumiendo lo que se ha identificado con el principio de individualización (Tamarit, 2015).

El referido principio parte del fundamento victimológico de que la diversidad de las víctimas en sus experiencias y en la forma de afrontar el padecimiento del hecho delictivo desaconseja adoptar fórmulas generalizadoras, decantándose por la adopción de una concepción flexible de la respuesta jurídica y del conjunto de medidas a adoptar para protegerlas. Precisamente por ello ni la directiva ni la ley emplean la designación de víctimas vulnerables para diferenciarlas de las que podrían identificarse con las "víctimas ordinarias". El fin es evitar que los grupos victimales catalogables de vulnerables vengan automáticamente asignados conforme a una lógica que parta de preconcepciones.

Resituado el foco de atención para determinar los requerimientos de tutela de las víctimas en un análisis de sus concretas necesidades individuales, se evita hablar de víctimas vulnerables y se apela a las especiales necesidades de protección de las víctimas una vez efectuada la evaluación individual de las mismas (Villacampa, 2015b).

Allá donde el principio de individualización alcanza su máxima expresión es en la previsión de una evaluación individual de las víctimas para determinar sus necesidades especiales de protección, lo que constituye el requisito previo necesario para acordar las medidas que en cada caso deban adoptarse para proteger a la víctima. Tanto el artículo 22 de la Directiva 2012/29/UE como el artículo 23 de la Ley 4/2015 se refieren a la evaluación individual que debe llevarse a cabo respecto de todas y cada una de las víctimas del delito para determinar si concurren en ellas necesidades especiales de protección y establecer las medidas de tutela concretamente aplicables. Se parte de la premisa de que todas las víctimas de delitos tienen necesidades de protección, pero que algunas, en función de la concurrencia de determinados criterios a los que después se hará referencia, pueden tener requerimientos de tutela específicos, que deben determinarse tras la realización de la correspondiente evaluación individual.

Efectuada esta, se configuran tres distintos niveles de protección a los que respectivamente resulta inherente la posible adopción de un conjunto de medidas a las que después se hará referencia (Villacampa, 2015b):

1. *Estatuto básico de protección:* aplicable a las víctimas de todos los delitos, con el objeto de conjurar riesgos respecto de la seguridad de la víctima, su intimidad y la evitación de su victimización secundaria, que permite la adopción de las medidas contempladas en los artículos 20, 21 y 22 de la Ley 4/2015.
2. *Estatuto reforzado de protección:* que puede acordarse respecto de las víctimas que tras la evaluación individual resulten tener necesidades especiales de protección y que permite la adopción de las medias reflejadas en el artículo 25.
3. *Estatuto hiperreforzado de protección:* que implica la posibilidad de aplicar medidas suplementarias a las contempladas en el artículo 25 a las víctimas que resulten tener necesidades especiales de protección cuando sean menores o personas con discapacidad necesitadas de especial protección. Únicamente respecto a estas víctimas pueden adoptarse las medidas que contempla el artículo 26.

4.5.2. Evaluación individual: concepto y procedimiento

Alejándose de un concepto clasificador estático de víctimas vulnerables, la Directiva 2012/29/UE y la Ley 4/2015 parten de un concepto dinámico de víctimas con necesidades especiales de protección que se derivan de la evaluación individual, puesto que conforme a la propia exposición de motivos de la ley "las actuaciones han de estar siempre orientadas a la persona, lo que exige una evaluación y un trato individualizado de toda víctima, sin perjuicio del trato especializado que exigen ciertos tipos de víctimas".

Esta ley renuncia a ofrecer un concepto de víctima vulnerable y asume un concepto funcional de víctima con necesidades especiales de protección porque no le otorga un estatus general diverso al del resto de víctimas conducente a un tratamiento sectorializado de las mismas, sino que constituye un mecanismo implementado a los solos efectos de determinar el haz de mecanismos protectores aplicables a la víctima en el estricto marco del procedimiento penal. Así, la consideración de la víctima como una que tenga necesidades especiales de protección no le otorga un tratamiento jurídico diverso al de la víctima de cualquier otro delito, sin configurar un estatuto jurídico distinto y sectorial, sino que simplemente permite la adopción de mecanismos de protección reforzados en el marco del procedimiento penal.

No debe olvidarse que, entre los criterios a tener en cuenta a efectos de determinar que una víctima tiene necesidades especiales de protección, se atiende al delito padecido, además de que la aprobación de la Ley 4/2015 no ha acabado con la subsistencia de específicos estatutos jurídicos, como los correspondientes a las víctimas de la violencia de género o a las de delitos de terrorismo.

La emisión de la evaluación individual en la que se declare que la víctima tiene necesidades especiales de protección faculta a que se adopten en relación con las víctimas todas o algunas de las medidas previstas en los artículos 25 y 26 de la Ley 4/2015. No deben adoptarse necesariamente todas las medidas contempladas en cada uno de estos preceptos en bloque. Es tras la valoración de las circunstancias particulares de la víctima cuando debe determinarse qué medidas de protección de las previstas en los referidos preceptos se adoptan (art. 23.1).

Respecto de las circunstancias particulares que deben valorarse a efectos de determinar qué medidas de protección de las previstas en los artículos 25 y 26 de la Ley 4/2015 adoptar, puesto que las contempladas en los artículos. 20, 21 y 22 de la norma se aplican a todas las víctimas con independencia del resultado de la evaluación individual, el artículo 23.2 determina que los criterios a considerar son:

a) Las características personales de la víctima.
b) La naturaleza del delito padecido.
c) Las circunstancias del delito.

A) Las características personales de la víctima

- Si se trata de una persona con discapacidad o si existe una relación de dependencia entre la víctima y el supuesto agresor.
- Si se trata de víctimas menores de edad o de víctimas necesitadas de especial protección o en las que concurran factores de especial vulnerabilidad, como ancianos o personas excluidas socialmente. En el caso de las víctimas menores, el legislador español no ha llegado tan lejos como la Directiva 2012/29/UE, que presume que los menores son víctimas con necesidades especiales de protección

en todo caso, limitándose la evaluación individual a determinar las medidas protectoras específicas que deben acordarse.

B) La naturaleza del delito padecido

Este segundo tiene que ver con la naturaleza del delito padecido y la gravedad de los perjuicios causados a la víctima, además del riesgo de reiteración delictiva. Junto a ello, se indica la necesidad de valorar especialmente las necesidades de protección de las víctimas de una serie de delitos, en elenco contenido en el artículo 23.2.b) de la Ley 4/2015, con las diferencias respecto de lo dispuesto en la Directiva que a continuación se indican:

- Delitos de terrorismo.
- Delitos cometidos por una organización criminal, cuando la Directiva se refiere a la delincuencia organizada.
- Delitos cometidos sobre el cónyuge o sobre persona que esté o haya estado ligada al autor por una análoga relación de afectividad, aun sin convivencia, o sobre los descendientes, ascendientes o hermanos por naturaleza, adopción o afinidad, propios o del cónyuge o conviviente. Parece que con esta referencia el legislador español pretende reflejar las menciones explícitas de la Directiva a la violencia de género y la violencia en las relaciones personales, pero lo que consigue es apelar a delitos que se comenten entre determinados familiares que ni siquiera tienen que ser violentos, con lo que no tienen por qué ser expresión de la violencia familiar. Junto a ello, la Directiva se refiere a la necesidad de atender específicamente las necesidades de las víctimas de la violencia de género, sea o no esta familiar, y de las víctimas de la violencia en las relaciones personales, también con independencia de que sea violencia familiar, con lo que estos supuestos, cuando no entrañen violencia entre determinados parientes, quedarían fuera de la referencia contenida en derecho español.
- Delitos contra la libertad e indemnidad sexual, más amplia que la referencia homóloga contenida en la Directiva a la violencia o explotación sexual, pues incluye atentados contra la libertad sexual, como los abusos sexuales, que no entran en una u otra categoría.
- Delitos de trata de seres humanos.
- Delitos de desaparición forzada, a los que no alude la Directiva.
- Delitos cometidos por motivos racistas, antisemitas u otros referentes a la ideología, religión o creencias, situación familiar, pertenencia de sus miembros a una etnia, raza o nación, su origen nacional, su sexo, orientación o identidad sexual, enfermedad o discapacidad. Son situaciones alusivas a los delitos de odio que incluye la Directiva.

C) Las circunstancias del delito

En la determinación de necesidades especiales de protección en atención a las circunstancias del delito padecido caben aquellos casos de victimización particularmente dañosos por razones ajenas a las características personales de la víctima o al elenco no cerrado de delitos antedicho, lo que supondría fundamentalmente atender a los medios empleados en su comisión. La Ley 4/2015 ofrece elementos para interpretar este criterio cuando se refiere a que se tengan particularmente en cuenta los delitos violentos.

En cuanto al cauce para proceder a la evaluación individual, que no se desarrolla en profundidad en la Directiva, tampoco está pormenorizadamente detallado en el ordenamiento interno español, lo que ha sido ya objeto de crítica. Según el artículo 24 de la Ley 4/2015, la valoración de las necesidades de la víctima y la determinación de las medidas de protección puede efectuarse en dos momentos distintos del proceso y corresponde a órganos diferentes:

1. *Durante la fase de investigación del delito:* en que le corresponde efectuarla al juez de instrucción o al de violencia sobre la mujer, aunque se reconoce que pueden efectuar resoluciones provisionales los representantes del Ministerio Fiscal –en sus diligencias de investigación o en los procedimientos sometidos a la Ley Orgánica de Responsabilidad Penal de los Menores– o los funcionarios de policía que actúen en la fase inicial de las investigaciones.

   Cuando la evaluación individual se hace en la fase inicial de las investigaciones, la pueden hacer no solo funcionarios de policía, sino fundamentalmente las oficinas de asistencia a las víctimas (OAV), a las que les asigna esta competencia el artículo 28.2 de la Ley 4/2015. Cuando uno de estos dos colectivos realiza tal valoración, el procedimiento para la emisión del informe se regula en el Real Decreto 1109/2015 (arts. 30 y siguientes). Esta es la única norma que ha desarrollado hasta ahora la emisión del informe más allá de lo dispuesto en la Ley 4/2015. Según la misma, la policía efectúa en el momento de la denuncia una primera evaluación individual de la víctima indicándole que puede acudir a la OAV y trasladando a esta la información recabada.

   Es la OAV la que efectúa la evaluación individual sobre la base de las manifestaciones de la víctima y su voluntad –también cuando sean menores o personas con discapacidad necesitadas de especial protección–, el respeto a su integridad física, mental y moral teniendo especialmente en consideración los criterios indicados antes. Tras esto, la OAV emite un informe de evaluación individualizada, contando con el consentimiento previo e informado de la víctima, que se remitirá con carácter reservado al juez o fiscal competente para adoptar las medidas proponiendo su adopción.

2. *Durante la fase de enjuiciamiento:* le corresponde efectuar la evaluación individual al juez o tribunal competente para el conocimiento del caso.

   Se remite a regulación reglamentaria el concreto proceso de emisión del informe, aspecto que solo se ha desarrollado en los casos de informe emitido por las OAV, lo que conduce a la conclusión de que estas son normalmente las que emitirán la propuesta, aunque otros órganos sean los competentes para efectuar la evaluación. Al margen de lo establecido respecto del procedimiento en el Real Decreto 1109/2015, la Ley 4/2015 se limita a indicar algunos principios procedimentales generales escasamente desarrollados. Estos son:

- La resolución en la que se adopten las medidas debe ser motivada y tiene que reflejar las circunstancias que han sido valoradas para su adopción.
- La valoración de las necesidades de protección de la víctima incluirá siempre la de aquellas que hayan sido manifestadas por ella con esa finalidad, así como la voluntad que hubiera expresado. Cabe que la víctima renuncie a las medidas de protección acordadas.
- En el caso de las víctimas menores de edad o personas con discapacidad necesitadas de especial protección la evaluación debe tomar en consideración sus opiniones e intereses.
- La modificación relevante de las circunstancias en que se haya basado la evaluación individual de las necesidades de protección de la víctima determina una actualización de la misma y puede conducir a la modificación de las medidas de protección acordadas.
- Se garantiza la confidencialidad de la información prestada por la víctima, dado que los servicios de asistencia a la víctima solamente pueden facilitar a terceros la información que hayan recibido de esta con el consentimiento previo e informado de la misma. Fuera de estos casos, la información solo puede ser trasladada de forma reservada a la autoridad que adopta la medida de protección.

4.5.3. *Niveles de protección: medidas aplicables a cada nivel*

Se relacionan a continuación las medidas de protección que pueden adoptarse en cada uno de los niveles de protección.

A) Medidas de protección aplicables a todas las víctimas

En el primer eslabón en intensidad de tutela, conforme al nivel básico de protección, que resulta aplicable a las víctimas de cualquier delito, el artículo 19 de la Ley

4/2015 habilita a la adopción de medidas de protección que tienen por finalidad conjurar peligros que pueden originarse en tres posibles fuentes: el infractor –que puede atentar contra la seguridad de la víctima–, el paso de la víctima por el sistema de justicia penal –lo que puede entrañar victimización secundaria– y el consistente en que información relativa a la víctima o al proceso trasciendan a la opinión pública –lo que puede suponer atentados a la intimidad de la víctima–.

Para conjurar los peligros para la seguridad de la víctima que pueden derivarse durante el proceso de la conducta del infractor, se prevé en el artículo 20 el derecho de la víctima a que se evite su contacto con este. Conforme al mismo, "las dependencias en las que se desarrollen los actos del procedimiento penal, incluida la fase de investigación, estarán dispuestas de modo que se evite el contacto directo entre las víctimas y sus familiares, de una parte, y el sospechoso de la infracción o el acusado, de otra, con arreglo a la Ley de Enjuiciamiento Criminal y sin perjuicio de lo dispuesto en los artículos siguientes".

Se deduce del precepto que el derecho a evitar la confrontación visual tiene que garantizarse cualquiera que sea la fase en que esté el proceso penal –instrucción, intermedia o fase de juicio oral– y cualquiera que sea la razón por la que la víctima acuda a las dependencias judiciales –para hacer efectivos los contenidos de su derecho a la información o a la participación en el proceso penal o para prestar testimonio, entre otros-.

Sin embargo, pese a la referencia que incluye esta disposición a lo que indica la Lecrim, no existe ningún precepto que diga que deban disponerse las dependencias judiciales de forma que se evite el contacto directo de las víctimas con ofensores. De ahí que la misma pueda considerarse programática. Tampoco existe ningún precepto interno español que transponga la exigencia de la Directiva en el sentido de que las nuevas sedes judiciales cuenten con espacios separados de espera para las víctimas. A ello se añade que más allá de los preceptos de la Lecrim que permiten a las víctimas-testigos declarar fuera de la sala de vistas (mediante videoconferencia –arts. 325 y 731 bis de la Lecrim–, ya anticipando la práctica de la prueba testifical –art. 777.2 y 797.2 de la Lecrim–) o dentro de la misma evitando la confrontación visual con el acusado (mediante el uso de una mampara), no existen otros mecanismos previstos en derecho español para evitar el contacto víctima-ofensor.

A neutralizar los peligros derivados del paso de la víctima por el sistema de justicia penal, que fundamentalmente se identificarían con la victimización secundaria, se dirigen las medidas de protección incluidas en el artículo 21 de la Ley 4/2015, referidas a la protección de las víctimas durante la investigación penal. Contempla medidas dirigidas a evitar la victimización institucional que podrían producirse en la fase de investigación, esto es, la fase de instrucción propiamente dicha y también los actos de investigación realizados bajo la dirección del Ministerio Fiscal e incluso las investigaciones iniciales que eventualmente pueda realizar la policía. Las medidas que incluye el artículo 21 de la Ley 4/2015 no se separan demasiado de las incorporadas en la

Directiva, si bien condicionando la normativa española la adopción de las mismas a que no perjudiquen la eficacia del proceso –lo que permitiría en teoría una aplicación más restringida de estas que la prevista en la Directiva–. Las medidas previstas en el artículo mencionado son:

a) Que se reciba declaración a las víctimas, cuando resulte necesario, sin dilaciones indebidas. No obstante, no existe una pauta sobre el tiempo máximo que debe mediar entre la incoación judicial del expediente y la primera declaración de la víctima, aunque sí una llamada de los jueces a que se sea especialmente diligente en cuanto al tiempo en llamar las víctimas a la causa.
b) Que se reciba declaración a las víctimas el menor número de veces posible y únicamente cuando resulte estrictamente necesario para los fines de la investigación penal. Aunque normativamente no se establece un número máximo de veces en que la víctima pueda declarar, se reconoce en el ámbito judicial que al menos son imprescindibles tres declaraciones de la misma: la declaración policial, la realizada ante el juez de instrucción o de violencia sobre la mujer y la efectuada ante el juez de lo penal o la Audiencia Provincial.
c) Que las víctimas puedan estar acompañadas, además de por su representante procesal y su representante legal, por una persona de su elección durante la práctica de aquellas diligencias en las que deban intervenir, salvo que motivadamente se resuelva lo contrario por el funcionario o autoridad encargado de la práctica de la diligencia para garantizar el correcto desarrollo de la misma. Esta medida se admite aunque las diligencias de instrucción se hayan declarado secretas, salvo que se revele una clara colisión de intereses o riesgos objetivos para el desarrollo del proceso; denegación que requeriría una decisión motivada. Con el objeto de incorporarla al proceso penal, se modificó el artículo 433 de la Lecrim, regulador de la práctica de la prueba testifical en instrucción, incluyendo al mismo un segundo párrafo que indica que la víctima que sea testigo puede hacerse acompañar de su representante legal o de una persona de su elección durante la emisión de la declaración.
d) Que los reconocimientos médicos de las víctimas solamente se lleven a cabo cuando resulten imprescindibles para los fines del proceso penal y se reduzca al mínimo su número.

Finalmente, en relación con los mecanismos de protección aplicables a todas las víctimas, todas ellas tienen reconocido el derecho a la protección de la intimidad según el artículo 22 de la Ley 4/2015, en semejantes términos a como ya se reconocía en la Ley 35/95.

El precepto establece que los jueces, tribunales, fiscales y las demás autoridades y funcionarios encargados de la investigación penal, así como todos los que intervengan en el proceso, adoptarán las medidas necesarias para proteger el derecho a la intimidad de todas las víctimas y de sus familiares y, en particular, para impedir la difusión de cualquier información que pueda facilitar la identificación de las víctimas menores de edad o de víctimas con discapacidad necesitadas de especial protección.

Como consecuencia de la aprobación de la Ley 4/2015 se han realizado una serie de modificaciones en la Lecrim conducentes a superar el déficit existente en la legislación anterior sobre la cuestión, que no pasaba de una declaración teórica. En concreto, se introducen en esta norma las siguientes medidas:

- *Medidas para proteger la intimidad de las víctimas en instrucción:* no se modifica el principio general de que las actuaciones en instrucción suelen ser secretas, pero se añade una ulterior razón a la necesidad del mantenimiento del secreto cuando sea preciso para proteger la intimidad de la víctima o el respeto debido a la misma o a su familia.
- *Medidas para proteger la intimidad de la víctima en el acto del juicio:* se incluye como causa de excepción a la publicidad de las sesiones del juicio oral la salvaguarda de la intimidad de la víctima. Entre los supuestos que permiten la celebración de las sesiones a puerta cerrada se incluyen ahora (art. 681 Lecrim): razones de orden público, de seguridad y la adecuada protección de los derechos fundamentales de los intervinientes, con particular referencia al derecho a la intimidad de la víctima y al respeto debido a la misma y a su familia, además de la necesidad del acuerdo para evitar a las víctimas perjuicios relevantes. El acuerdo de celebración de las sesiones del juicio a puerta cerrada se puede referir a todas o alguna de las sesiones o actos del juicio oral y al público en general, pero no al Ministerio Fiscal, las personas lesionadas por el delito, los procesados, el acusador privado, el actor civil y los defensores, así como, eventualmente, permitir el acceso a personas que acrediten especial interés en la causa. Las medidas que pueden adoptarse son de tres tipos:

  1. Acordar la celebración de todas o algunas de las sesiones del juicio a puerta cerrada.
  2. Prohibir la divulgación o publicación de información relativa a la identidad de la víctima, lo que resulta preceptivo en el caso de víctimas especialmente protegidas.
  3. Prohibir la obtención, divulgación o publicación de imágenes de la víctima o sus familiares.

- *Disposiciones específicamente referidas a los medios de comunicación audiovisuales:* el artículo 34 de la Ley 4/2015 incluye una referencia que puede considerarse una sugestión a la autorregulación por parte de los medios de comunicación, que no consta que se haya producido todavía. Esta norma modifica además la Lecrim para prever, más allá de la prohibición de acceso de los medios a la sala cuando las sesiones son a puerta cerrada en aplicación del artículo 681 Lecrim, la posibilidad de restringir su presencia en las sesiones del juicio o prohibir que se graben todas o algunas de las audiencias, además de prohibir que se facilite la identidad de las víctimas, de los testigos o peritos o de cualquier otra persona que intervenga en el juicio (art. 682 Lecrim).

B) Medidas aplicables a víctimas con necesidades especiales de protección

Pasando a analizar las medidas aplicables conforme al estatuto reforzado de protección, aquellas cuya adopción puede acordarse en el caso de las víctimas en que la evaluación individual concluya que tienen necesidades especiales de protección, se establecen en el artículo 25 de la Ley 4/2015. Las medidas que contempla el precepto deben adoptarse teniendo en cuenta la voluntad y los deseos de las víctimas, aun en el caso de que se trate de menores de edad o personas discapacitadas necesitadas de especial protección, de manera que la víctima puede renunciar a su adopción. Las medidas listadas en el mencionado artículo no deben acordarse necesariamente en bloque, puede que se apliquen solo algunas de ellas, en función de las necesidades concretas de cada víctima.

Tales medidas integran un estatuto protector reforzado a añadir a las medidas protectoras predicables de toda víctima del delito que contemplan los artículos 20, 21 y 22 de la Ley 4/2015.

En relación con la fase de investigación –que se corresponde con la fase procesal de instrucción, que podría entenderse que incluye las diligencias de investigación del Ministerio Fiscal e incluso, en términos más amplios, también las policiales–, pueden adoptarse estas medidas:

- Que se reciba declaración a las víctimas en dependencias especialmente concebidas o adaptadas a tal fin, con las que no cuentan la mayor parte de sedes judiciales.
- Que se les reciba declaración por profesionales que hayan recibido una formación especial para reducir o limitar perjuicios a la víctima, o con su ayuda. Más allá de las declaraciones testificales de menores, la Lecrim no contempla especialidades en la prestación de testificales por parte de las víctimas.
- Que todas las tomas de declaración a una misma víctima sean realizadas por la misma persona, salvo que ello pueda perjudicar de forma relevante el desarrollo del proceso o deba tomarse declaración directamente por un juez o un fiscal. En la práctica, normalmente, la declaración en dependencias policiales y en el Juzgado de Instrucción se recepciona por distintos profesionales.

- Que la toma de declaración, cuando se trate de víctimas de delitos relacionados con la violencia familiar, la libertad e indemnidad sexuales y la trata de seres humanos con fines de explotación sexual, se lleve a cabo por una persona del mismo sexo que la víctima cuando esta lo solicite, salvo que esto pueda perjudicar de forma relevante el desarrollo del proceso o deba tomarse declaración directamente por un juez o fiscal.

En fase de enjuiciamiento pueden adoptarse las siguientes medidas:

- Medidas que eviten el contacto visual entre la víctima y el supuesto autor de los hechos, incluso para la práctica de la prueba, para lo cual podrá hacerse uso de tecnologías de la comunicación. Esta medida puede ser adoptada en la fase de investigación. La forma más aceptada por los tribunales para evitar esa confrontación visual es mediante el empleo de una mampara interpuesta entre víctima y ofensor. De hecho, la adopción de esta medida se ha ido flexibilizando en la jurisprudencia, que primero exigía que se acordase mediante auto motivado específico y tras la emisión del correspondiente informe forense, pero desde el acuerdo del pleno de 6 de octubre de 2000 el Tribunal Supremo admite que la decisión se adopte en el propio acto del juicio oral. Junto a ello, esta medida alude al empleo de la videoconferencia, cuya adopción puede acordarse tanto en el acto del juicio como en instrucción. El empleo de la videoconferencia para la práctica de testificales y de otras diligencias está contemplada en los arts. 325 y 731 bis Lecrim y, aunque resulta plenamente aplicable a las declaraciones de víctimas/testigos adultos, se prevé específicamente que se empleen en declaraciones prestadas por menores en el acto del juicio oral en el artículo 731 bis Lecrim.
- Medidas para garantizar que la víctima pueda ser oída sin estar presente en la sala de vistas, mediante la utilización de tecnologías de la comunicación adecuadas. Alude a la posibilidad de que la víctima declare fuera de la sala de vistas, en un espacio adecuado, y que su declaración sea retransmitida por medio de videoconferencia, lo que puede acordarse para la práctica de testificales de testigos adultos, tal como reconoce la nueva redacción del artículo 707 Lecrim. Sin embargo, la modificación de este precepto para evitar la confrontación visual víctima-ofensor cuando la víctima es adulta se ha identificado como un claro retroceso cuando se trata de las declaraciones de menores de edad, puesto que antes de la reforma de 2015 la evitación de la confrontación visual era preceptiva, mientras que ahora, cuando se trata de testigos-víctimas menores, tal posibilidad deberá autorizarla el juez. Sorprende que esta medida solo pueda adoptarse en fase de juicio oral y no quepa en instrucción, como sucede con otras contempladas en el mismo precepto.

- Medidas para evitar que se formulen preguntas relativas a la vida privada de la víctima que no tengan relevancia con el hecho delictivo enjuiciado, salvo que el juez o tribunal consideren excepcionalmente que deben ser contestadas para valorar adecuadamente los hechos o la credibilidad de la declaración de la víctima. Esta medida también puede ser adoptada en la fase de investigación. Se ha modificado consecuentemente el artículo 709, párrafo. 2º, Lecrim para que el presidente del tribunal pueda adoptar medidas para que se formulen este tipo de preguntas, indicando que, en caso de ser formuladas, este no permitirá que sean contestadas.
- Celebración de la vista oral sin presencia de público, aunque incluso en estos casos el juez o tribunal puede autorizar la presencia de personas que acrediten un especial interés en la causa.
- Puede acordarse alguna de las medidas de protección del artículo 2 de la Ley 19/1994, de protección de testigos y peritos en causas criminales. Consisten en:

    - Acudir a la práctica de cualquier diligencia utilizando cualquier procedimiento que imposibilite su identificación visual normal.
    - Que no consten en las diligencias datos que sirvan para identificar a la víctima.
    - Que se fije como domicilio, a efectos de citaciones y notificaciones, la sede del órgano judicial competente.

Junto a las víctimas mencionadas, existen tipos especiales de víctimas en el ordenamiento jurídico español que gozan de mecanismos adicionales de protección aun sin que la correspondiente evaluación individual las considere víctimas con necesidades especiales de protección: las de la violencia doméstica –a las que puede aplicarse la orden de protección del artículo 544 ter Lecrim–, y sobre todo las víctimas de la violencia de género –por las medidas que contempla la LO 1/2004– y las víctimas de terrorismo –por aplicación de la de la Ley 29/2011.

C) Medidas aplicables a los menores y personas discapacitadas necesitadas de especial protección

Entrando a analizar las medidas contempladas en el estatuto protector hiperreforzado aplicable a algunas víctimas de delitos, los menores de edad tienen normativamente reconocido en el ordenamiento español un estatuto protector especialmente reforzado en el artículo 26 de la Ley 4/2015.

En primer término, a diferencia de lo que sucede en derecho europeo, dicho estatuto protector reforzado se refiere no solo a las víctimas menores, sino también a las víctimas con discapacidad con necesidades especiales de protección. Esto es, personas discapacitadas que, tengan o no judicialmente modificada su capacidad de obrar, requieren de asistencia y apoyo para el ejercicio de su capacidad jurídica y para la toma de decisiones respecto de su persona, de sus derechos o intereses a causa de sus deficiencias intelectuales o mentales de carácter permanente.

En segundo término, a diferencia de lo que se deduce de la Directiva, en el ordenamiento interno español los menores no gozan de presunción *iuris et de iure* como víctimas con necesidades especiales de protección, lo que obliga a que la adopción de cualquier estatuto protector reforzado también para ellos dependa del resultado de la correspondiente evaluación individual, convirtiendo en menos segura su consideración como víctimas con necesidades especiales de protección en derecho español que en derecho de la Unión.

Reconocida dicha condición, como primer grupo de medidas, los menores y las víctimas a ellos equiparadas gozan de las siguientes medidas adicionales –a añadir a las ya contempladas en el artículo 25 de la Ley 4/2015– de protección cuando actúan como testigos:

- La declaración puede recibirse por medio de expertos, medida que no aparece específicamente contemplada en la Directiva 2012/29/UE pero que está prevista en el ordenamiento español desde 2006. Tras la aprobación de la Ley 4/2015, se ha modificado el artículo 433 Lecrim para clarificar que pueden ser precisamente dichos expertos quienes trasladen las preguntas al menor incluso limitando o directamente excluyendo la presencia de las partes en el lugar donde la víctima esté declarando, siempre que se garantice a estas la posibilidad de trasladar preguntas o de pedir aclaraciones a las víctimas.
- Las declaraciones recibidas durante la fase de investigación serán grabadas por medios audiovisuales y podrán ser reproducidas en el juicio en los casos y las condiciones determinadas por la Lecrim. Supone la institucionalización de la anticipación o la preconstitución de la práctica de la prueba testifical con menores que se ha venido aceptando con mayores o menores limitaciones en España por parte de la jurisprudencia del Tribunal Supremo. En los últimos años, sin embargo, existe jurisprudencia favorable a admitir tal posibilidad sobre la base de un informe pericial psicológico que confirme que la asistencia a juicio podría suponer graves perjuicios para el menor y siempre que la declaración –prestada en instrucción o anticipadamente– se haya producido con todas las garantías y posibilitando la contradicción. Sin embargo, aunque la transposición de lo que dispone la Directiva al respecto a través del artículo 26 de la Ley 4/2015 y la modificación de los preceptos de la Lecrim que regulan la declaración testifical con menores (art. 433 Lecrim), la prestación de declaraciones anticipadas (art. 448 Lecrim) y la incorporación al plenario de las declaraciones sumariales (art. 730 Lecrim) para favorecer que las declaraciones de menores se presten

anticipadamente, se registren en vídeo y se reproduzcan en el acto del juicio, parece jugar en favor de la generalización de esta práctica, todavía queda margen normativo para que la admisión de tal posibilidad dependa de la sensibilidad del concreto Tribunal. Debería así haberse aprovechado esta reforma para regular adecuadamente la anticipación de la práctica de la prueba testifical con víctimas menores y personas discapacitadas con necesidades especiales de protección para que no cupiesen dudas sobre cuándo resulta posible y en qué términos preconstituir tales testificales.

Como segundo grupo de medidas, se puede designar a estas víctimas un defensor judicial para que las represente en la investigación y en el proceso penal, debiendo ser el Ministerio Fiscal quien recabe su designación, en casos semejantes a los previstos en la Directiva:

- Cuando valore que los representantes legales de la víctima menor de edad o con capacidad judicialmente modificada tienen con ella un conflicto de intereses, derivado o no del hecho investigado, que no permite confiar en la gestión adecuada de sus intereses en la investigación o en el proceso penal.
- Cuando el conflicto de intereses antes referido exista con uno de los progenitores y el otro no se encuentre en condiciones de ejercer adecuadamente sus funciones de representación y asistencia de la víctima menor con capacidad judicialmente modificada.
- Cuando la víctima menor de edad o con capacidad judicialmente modificada no esté acompañada o se encuentre separada de quienes ejerzan la patria potestad o cargos tutelares.

En tercer lugar, se contemplan medidas específicas para estas víctimas en relación con la protección de su derecho a la intimidad en el artículo 22 de la Ley 4/2015. En él se dispone que deben adoptarse medidas necesarias para impedir la difusión de cualquier información que pueda facilitar la identificación de estas víctimas. Esta prohibición podría acordarse también respecto de víctimas que no sean especialmente protegidas, pero en relación con los menores es preceptiva en todo caso la prohibición de divulgación o publicación de información relativa a su identidad, de datos que puedan facilitar su identificación de forma directa o indirecta o de aquellas circunstancias personales que hubieran sido valoradas para resolver sobre sus necesidades de protección, a lo que se añade la prohibición radical de la obtención, divulgación o publicación de imágenes suyas o de sus familiares. No obstante, no se han incluido medidas tendentes a la protección de la imagen de los menores, así como a evitar que su domicilio o demás datos estén a disposición de las partes, como se pidió desde algunos sectores.

El artículo 544 quinquies Lecrim prevé una serie de medidas protectoras en el marco del proceso penal para el menor o la persona con capacidad judicialmente modificada con efecto suspensivo de las facultades ejercidas por quienes desempeñan funciones de guarda de estos de forma que pueda ser perjudicial para ellos. Mientras estaba claro que cualquier víctima, también los menores o discapacitados necesitados de especial protección, podían ser protegidos por las medidas cautelares del artículo 544 bis Lecrim cuando fuesen víctimas de los delitos en él incluidos, no estaba claro que estos sujetos estuviesen convenientemente protegidos en un contexto judicial penal frente al ejercicio indebido de funciones de tutela salvo en casos de violencia de género. Tras la introducción en 2015 de este precepto, pueden imponerse medidas interdictivas de instituciones de guarda con menores o discapacitados que hayan sido víctimas de delitos contra las personas o delitos contra el patrimonio y orden socioeconómico que pueden consistir en:

- Suspensión de instituciones tutelares (patria potestad, tutela, curatela, guarda o acogimiento).
- Establecimiento de un régimen de supervisión del ejercicio de la patria potestad, tutela o cualquier otra función tutelar o de protección o apoyo sobre el menor o persona con capacidad judicialmente modificada.
- Medidas de limitación del contacto de la persona sometida a institución de guarda con el no conviviente o con persona que directamente no ejerce función tutelar (suspensión de comunicación o régimen de visitas con el no conviviente o con otro familiar que se encontrara en vigor) cuando sea necesario para garantizar la protección de la víctima.

Concluido el procedimiento penal, el juez o tribunal debe decidir acerca de la ratificación o alzamiento de tal medida, aunque no debe perderse de vista que cabe que en el caso concreto se acabe imponiendo una sanción de inhabilitación especial para el ejercicio de la patria potestad, tutela, curatela, guarda o acogimiento, e incluso una pena de privación de la patria potestad, en cuyo caso la suerte que corriera la medida cautelar una vez recaída sentencia firme no sería relevante.

4.5.4. Mecanismos de protección contemplados fuera de la Ley del Estatuto de la Víctima del Delito

Ya se ha visto cómo la aprobación de la Ley 4/2015 ha venido a sumarse a la existencia de precedentes normas protectoras de las víctimas en el ámbito procesal, así como de disposiciones específicas que configuran un auténtico estatuto protector específico para víctimas de determinados tipos de delitos que subsisten tras la aprobación de esta norma que, por tanto, homogeneiza solo parcialmente los derechos reconocidos a las víctimas en España.

A algunas de las especialidades normativamente contempladas en punto a la protección de determinadas víctimas en el marco del procedimiento penal más allá de lo establecido en la Ley del Estatuto de la Víctima y las modificaciones de la Lecrim que ha comportado se ha hecho ya referencia a lo largo de este capítulo. Sin embargo, es este el momento de recordar sucintamente qué estatutos normativos específicos siguen vigentes tras la aprobación de la Ley 4/2015 así como de enumerar herramientas protectoras de las víctimas en el marco del procedimiento penal preexistentes a la Ley 4/2015 apenas mencionadas en las páginas precedentes.

En primer lugar, comenzando por los estatutos jurídicos victimales de carácter sectorial que subsisten tras la aprobación de la Ley 4/2015 y que configuran un específico decálogo jurídico aplicable a las víctimas de determinados delitos, debe hacerse referencia, sobre todo, a los estatutos protectores específicos de las víctimas de la violencia de género y de las víctimas del terrorismo. Antes de la aprobación de la Ley 4/2015, a las víctimas del delito les resultaban aplicables las escasas medidas protectoras que, tras la regulación del sistema público de indemnización para víctimas de delitos violentos y contra la libertad sexual, contemplaba el capítulo II de la Ley 35/95, de 11 de diciembre, de Ayudas y Asistencia a las Víctimas de Delitos Violentos y contra la Libertad Sexual.

Junto a estas, se había permitido la práctica de testificales mediante videoconferencia y normativamente se admitió en el procedimiento abreviado la anticipación de la práctica de pruebas testificales en determinadas circunstancias, lo que se empleó también para tutelar a las víctimas que actuaban como testigos en el marco del procedimiento penal, especialmente menores de edad. Junto a tales medidas, aunque no estuvieran previstas específicamente para las víctimas, estas podían beneficiarse de las medidas protectoras contempladas en la LO 19/1994, de 23 de diciembre, de Protección a Testigos y Peritos en Causas Criminales, que, pese a ser una ley calificada de obsoleta, permite que el juez de instrucción conceda la condición de testigo protegido a determinados testigos (entre ellos las víctimas) incluyendo medidas conducentes a preservar su anonimato y evitar su identificación visual o el acceso a medios personales que permitan su localización por parte de terceros ajenos a la Administración de Justicia, así como la facilitación de protección policial, sin distinguir entre los supuestos de mera ocultación física de los de ocultación de la identificación,

Con todo, fundamentalmente dos grupos de víctimas gozaban y gozan todavía de un estatuto protector específico. De un lado, las víctimas de la violencia de género debido a la subsistencia de la LO 1/2004, de 28 de diciembre, de Medidas de Protección Integral contra la Violencia de Género, que arbitra todo un sistema de tutela integral de este colectivo que va desde la prevención, hasta medidas especiales de persecución como, finalmente, medidas específicas de tutela en el marco del procedimiento penal, además de la previsión de derechos asistenciales específicos. De otro lado, las víctimas de delitos terroristas, a las que, pese a habérseles reconocido un sistema indemnizatorio específico más amplio que a las víctimas de delitos en general y que además tuvo carácter inaugural, no se las dotó de estatuto jurídico protector integral hasta la aprobación de la Ley 29/2011, de 22 de septiembre, de Reconocimiento y Protección Integral de las Víctimas del Terrorismo. En dicha norma, cuya estructura recuerda a la de la LO 1/2004, junto a la reunificación y sistematización en un mismo texto normativo de las dispersas disposiciones sobre indemnización a las víctimas del terrorismo (título III), se articulan cuestiones generales (título I), se regulan aspectos como las actuaciones que deben adoptarse tras un atentado terrorista para la protección de las víctimas (título II), se establece el régimen de protección social de estas víctimas (título IV), se prevén específicos reconocimientos y condecoraciones (título VI), así como la tutela institucional a las víctimas y se prevén algunas medidas de protección de las víctimas en procesos judiciales (título V).

Continuando con las herramientas jurídicas protectoras de las víctimas en el ámbito procesal, debe indicarse que, a diferencia de lo que sucede en otros países de nuestro entorno, no existen en el ordenamiento español medidas de protección victimal de naturaleza civil que puedan articularse en el marco de procesos judiciales civiles, salvo en el caso de menores (art. 158 Código Civil). Las únicas medidas procesales protectoras de la víctima previstas en el proceso español pueden adoptarse exclusivamente en el marco del proceso penal y comenzaron a introducirse en la Ley de Enjuiciamiento Criminal desde 1999. En concreto, se prevén las siguientes medidas:

- Respecto de todas las víctimas de delitos contra derechos fundamentales y contra el patrimonio y el orden socioeconómico, el artículo 544 bis Lecrim contempla la orden de alejamiento, que puede imponerse incluso sin oír al investigado cuando resulte estrictamente necesario al fin de protección de la víctima. Puede adoptarse como primera diligencia o como medida cautelar, además de como sanción penal, como uno de los posibles contenidos de la libertad vigilada o como regla de conducta en caso de suspensión de la ejecución de una pena privativa de libertad. Permite acordar la prohibición de residir en determinados lugares o la prohibición de acudir a ellos o la prohibición de aproximación o comunicación con la graduación que sea precisa a las víctimas o algunos de sus familiares, aunque en este último caso la medida no pueda adoptarse con carácter cautelar. Si se trata de víctimas menores o con capacidad jurídica judicialmente modificada, el artículo 544 quinquies Lecrim prevé desde 2015 la posibilidad de aplicar medidas interdictivas del ejercicio de actividades relacionadas con la guarda de estas personas a las se ha hecho ya referencia
- Respecto de las víctimas de la violencia doméstica el artículo 544 ter Lecrim contempla la orden de protección en los casos en que resulte una situación objetiva de riesgo para la víctima que requiera la adopción de determinadas medidas. Se trata de una resolución judicial semejante a las *protection order* anglosajonas, adoptable tanto de oficio como a instancia de parte, en la que pueden

acordarse tanto medidas protectoras de carácter penal –las de alejamiento ya indicadas– como medidas protectoras de carácter civil y social en relación con la víctima. Entre las medidas civiles, se incluyen la atribución del uso y disfrute de la vivienda familiar, el régimen de custodia y de visitas con los hijos o la prestación de alimentos.

– Finalmente, las víctimas de violencia de género, además de poder ser protegidas mediante el acuerdo de las medidas indicadas hasta ahora, gozan de las medidas contempladas en los artículos 63 a 67 LO 1/2004: protección de la intimidad de las víctimas en las actuaciones y procedimientos relacionados con la violencia de género, medidas de salida del domicilio, alejamiento o suspensión de comunicaciones, de suspensión de la patria potestad o de la custodia de menores, de suspensión del régimen de visitas con los descendientes y de suspensión del derecho a la tenencia, porte y uso de armas.

Preguntas de autoevaluación

1. ¿Qué norma jurídica internacional puede considerarse la inaugural en el reconocimiento de derechos victimales?:

   ☐ *a)* La Directiva 2011/36/UE relativa a la Prevención y Lucha contra la Trata de Seres Humanos y a la Protección de las Víctimas.
   ☐ *b)* La Declaración de Naciones Unidas sobre Reconocimiento de Derechos a las Víctimas de Delitos y de Abuso de Poder de 1985.
   ☐ *c)* La Directiva 2011/93/UE relativa a la Lucha contra los Abusos Sexuales y la Explotación Sexual de los Menores y la Pornografía Infantil.
   ☐ *d)* El Convenio del Consejo de Europa sobre Prevención y Lucha contra la Violencia contra las Mujeres y la Violencia Doméstica de 2011.
   ☐ *e)* El convenio del Consejo de Europa sobre Lucha contra la Trata de Seres Humanos de 2005.

2. ¿Qué norma jurídica aprobada en el contexto regional europeo contempla el estatuto protector de las víctimas con carácter transversal?:

   ☐ *a)* El Convenio del Consejo de Europa sobre Lucha contra la Trata de Seres Humanos de 2005.
   ☐ *b)* El Convenio del Consejo de Europa para la Protección de los Niños contra la Explotación y el Abuso Sexual de 2007.
   ☐ *c)* La Directiva 2011/36/UE relativa a la Prevención y Lucha contra la Trata de Seres Humanos y a la Protección de las Víctimas.

- ☐ *d)* La Directiva 2011/93/ UE relativa a la Lucha contra los Abusos Sexuales y la Explotación Sexual de los Menores y la Pornografía Infantil.
- ☐ *e)* La Directiva 2012/29/UE por la que se establecen Normas Mínimas sobre los Derechos, el Apoyo y la Protección de las Víctimas de Delitos.

3. ¿A qué víctimas se les reconoce asistencia jurídica gratuita en el marco del procedimiento jurisdiccional incoado a consecuencia del hecho que las ha victimizado con independencia de que gocen de recursos para litigar en el ordenamiento interno español?:

- ☐ *a)* A las víctimas de cualquier delito.
- ☐ *b)* Solo a las víctimas menores.
- ☐ *c)* Solo a las víctimas de la violencia de género.
- ☐ *d)* Solo a las víctimas con discapacidad.
- ☐ *e)* Ninguna de las anteriores respuestas es correcta.

4. ¿Sobre cuál de los siguientes aspectos puede darse información a las víctimas únicamente cuando estas lo soliciten de acuerdo con lo dispuesto en título I de la Ley 4/2015?:

- ☐ *a)* Información sobre las medidas jurídicas existentes para garantizar su protección.
- ☐ *b)* Información sobre la causa penal.
- ☐ *c)* Información sobre las posibilidades de obtener indemnización.
- ☐ *d)* Información sobre los mecanismos existentes para obtener indemnización.
- ☐ *e)* Información sobre las posibilidades que tiene de intervenir en el procedimiento penal.

5. ¿Qué víctimas gozan de un estatuto protector más reforzado de acuerdo con la Ley 4/2015?:

- ☐ *a)* Las víctimas de la violencia intrafamiliar y de género.
- ☐ *b)* Las víctimas menores de edad y con discapacidad necesitadas de especial protección.
- ☐ *c)* Las víctimas de delitos de odio y los que entrañen discriminación.
- ☐ *d)* Las víctimas de delitos de terrorismo.
- ☐ *e)* Los menores víctimas de abusos sexuales y conductas de explotación sexual.

5

Asistencia y reparación a las víctimas: caracterización normativa

En el presente capítulo se analizan el reconocimiento jurídico e implementación de dos aspectos trascendentales en lo referente a hacer posible el proceso de desvictimización integrados en la batería de derechos victimales enumerados en el anterior capítulo: la asistencia victimal, de un lado, y la reparación a la víctima, de otro.

5.1. Asistencia victimal

La asistencia victimal o victimoasistencia puede entenderse como el conjunto de actuaciones orientadas a ofrecer a la víctima el apoyo necesario para resolver los problemas psicológicos, sociales, jurídicos o económicos derivados del proceso de victimización. Constituye uno de los aspectos esenciales de la victimología proactiva o victimología de la acción (Herrera, 1996). Como se ha ya indicado en el capítulo 1, en sus orígenes la victimología constituyó una disciplina científica orientada a desentrañar el factor precipitador del comportamiento victimal en la producción del hecho delictivo (catacterizada como "the art of blaming the victim", Fattah, 2000). Sin embargo, en su fase proactiva, que coincide con el reconocimiento internacional de los derechos victimales a partir de los años ochenta, centra su desarrollo en el proceso de desvictimización.

En este proceso, que ha sido definido como proceso de reparación o reconstrucción (López, 1997), que no se limita a la indemnización económica, sino que debe traducirse en reconocimiento social, en asistencia, y en prevención de la revictimización, la asistencia victimal tiene un papel trascendental. En el paso de la condición de víctima a la de "survivor" (Underwood, 2003), de una situación que entrañe riesgo de que la víctima se instale en su condición a otra en que haya superado el suceso traumático que el padecimiento del delito representa, la asistencia victimal constituye una pieza esencial del proceso.

5.1.1. *Hacia la desvictimización: contenido y caracterización jurídica del derecho a la asistencia*

Como se ha mencionado en el anterior capítulo, al enunciar el decálogo de derechos que constituye el estatuto jurídico de la víctima, la asistencia se encuentra reconocida entre ellos, junto a los derechos a la información, la participación, la protección y la reparación. Como allí se ha indicado respecto del derecho que ahora nos ocupa, la víctima tiene derecho a que se le preste asistencia integral, que debe comprender no solo la jurídica, sino también, y especialmente, la psicológica y, en su caso, la psiquiátrica, así como a beneficiarse de programas de apoyo social que hagan posible que supere el proceso de victimización vivido. Dicha asistencia debe prestarse independientemente de la incoación del correspondiente procedimiento penal y del carácter público o privado de las entidades mediante las que se articule la prestación de estos servicios asistenciales victimales, garantizándose en todo caso la capacitación profesional de quienes los prestan.

La conformación de este derecho tal como aquí se ha caracterizado constituye el destilado de diversas normas internacionales y nacionales que reconocen su existencia y determinan su contenido. Al análisis de las disposiciones normativas que conforman este derecho se dedica este epígrafe. En ellas, tanto a nivel internacional como interno, se observa un progresivo incremento de la importancia concedida al reconocimiento de este derecho victimal a nivel normativo, puesto que si las primeras normas jurídicas que lo disciplinaban apenas hacían más que enunciarlo y declarar su reconocimiento, han sido normas jurídicas más recientes las que han entrado de lleno a regular su contenido.

A) Regulación jurídica internacional

Comenzando por las normas que internacionalmente establecen el reconocimiento y contenido de este derecho, ya en la Declaración de Naciones Unidas sobre los Principios Fundamentales de Justicia para las Víctimas de Delitos y de los Abusos de Poder de 1985 la asistencia a las víctimas ocupaba un lugar destacado. Así, además de recordarse en la Declaración la necesidad de prestar asistencia a las víctimas durante todo el proceso judicial (art. 6. c), los artículos 14 y siguientes de la misma dibujan un escenario en el que prima la asistencia integral, que incluye la material, médica, psicológica y social que sea necesaria, prestada por conducto de los medios gubernamentales, voluntarios, comunitarios o autóctonos. Para prestar adecuadamente asistencia, se prevé además que se deba proporcionar capacitación al personal de policía, de justicia, de salud y servicios sociales, con la finalidad de hacerlo receptivo a las necesidades de las víctimas y directrices que garanticen una ayuda apropiada y rápida.

1. *Unión Europea*

En normativa dictada a nivel de la Unión Europea, también el reconocimiento del derecho a la asistencia de la víctima ha desempeñado un papel destacado. Ya en la Decisión Marco del Consejo 2001/220/JAI, de 15 de marzo de 2001, relativa al Estatuto de la Víctima en el Proceso Penal, el reconocimiento del derecho a la asistencia de la víctima iba más allá de los estrictos límites del proceso penal, puesto que el artículo 6 del texto se refería no solo a la asistencia jurídica gratuita, sino a cualquier otro tipo de asesoramiento que tuviera que ver con el papel de la víctima en las actuaciones, dedicándose el artículo 13 de la disposición al reconocimiento del derecho a la asistencia psicológica, psiquiátrica y legal y los términos en que debe prestarse. Más intenso en la regulación de este derecho es el contenido de la posterior Directiva 2012/92/UE por la que se establecen Normas Mínimas sobre los Derechos, el Apoyo y la Protección de las Víctimas de Delitos, muestra de la generación en la UE del proceso de incremento en el protagonismo del reconocimiento de este derecho a nivel normativo, puesto que esta ulterior norma resulta bastante más extensa en regulación al respecto que su precedente, la referida Decisión Marco de 2001. En concreto, en el preámbulo de la Directiva la referencia a la asistencia victimal ocupa un lugar destacado. Así, se indica como la asistencia y atención debe prestarse a todas las víctimas de delitos, aunque con carácter prioritario a las del terrorismo, se aclara que debe prestarse a las víctimas que se hallan en el territorio del Estado que la presta, si bien, tratándose de nacionales de terceros Estados, si regresan al Estado de procedencia, deben ser asistidos por el Estado en que residen. Finalmente, en el preámbulo se apela a la necesidad de colaboración de la Administración a diversos niveles con las organizaciones civiles y no gubernamentales que prestan asistencia a las víctimas de delitos, a la necesidad de que los servicios públicos con dicha ocupación actúen de forma coordinada para que las víctimas reciban apoyo y protección en grado adecuado, así como que los Estados consideren la creación de servicios comunes a varios organismos que, siguiendo el principio de "punto de acceso único" o "ventanilla única", se ocupen de múltiples necesidades de las víctimas cuando participen en el proceso penal.

Ya en el articulado, la necesidad de que las víctimas reciban apoyo se identifica con uno de los objetivos prioritarios de la Directiva 2012/29/UE en el artículo 1, por lo que al mismo se dedican algunos preceptos del título I, regulándose, en los artículos 8 y 9 respectivamente, el derecho de acceso de las víctimas a los servicios de apoyo y el tipo de apoyo que deben prestar los referidos servicios. En relación con el reconocimiento del derecho a los servicios de apoyo para las víctimas, se indica que los Estados miembros deben garantizar que las víctimas, según sus necesidades, tengan acceso gratuito y confidencial a tales servicios tanto antes, como durante, como incluso por un periodo adecuado de tiempo después de la conclusión del proceso penal, aunque sin indicar cuál es el mismo, garantizando también el acceso a estos de los familiares en función de sus necesidades y del grado de daño sufrido, para lo que facilitarán la derivación de las víctimas a tales servicios por parte de quienes recepcionen las denuncias. Se aclara, además, que el reconocimiento del derecho es independiente de que la víctima presente una denuncia formal. En cuanto a la caracterización de tales servicios, se indica que pueden establecerse como organizaciones públicas o no gubernamentales y que podrán organizarse con carácter profesional o voluntario y que pueden consistir tanto en servicios de apoyo generales como en servicios de apoyo especializado también gratuito y confidencial.

Respecto del contenido del apoyo prestado, la Directiva diferencia en función de que el servicio de apoyo sea de carácter general o especializado. Los servicios de carácter general, deben facilitar como mínimo (art. 9.1):

- Servicios de información, asesoramiento y apoyo adecuados en relación con los derechos de las víctimas, sobre cómo acceder a los sistemas nacionales de indemnización y su papel en el proceso penal, incluida la preparación para asistir al juicio.
- Información sobre cualquier servicio pertinente de apoyo especializado o derivación directa al mismo.
- Apoyo emocional y psicológico, en este último caso cuando se disponga de él.
- Asesoramiento sobre cuestiones financieras y de tipo práctico resultantes del delito.
- Asesoramiento sobre el riesgo y la prevención de victimización secundaria o reiterada, intimidación o represalias.

Los de carácter especializado, desarrollarán y proporcionarán como mínimo:

- Refugios o cualquier otro tipo de alojamiento provisional para las víctimas que necesiten de un lugar seguro debido a un riesgo inminente de victimización secundaria o reiterada, intimidación o represalias.
- Apoyo específico e integrado a las víctimas con necesidades especiales, como las de violencia sexual, de género y las de violencia en las relaciones personales, incluidos el apoyo para la superación del trauma y el asesoramiento.

2. *Consejo de Europa*

Hasta la aprobación de la Directiva 2012/29/UE, en el ámbito europeo no había duda de que el organismo supranacional que más se había ocupado del reconocimiento del derecho a la asistencia de las víctimas ha sido el Consejo de Europa. Ya en 1987, el Comité de Ministros adoptó la Recomendación (87) 21, de 17 de septiembre, sobre Asistencia a las Víctimas y Prevención de la Victimización, mediante la que se pretendía garantizar que las víctimas y sus familias, especialmente las más vulnerables, recibieran ayuda urgente y continuada. Tras casi veinte años de emisión de la referida resolución, el Consejo de Ministros del Consejo de Europa adoptó una nueva Recomendación, la Rec (2006) 8, de 14 de junio de 2006, sobre Asistencia a las Víctimas de Delitos. Se indican como razones para esta nueva norma la multiplicidad de recomendaciones adoptadas por el Consejo de Ministros del Consejo de Europa que tangencialmente afectaban a la asistencia victimal, los avances producidos en el campo de la asistencia a víctimas y la necesidad de que hallen reflejo en un documento que pretende orientar la política asistencial de los Estados miembros. Se añaden la tarea de las organizaciones no gubernamentales dedicadas a la asistencia a las víctimas, o la consciencia en relación a la necesidad de la cooperación entre Estados para asistir a las víctimas de la delincuencia transnacional, así como la necesidad de prevenir la victimización secundaria.

El documento determina el papel que deben desempeñar tanto la policía como otros agentes de la justicia criminal, así como los agentes comunitarios (servicios de salud, oficinas de empleo, etc.). desarrollando exhaustivamente las características y el tipo de apoyo que deben prestar los servicios de asistencia a la víctima. Respecto de los principios de la victimoasistencia (art. 2), se indica que esta debe prestarse a la víctima sin discriminación y con independencia de que la persona o las personas responsables hayan sido identificadas, detenidas, juzgadas o condenadas.

En relación con las características generales de la asistencia, la Recomendación de 2006 insta a los Estados a adoptar medidas dirigidas a aligerar los efectos negativos del delito y asegurar que las víctimas tengan asistencia en todos los aspectos de su rehabilitación, en la comunidad, en el hogar y en el lugar de trabajo (art. 3). Aclara que la asistencia debe incluir la atención médica, el apoyo material y psicológico, social y de asesoramiento. Indica que dichos servicios deben prestarse de manera gratuita cuanto menos en el momento inmediatamente posterior a la comisión del delito. Recomienda que la asistencia se preste, cuando sea posible, en una lengua que la víctima pueda entender, así como que se apliquen medidas especiales para las víctimas particularmente vulnerables.

La Recomendación toma en consideración el papel desempeñado por los servicios públicos en la asistencia a la víctima (art. 4), solicitando a los Estados la adopción de medidas que estimulen el respeto y el reconocimiento de las víctimas y la comprensión del impacto del delito sobre estas por parte de las personas y las organizaciones que tengan contacto con ellas. La policía y otros agentes del sistema de justicia penal deben indicar las necesidades de las víctimas y garantizarles información, protección y apoyo. Se debe facilitar a la policía información sobre los servicios de asistencia para su ofrecimiento.

En cuanto a los agentes sociales, se indica que los Estados deben promover la previsión de medidas especiales para proteger y apoyar a las víctimas por parte de organizaciones que prestan servicios de salud, seguridad social, viviendas sociales, educacionales o de desempleo. Enfatizando la necesidad de proteger y apoyar a las víctimas en cualquier lugar en que el acto victimizador se produzca.

De especial relevancia son las disposiciones contenidas en la Recomendación relativas a los servicios de apoyo a las víctimas (art. 5). Insta a los Estados a proveer y promover servicios dedicados al apoyo de las víctimas y a incentivar la tarea de las organizaciones no gubernamentales dedicadas a la asistencia a las mismas. Con ello, la disposición reconoce la tarea que organizaciones no integradas en el aparato administrativo estatal desarrollan en el campo de la victimoasistencia. Define el estándar mínimo que deben cumplir todos los prestadores de estos servicios, que incluye:

- Ser fácilmente accesibles.
- Deben facilitar a la víctima apoyo emocional, social y material gratuito antes, durante y tras la investigación policial y proceso penal.
- Ser plenamente capaces para tratar los problemas padecidos por las víctimas a las que asisten.
- Facilitar a las víctimas información sobre sus derechos y los servicios disponibles.
- Derivar a las víctimas a otros servicios cuando sea necesario.
- Respetar la confidencialidad.

Igualmente se reconoce la conveniencia de que los Estados mantengan o impulsen la creación de servicios especializados de apoyo, como los relacionados con la violencia sexual y doméstica y los encargados de tratar victimizaciones masivas (incluidas las producidas por terrorismo). De la misma forma, deben implementar o mantener, se dice, líneas telefónicas de ayuda a las víctimas gratuitas. Asimismo, se incentiva la coordinación de servicios de asistencia a las víctimas integrados en cada Estado parte, que debe articularse a través de una o varias organizaciones nacionales (art. 5).

También la formación especializada del personal dedicado a la victimoasistencia constituye uno de los aspectos esenciales de la Recomendación. Se indica que los Estados deben asistir a los prestadores de servicios (art. 12), tanto para que estos desarrollen estándares adecuados para la selección de prestadores voluntarios o pagados que asisten directamente a las víctimas, cuanto para la organización de la formación a dichos prestadores para que sean capaces de ofrecer asistencia según los correspondientes estándares profesionales. La formación debe incluir, como mínimo, concienciación sobre los efectos negativos del delito en las víctimas, capacidades y conocimientos requeridos para asistir a las víctimas, concienciación sobre el riesgo de provocar victimización secundaria y desarrollo de aptitudes para evitarla. Del mismo modo, se debe ofrecer capacitación específica a prestadores que deben trabajar con víctimas especiales, como niños, o con víctimas de determinados delitos, como las que han sufrido violencia sexual o doméstica, terrorismo o delitos motivados por prejuicios raciales, religiosos o de otro tipo, así como a familiares de víctimas asesinadas.

Para concluir, la Recomendación también indica cuál es la formación que debe proveerse a personas integradas en otros servicios, como los agentes policiales y otros profesionales del sistema de justicia penal, los servicios de emergencia o los profesionales de la salud, seguridad social, vivienda social, educación y servicios de empleo, sobre todo orientada a saber cómo deben comportarse con la víctima a efectos de evitar constituir agentes de victimización secundaria y saber dónde deben derivarla, si procede.

B) Ámbito interno español

En el ámbito español, pese a que la Recomendación del Consejo de Europa sobre victimoasistencia de 2006 fue la disposición *soft law* que reguló de manera pormenorizada el contenido de este derecho, ha habido que esperar a la aprobación de la Directiva 2012/29/UE y a su ulterior transposición al derecho interno español a través de la Ley 4/2015 para que pueda hablarse de reconocimiento con carácter general de dicho derecho y del establecimiento normativo de su contenido.

Con carácter anterior, en lo que a reconocimiento normativo de este derecho se refiere, contábamos con la escasa regulación contenida en el capítulo II de la Ley 35/1995, de Ayudas y Asistencia a las Víctimas de Delitos Violentos y contra la Libertad, que tras la regulación del sistema público de indemnización para las víctimas de delitos en el capítulo I, dedicaba este segundo a la asistencia a las víctimas. Sin embargo, pese a la rúbrica del capítulo, junto al establecimiento de algunos deberes de información para con las víctimas, la única disposición claramente orientada a la asistencia se contiene en el artículo 16, que se limita a establecer la posibilidad de que ministerialmente se proceda a la implantación de oficinas de asistencia a las víctimas en todas aquellas sedes de juzgados y tribunales o en todas aquellas fiscalías en las que las necesidades así lo exijan siempre que exista disponibilidad presupuestaria, añadiendo, respecto de las funciones a desarrollar por estas oficinas, que ministerialmente pueden establecerse convenios con comunidades autónomas y entidades locales para la encomienda de la gestión, pero sin indicar de qué actividades se trata o cuál debía ser la estructura de tales oficinas.

Este total vacío normativo fue en parte cubierto mediante la aprobación de un manual de actuación que carecía de valor normativo.

Junto a esta norma, en el caso de la violencia de género, el artículo 19 LO 1/2004 sí regulaba de forma más extensa el derecho a la asistencia social integral de las víctimas, lo que incluye tanto a las mujeres víctimas como a los menores que se encuentren bajo la patria potestad o guarda y custodia de la persona agredida, conforme a los principios de atención permanente, actuación urgente, especialización de prestaciones y multidisciplinariedad profesional, indicando en qué consiste la atención multidisciplinar.

1. *La Ley 4/2015 y su reglamento*

A esta situación de vacío normativo ha puesto fin la Ley 4/2015, del Estatuto de la Víctima del Delito, que, haciendo caso omiso de la mayor parte de disposiciones incluidas en la Recomendación de 2006 referida, transpone bastante fielmente al ordenamiento español, convenientemente adaptadas, las disposiciones de la Directiva 2012/29/UE. La Ley 4/2015 comienza por incluir el reconocimiento a los derechos de apoyo, asistencia y atención a las víctimas, abusando del empleo de sinónimos para referirse a idéntico conjunto de facultades, en el artículo 3. Entre los derechos de carácter extraprocesal del título preliminar, reconoce en el artículo 10 el derecho de las víctimas de acceso a los servicios de asistencia y apoyo. Este reconocimiento es semejante al de la Directiva en lo que a personas que pueden beneficiarse del derecho (la víctima, con posibilidad de extender el reconocimiento a los familiares de la misma cuando se trate de delitos que hayan causado perjuicios de especial gravedad, conforme se determina reglamentariamente) o al hecho de que los servicios deben ser prestados de forma gratuita y confidencial o de que el acceso a los mismos no se condicione a la previa presentación de denuncia se refiere. Pero diverge del de la Directiva, en el sentido de incluir como referencia única de prestadores de este tipo de servicios a las oficinas de asistencia a la víctima del delito (OAV), sin incluir expresamente a otras entidades públicas o privadas que puedan hacerlo, más allá de reconocer la posibilidad de que el Ministerio de Justicia o las comunidades autónomas puedan celebrar convenios de colaboración con entidades públicas o privadas, sin ánimo de lucro, para prestar los servicios de asistencia y apoyo previstos en la norma (art. 27.2).

El contenido del referido derecho se desarrolla, en exclusiva referencia a las OAV, en el artículo 14 del Real Decreto 1109/2015, de 11 de diciembre, por el que desarrolla la Ley 4/2015 y se regulan las OAV. Según este precepto, toda víctima tiene derecho de acceso a los servicios de asistencia y apoyo prestados por estas de forma gratuita y confidencial, reconociéndosele el derecho a ser derivada a las OAV cuando resulte necesario en atención a la gravedad del delito o en aquellos casos en los que la misma lo solicite, sin perjuicio de que las víctimas de delitos de terrorismo, de violencia de género y menores de edad tengan además los derechos reconocidos en su normativa específica. Desde el primer contacto con las OAV, la víctima tiene derecho a recibir información adaptada a sus circunstancias y condiciones personales y a la naturaleza del delito cometido y de los daños o perjuicios sufridos, y a recibir un trato respetuoso, profesional, individualizado y no discriminatorio. Tales derechos se extienden durante la actuación de los servicios de asistencia y apoyo a las víctimas y de justicia restaurativa, a lo largo de todo el proceso penal y por un periodo de tiempo adecuado después de su conclusión –que nuevamente la disposición no indica cuál es–, con independencia de que se conozca o no la identidad del infractor y el resultado del proceso, incluyendo el momento previo a la presentación de la denuncia.

Junto a las víctimas –directas e indirectas– como destinatarias de los servicios prestados por las OAV, el Real Decreto 1109/2015 reconoce que determinados familiares pueden gozar de estas prestaciones. En concreto, más allá de los familiares que ganan la consideración de víctima indirecta en caso de muerte o desaparición de la víctima directa y de los hijos menores y los menores sometidos a la tutela, guarda y custodia de las mujeres víctimas de la violencia de género o personas víctimas de violencia doméstica, indica que pueden beneficiarse de tales servicios otros familiares cuando se trate de delitos que hayan causado perjuicios de especial gravedad, atendiendo a las necesidades y daños sufridos como consecuencia de la infracción penal cometida contra la víctima (art. 13 Real Decreto 1109/2015). En tales casos, se entenderá por familiares las personas unidas a la víctima en matrimonio o relación análoga de afectividad y los parientes hasta el segundo grado de consanguinidad.

2. *Organización y funciones de las OAV*

Conforme a la lógica del solo reconocimiento a las OAV como entidades prestadoras de servicios victimoasistenciales, el capítulo I del título IV de la Ley 4/2015 se dedica prácticamente en exclusiva a la regulación de tales oficinas, indicando cuál es su organización y las funciones que les competen, incluyendo las encomendadas en materia de apoyo a actuaciones de justicia restaurativa y de solución extraprocesal, y aclarando que estas cuestiones serán objeto de desarrollo reglamentario. Tal desarrollo se ha llevado a cabo a través del título III, el más extenso, del mencionado Real Decreto 1109/2015, que caracteriza a estas oficinas como entidades especializadas y servicios públicos cuya finalidad es prestar asistencia y/o atención coordinada para dar respuesta a las víctimas de delitos en los ámbitos jurídico, psicológico y social, así como promover las medidas de justicia restaurativa que sean pertinentes. El carácter público y gratuito como servicio de las OAV se reitera en el artículo 15 del Real Decreto 1109/2015, que establece cuál es la naturaleza jurídica de tales entidades. Y el objeto a que sirven se concreta en el artículo 17 del Real Decreto 1109/2015, que indica que tienen como objetivo general prestar una asistencia integral, coordinada y especializada a las víctimas como consecuencia del delito y dar respuesta a las necesidades específicas en el ámbito jurídico, psicológico y social.

En cuanto a la organización de las OAV, el artículo 27 de la Ley 4/2015 indica que la misma depende, bien del Gobierno, bien de las comunidades autónomas en caso en que hayan asumido competencias en materia de justicia en el ámbito que les es propio, aun cuando las OAV dependientes de las comunidades autónomas se rigen por lo dispuesto en el Real Decreto 1109/2015, sin perjuicio de las especialidades organizativas que puedan tener según su respectiva normativa autonómica, aun cuando debiendo respetar en todo caso lo dispuesto en la normativa estatal reguladora. Se prevé que se creen mediante orden ministerial del Ministerio de Justicia aquellas que dependen del referido Ministerio y que con carácter general tendrán ámbito provincial (art. 16 Real Decreto 1109/2015).

Por estructura, se prevé que sean atendidas por profesionales especializados, entre los que pueden encontrarse psicólogos, personal al servicio de la Administración de Justicia, juristas, trabajadores sociales y otros técnicos cuando la especificidad de la materia así lo aconseje. Dicho personal debe recibir formación general y específica en asistencia y protección a las víctimas, especialmente de las víctimas vulnerables, debiendo recibir formación especializada, que ha de estar orientada desde la perspectiva de igualdad entre hombres y mujeres, en familia, menores, personas con discapacidad y violencia de género y doméstica.

Las funciones que como mínimo deben desempeñar las OAV se relacionan en el artículo 28 de la Ley 4/2015, y se desarrollan en el artículo 19 del Real Decreto 1109/2015. El mencionado precepto de la Ley 4/2015 indica cuáles son estas funciones mínimas:

a) Información general sobre los derechos de las víctimas y, en particular, sobre la posibilidad de acceder a un sistema público de indemnización.

b) Información sobre los servicios especializados disponibles que pueden prestar asistencia a la víctima a la vista de sus circunstancias personales y de la naturaleza del delito de que hayan sido objeto.
c) Apoyo emocional a la víctima.
d) Asesoramiento sobre los derechos económicos relacionados con el proceso, en particular sobre el procedimiento para reclamar la indemnización de los daños y perjuicios sufridos y el derecho a acceder a la justicia gratuita.
e) Asesoramiento sobre el riesgo y la forma de prevenir la victimización secundaria o reiterada, la intimidación o represalias.
f) Coordinación de los diferentes órganos, instituciones y entidades competentes para la prestación de servicios de apoyo a la víctima.
g) Coordinación con jueces, tribunales y Ministerio Fiscal para la prestación de los servicios de apoyo a las víctimas.

Junto a estas, las OAV deben realizar una valoración de sus circunstancias particulares, especialmente en lo relativo a la eventual concurrencia de las circunstancias que podrían dar lugar a que la víctima tenga especiales necesidades de protección, con la finalidad de determinar qué medidas de asistencia y apoyo se le deben prestar, entre las que se pueden incluir (art. 28.2):

a) La prestación de apoyo o asistencia psicológica.
b) El acompañamiento a juicio.
c) La información sobre los recursos psicosociales y asistenciales disponibles y, si la víctima lo solicita, la derivación a los mismos.
d) Las medidas especiales de apoyo que puedan resultar necesarias cuando se trate de una víctima con necesidades especiales de protección.
e) La derivación a servicios de apoyo especializados.

3. *Contenido y fases de la asistencia prestada por las OAV*

El contenido de la asistencia que prestan las OAV se extiende a tres áreas: la jurídica, la psicológica y la social. Esto con el fin de minimizar la victimización primaria y evitar la secundaria, para lo cual realizarán planes de asistencia individualizados y se coordinarán con todos los servicios competentes en atención a las víctimas (art. 20 Real Decreto 1109/2015).

1. *La atención jurídica:* consiste fundamentalmente en el deber de información de las OAV sobre el tipo de asistencia que la víctima puede recibir en el marco de las actuaciones judiciales, los derechos que puede ejercitar en el marco del proceso, la forma y condiciones en las que puede acceder a asesoramiento

jurídico y el tipo de servicios u organizaciones a las que puede dirigirse para recibir apoyo (art. 21 Real Decreto 1109/2015). Dicha atención jurídica se entiende en términos generales respecto del desarrollo del proceso y la manera de ejercitar los derechos de la víctima en él, siendo a cargo de la asistencia letrada la orientación y asistencia jurídica del caso concreto. Las principales actuaciones de este tipo de asistencia incluyen la información a las víctimas sobre los derechos que les asisten a lo largo del proceso, el estudio y propuesta de aplicación de las medidas generales de protección e información acerca de la posibilidad de asistencia jurídica gratuita a las víctimas que tengan reconocido ese derecho, además de recepcionar las solicitudes de reconocimiento de ese tipo de asistencia que las víctimas puedan presentar.

2. *La asistencia psicológica:* supone la evaluación y el tratamiento de las víctimas más vulnerables para conseguir la disminución de la crisis ocasionada por el delito, el afrontamiento del proceso judicial derivado de este, el acompañamiento a lo largo del proceso y la potenciación de las estrategias y capacidades de la víctima, posibilitando la ayuda de su entorno, así como el estudio y la propuesta de aplicación de las medidas de protección que minimicen los trastornos psicológicos derivados del delito y eviten la victimización secundaria (art. 22 Real Decreto 1109/2015). A este aspecto de la asistencia se dedicará el capítulo 6.
3. *La asistencia social*: supone la coordinación y, en su caso, derivación a servicios sociales, instituciones u organizaciones de asistencia a víctimas para garantizar alojamiento seguro, atención médica inmediata y ayudas económicas que pudieran corresponderles, con especial atención a las necesidades derivadas de situaciones de invalidez, hospitalización, fallecimiento y las agravadas por la situación de vulnerabilidad de las víctimas (art. 23 Real Decreto 1109/2015).

El Real Decreto 1109/2015 determina y desarrolla las fases en las que debe prestarse la asistencia por parte de las OAV. Esta se desarrolla en cuatro fases: la acogida-orientación, la información, la intervención y el seguimiento (art. 25).

1. *Fase de acogida:* puede llevarse a cabo a través de una entrevista, presencial o telefónica, cuyo objeto consiste en que la víctima plantee sus problemas y necesidades, que permita orientarla, así como analizar intervenciones de otros posibles recursos (art. 26).
2. *Fase de información:* donde las OAV darán información precisa a la víctima adaptada a sus circunstancias y condiciones personales, a la naturaleza del delito cometido y a los daños y perjuicios sufridos. Dicha información comprende los derechos de las víctimas, desde el primer contacto con las

autoridades competentes, y puede prestarse por escrito, verbalmente o por medios electrónicos, presencialmente o no, así como sobre la función tuitiva del Ministerio Fiscal, entre otros extremos que relaciona pormenorizadamente el artículo 27 del Real Decreto 1109/2015.

3. *Fase de intervención:* donde se producen las intervenciones jurídicas, psicológicas y sociales que realizan las OAV, entre las que se encuentran (art. 28 Real Decreto 1109/2015):

   a) La evaluación de la vulnerabilidad de las víctimas que asisten.
   b) La propuesta de las medidas de protección a las víctimas, especialmente de las más vulnerables, con especial atención a los menores y a las personas con discapacidad necesitadas de especial protección, así como el seguimiento de su ejecución.
   c) La asistencia terapéutica psicológica y el tratamiento psicológico de las víctimas en el ámbito del proceso, que se realiza en dos fases: la primera dirigida a lograr que la víctima tenga el control general de su conducta y la segunda en la que se analizan las expectativas generadas por el delito, corrigiendo las posibles distorsiones y realizándose las intervenciones psicológicas y los tratamientos de larga evolución para el tratamiento específico de los síntomas postraumáticos.
   d) La aplicación del plan de apoyo psicológico.
   e) La información y el seguimiento de la decisión de la víctima en las medidas penitenciarias.
   f) La información sobre la posibilidad de acceder a justicia restaurativa.
   g) El acompañamiento a juicio u otras instancias judiciales o la propuesta de acompañamiento por la persona que la víctima designe.
   h) La coordinación con el resto de servicios sociales, policiales u otros para el seguimiento de las víctimas vulnerables con alto riesgo y el apoyo para la obtención de ayudas económicas que pudieran corresponder.

Por último, durante la cuarta fase del programa de asistencia (art. 29 Real Decreto 1109/2015), las OAV deben efectuar un seguimiento de las víctimas, especialmente las más vulnerables, a lo largo de todo el proceso penal y por un periodo adecuado –nuevamente sin indicar cuánto– después de su conclusión, con independencia de que se conozca o no la identidad del infractor y del resultado del proceso.

Junto al programa de asistencia general diseñado para todas las víctimas del delito por la Ley 4/2015 junto al Real Decreto 1109/2015, se contempla un sistema parcialmente específico para las víctimas del terrorismo. De hecho, ya el propio artículo 12 del Real Decreto 1109/2015, al indicar el objeto y ámbito de aplicación de las OAV, indica que, en lo que se refiere a las víctimas del terrorismo, se atenderá, con carácter general a lo dispuesto en la Ley 29/2011 de Reconocimiento y Protección Integral a las Víctimas del Terrorismo y al reglamento que la desarrolla, que atribuyen esta cuestión al Ministerio del Interior, sin perjuicio de la competencias que puedan tener las OAV especialmente relativas a determinar la vulnerabilidad de la víctima, en cuyo caso estas oficinas deben coordinarse con el Ministerio del Interior. La idea de especificidad en materia de asistencia a las víctimas del terrorismo halla un nuevo reflejo en el artículo 14 del Real Decreto 1109/2015, que reconoce los derechos de las víctimas respecto de las OAV, donde se insiste en que las víctimas de los delitos de terrorismo, entre otras, tendrán además los derechos reconocidos en su normativa específica. Respondiendo a esta lógica de especialidad en la asistencia a las víctimas de delitos de terrorismo, que se traslada también al ámbito institucional, el Real Decreto 1109/2015 crea la Oficina de Información y Asistencia a las Víctimas del Terrorismo de la Audiencia Nacional. Se trata de una oficina que tiene ámbito nacional y realiza funciones de información y asistencia a las víctimas de terrorismo en los términos establecidos por la Ley 29/2011. Es una oficina única que tiene, en relación con las víctimas del terrorismo, funciones similares a las que las OAV tienen en relación con el resto de víctimas de delitos, de acuerdo con las funciones que le asigna el artículo 33 del Real Decreto 1109/2015, si bien por razones de urgencia o de cercanía se admite también que estas víctimas puedan acudir a la OAV de su provincia, que deberá entonces coordinarse con esta oficina específica.

4. *Evaluación periódica de la asistencia a las víctimas*

Para concluir con la regulación del derecho a la asistencia en derecho interno español, debe indicarse que, junto a la regulación de las OAV, el Real Decreto 1109/2015 instituye un sistema de evaluación periódica del sistema de atención a las víctimas del delito en el título II (art. 11), consistente en la elaboración de un informe anual sobre el funcionamiento de la asistencia las víctimas por parte del Ministerio de Justicia.

Con la finalidad, entre otras, de asesorar en la realización del referido informe, el Real Decreto 1109/2015 crea el Consejo Asesor de Asistencia a las Víctimas, a cuya regulación dedica el artículo 10. Se trata de un órgano consultivo adscrito a la Dirección General de Relaciones con la Administración de Justicia del Ministerio de Justicia integrado por miembros de la Administración General del Estado (entre los cuales, del Ministerio del Interior y del Ministerio de Sanidad, Servicios Sociales a Igualdad, del Consejo General del Poder Judicial y de Fiscalía General del Estado), del Consejo General de Colegios de Psicólogos y de las asociaciones más representativas en la asistencia a las víctimas, que cuenta además con tres miembros representantes de comunidades autónomas que tengan competencias transferidas en materia de justicia y que ejercen sus cargos rotatoriamente. Entre sus funciones, se cuentan:

a) Asesorar sobre el funcionamiento de las OAV.
b) Examinar datos estadísticos.
c) Apoyar los estudios técnicos sobre las actuaciones de las oficinas y sobre la red de coordinación.
d) Comparar los distintos planes de apoyo psicológicos aplicados en las OAV con el fin de proponer mejoras en la asistencia.
e) Promover la elaboración de protocolos de actuación y su actualización.
f) Asesorar al Ministerio de Justicia para la elaboración del informe anual de evaluación periódica del sistema de atención a las víctimas del delito.
g) Cualquier otra función que, en el ámbito de sus competencias, se le atribuya por alguna disposición legal o reglamentaria.

Pese a que este órgano fue previsto en esta norma aprobada en 2015, no comenzó a funcionar hasta el 8 de junio de 2017, en que se realizó su reunión constitutiva. Se llevó a cabo una segunda reunión el 29 de octubre de 2018, en que se aprobó su reglamento interno de funcionamiento y se comenzó con la preparación del primer informe de evaluación sobre el sistema de asistencia a las víctimas, entre otras cuestiones.

5.1.2. Modelos de asistencia comparados

Una vez analizado el reconocimiento a nivel normativo internacional y nacional del derecho a la asistencia de que gozan las víctimas, veamos seguidamente cómo se ha hecho efectivo el reconocimiento de dicho derecho, esto es, qué modelos de asistencia victimal se han implementado en un contexto comparado (más ampliamente, Villacampa, 2010).

Antes de iniciar este rápido recorrido conviene decir que la última *International Crime Victimisation Survey* publicada refleja como el promedio de víctimas que reciben apoyo por parte de servicios especializados es bajo en relación al de víctimas que los requieren (Van Dijk, Van Kesteren y Smit, 2007). Frente a un elevado porcentaje de víctimas que indicaron haber requerido asistencia especializada y no la obtuvieron, que representa en promedio el 43%, el porcentaje de atendidas llegó solamente al 9% de las de delitos graves. Dicho porcentaje se distribuye en una atención que alcanzó el 30% de las víctimas de delitos sexuales, frente a un solo 8% en el caso de las de robo con violencia o de agresiones y amenazas, siendo las de robo en casa habitada las menos atendidas

(4%). Por países, España obtuvo un bajo porcentaje de cobertura. Entre los países que mayor cobertura especializada ofrecieron, se encontraban algunos anglosajones no europeos, como Nueva Zelanda (24%) o EE.UU. (16%), si bien Escocia (22%), Irlanda del Norte (21%) o Inglaterra y Gales (17%) se encontraban también entre los más avanzados en este particular. Tasas comparativamente más elevadas se hallaron en otros países, como los Países Bajos (14%), Canadá (13%), Hong Kong (13%), Austria (13%), Bélgica (12%), Dinamarca (10%), Noruega (10%) o Suecia (9%), aun cuando se observó como algunos países europeos desarrollados (Alemania o Finlandia) tuvieron un porcentaje de asistencia muy bajo (del 2%), incluso por debajo del obtenido por países como España e Italia (3%). Los porcentajes más elevados de demanda insatisfecha se concentraron en países en vías de desarrollo (promedio del 62%), así como en países desarrollados donde el acceso a tales servicios no se consideró que fuese fácil, como España o Portugal, a diferencia de lo que se objetivó en países desarrollados con amplia disponibilidad de servicios sociales, como Islandia, Austria, Alemania, Canadá, Países Bajos o Dinamarca.

A nivel europeo, un informe elaborado en 2009 por *Victim Support Europe* por encargo de la Unión Europea con ocasión de la preparación de un borrador de la Directiva 2012/29/UE concluyó que las acusadas diferencias entre los modelos de prestación de asistencia no permitían efectuar recomendaciones en relación con la mayor eficacia de uno u otro.

Pese a que las estadísticas perfilan un escenario en el que todavía queda mucho por hacer, no cabe duda de que uno de los campos en expansión en la moderna victimología es el de la asistencia. Los países con mayor tradición victimológica han puesto en funcionamiento servicios especializados de atención a la víctima de delitos, dado que la toma de consciencia sobre el impacto psíquico que el padecimiento del delito produce, así como la constancia de los efectos perjudiciales que el paso por el sistema de justicia penal tiene en las vícitmas, han constituido un revulsivo que ha impulsado el surgir de estos prestadores de servicios victimales. En el mundo occidental, en que el modelo del Estado social ha sido al menos hasta ahora el preponderante, resulta comprensible que los poderes públicos asuman competencias en materia de victimoasistencia. Con todo, el Estado no acostumbra a prestar directamente servicios de asistencia victimal. Aun partiendo de la premisa de que en alguna medida siempre se produce intervención pública en la prestación de dichos servicios, la asistencia a la víctima se presta actualmente tanto en Europa cuanto en otros países anglosajones no europeos según dos diversos modelos (Villacampa, 2010):

1. El modelo que podría designarse como modelo de asistencia a la víctima prestada por entidades privadas. Se trata del modelo seguido por la mayor parte de países, en que es la iniciativa asociacional privada la que ha servido a la creación de grupos, que son quienes prestan los servicios. En este modelo el peso del servicio lo soportan organizaciones no gubernamentales, tanto a través de plantilla fija como, en gran medida, gracias al voluntariado. Constituyen organi-

zaciones que por lo general se financian, en mayor o menor medida, con cargo a fondos públicos.

2. El modelo de la asistencia a la víctima prestada directamente por entes públicos. Dicho patrón, ciertamente minoritario, es el adoptado en países como España. No se trata, respecto de los países que siguen este modelo, de que el asociacionismo privado no tenga cabida en la prestación de la asistencia a la víctima, sino de que dicha asistencia se arbitra fundamentalmente a través de agencias integradas en el aparato administrativo estatal o autonómico. Consiste, en definitiva, en un modelo de gestión preferentemente público.

Probablemente ninguno de los sistemas observados en los países analizados se adscribe de modo absoluto a un modelo en que la asistencia se preste solo a través de asociaciones privadas o de oficinas públicas. Sin embargo, los sistemas sí pueden considerarse integrantes de uno u otro patrón en función de que la asistencia victimal originariamente se preste sobre la base de entidades privadas o de entes administrativos y de que haya continuado su desarrollo sobre la base de dicho origen. Esto al margen de que tanto la prestación por entidades privadas haya acabado contando con financiación con cargo a fondos públicos, cuanto que la prestación principal por organismos públicos acabe coexistiendo con la prestada a través de entidades surgidas con posterioridad gracias a la iniciativa privada.

Desde una perspectiva comparada, el modelo de asistencia victimal prestado por entidades privadas se muestra claramente hegemónico, limitándose el modelo articulado sobre la base de entidades públicas a países como Bélgica o España (ampliamente sobre los sistemas articulados en cada uno de los países conforme a ambos modelos, Villacampa, 2010). No parece que el movimiento federativo que ha conducido a la creación de entidades-paraguas supranacionales que tienen como miembros entidades asistenciales de los distintos países, como sucede con *Victim Support Europe*, creada en 1990 y que representa a 56 organizaciones asistenciales de 27 países europeos, vaya a servir para homogeneizar de modo intenso el modelo de prestación de asistencia victimal. Lo anterior porque las organizaciones en ella asociadas no se integran orgánicamente en la entidad asociativa ni ven alterada su estructura y funcionamiento; de ahí que pese al impulso de este tipo de iniciativas asociacionales victimales supranacionales pueda seguramente seguirse hablando de distintos modelos asistenciales para con las víctimas según distintos países.

A) Países con sistema asistencial victimal de base privada

Respecto de los países que vertebran un sistema de asistencia victimal de base privada, comenzando, en primer lugar, por los países anglosajones europeos, debe indicarse que la mayor parte de ellos han cimentado su sistema asistencial en el servicio de una organización no gubernamental sin ánimo de lucro de ámbito general, aun cuando financiada en gran parte con cargo a fondos públicos. Así sucede con *Victim Support*, organización fundada en 1974, que presta servicios de atención directa a las víctimas que incluyen información, apoyo emocional y gestión de ayudas públicas, así como un servicio de apoyo a testigos en procesos penales, además de una línea telefónica de ayuda que se ha visto ampliada en los últimos años por toda una batería de recursos *online* para ofrecer información y asistencia a las víctimas. La entidad las atiende al margen de si han decidido denunciar y facilita asistencia en diversas lenguas. Las organizaciones de Inglaterra y Gales, por un lado, y Escocia e Irlanda, por otro, son independientes, si bien la primera atendió a más de un millón de víctimas solo en 2017, lo que la sitúa a la cabeza de los servicios de asistencia a víctimas en el Reino Unido, constando que al menos el 80% de su presupuesto se financia con cargo a fondos públicos. Similares en estructura y funcionamiento a estas, son las entidades *Victim Support* que operan en Escocia e Irlanda del Norte.

En relación con los países anglosajones no europeos, Nueva Zelanda, el país con tasas de cobertura en asistencia más elevadas, adopta el mismo modelo de la organización *Victim Support*. En dicho país esta entidad constituye una organización no gubernamental servida por profesionales y voluntarios, en que las aportaciones llegan tanto de fondos públicos como de donaciones privadas. Ha desarrollado una relevante red asistencial que incluye apoyo emocional las 24 horas por personal especializado, tanto presencial como telefónicamente u *online*, acompañamiento durante el proceso judicial y atención especializada frente a ciertos procesos de victimización.

EE.UU., por su parte, constituye el país en que se considera fueron establecidos los primeros programas de asistencia a víctimas, que datan de 1972. También constituye el país en que surgió la primera organización privada en todo el mundo establecida para asistir a las víctimas del delito, la *National Organization of Victims Assistance* (NOVA), fundada en 1975, aun cuando se disputa dicho honor con *Victim Support England and Wales*. Sin embargo, en este país existen programas y asociaciones dedicadas a la asistencia a víctimas desde 1972. La NOVA, una asociación sin ánimo de lucro que fue inicialmente financiada por quienes la fundaron y atendida exclusivamente por voluntarios, ha pasado posteriormente a tener empleados que colaboran con especialistas externos. Actualmente, el *National Center for Victims of Crime*, creado en 1985, constituye el mayor centro de recursos y de apoyo para las víctimas de cualquier clase de delito en EE.UU., colaborando con las organizaciones de base y con las diversas instancias del sistema de justicia criminal, prestando atención directa en diversos centros o mediante derivación a entidades locales o especializadas, además de ofrecer asistencia telefónica y *online*. Junto a las mencionadas organizaciones, también la *National Coalition Against Domestic Violence*, fundada en 1978, y la *National Network to end Domestic Violence* constituyen organizaciones que prestan asistencia a víctimas de violencia doméstica a nivel federal, de la misma forma que la *National Coalition Against Sexual Assault* y la *Rape, Abuse & Incest National Network* hacen con los delitos sexuales. Al margen de las organizaciones referidas, aunque la asistencia se presta mayoritariamente sobre la base de entidades privadas, en EE.UU. se ha venido objetivando un importante apoyo público a los programas asistenciales. Este ha cristalizado en la creación, desde 1984, de un fondo federal (*The Victims Fund*) que nutre de financiación a los Estados para que los mismos puedan distribuir los recursos entre las entidades prestadoras de servicios directos a las víctimas. Dicha subvención puede, además, ser complementada por financiación a cargo de entidades locales. En la gestión del referido fondo se han activado medidas orientadas a estimular la mejora de la calidad de los servicios, a la renovación tecnológica y la formación de profesionales dedicados a la prestación de asistencia a víctimas.

Visto el sistema adoptado en países anglosajones, cabe indicar que algunos países europeos han implementado sistemas asistenciales similares al modelo anglosajón. Así ha sucedido en la mayor parte de países nórdicos, por ejemplo, en el caso de asociaciones como la Asociación de Ayuda a las Víctimas de Holanda (*Slachtofferhulp Nederland*), *Victim Support* en Finlandia (*Rikosuhripaivystys*) o la Asociación Nacional de Atención a las Víctimas de Delitos en Suecia.

En segundo término, el sistema francés, a diferencia de los hasta ahora vistos, se caracteriza porque la asistencia victimal se presta a través de organizaciones de base privada; sin embargo, a diferencia de los países anglosajones y los de la Europa del norte, aquí la financiación pública no se canaliza a través de una organización principal, sino de una pluralidad de entidades, pese a que la mayor parte de las mismas están federadas y tienen intereses comunes. La mayoría de las entidades que prestan asistencia generalista a víctimas en Francia forman parte de la *Fédération Nationale d'Aide aux Victimes et de Médiation* (IVANEM), creada en 1986, cuya misión consiste en coordinar a las asociaciones, participar en la formación de profesionales y evaluar las actuaciones. Globalmente consideradas, las asociaciones integradas en la federación, más de 150, cuentan con 650 puntos de asistencia y con una experiencia acumulada de más de 20 años tratando a víctimas. Tienen además un servicio de atención telefónica y *online* a las víctimas activo las 24 horas del día.

Analizados los países anglosajones y nórdicos por un lado, y el particular caso de Francia, por otro, un tercer grupo de países entre los que optan por un sistema asistencial de base privada a los que cabe referirse conjuntamente son los germánicos, entre los que se incluyen Alemania, Austria y Suiza. En estos tres países la acción de asistencia se lleva a cabo fundamentalmente mediante una asociación no gubernamental que en los tres estados, además de en Luxemburgo, comparte nombre, se trata de *Weisser Ring*. En distinto sentido a las organizaciones anglosajonas hasta ahora analizadas, se trata de una entidad financiada exclusivamente con cargo a fondos privados.

En Alemania la asociación fue fundada en 1976, en Mainz, por el periodista Eduard Zimmermann y el fiscal Hans Sachs. Se trata de una organización que tiene en el conjunto de Alemania alrededor de 6000 socios y 3000 voluntarios. Los servicios que presta son de acompañamiento personal tras el hecho delictivo, asistencia terapéutica y jurídica. Las víctimas pueden recibir una asignación económica que les permite acudir a un abogado que pueden elegir libremente también para la asistencia psicológica. Aunque se trata de una organización cuyos logros no se discuten, sobre todo en lo tocante a la creación de conciencia acerca de lo que la victimización supone, a su impulso de los programas de compensación autor-víctima, o por haber llevado a cabo una acción reivindicativa ante los órganos gubernativos, la justicia y las Administraciones a favor de los derechos de las víctimas y de los profesionales, se ha cuestionado su actuación por la escasa profesionalización de los servicios que presta, así como por ofrecer poca cobertura a las víctimas en términos numéricos. Otras organizaciones han desarrollado en Alemania un modelo asistencial alternativo; así sucede con *Arbeitskreis der Opferhilfen*.

Por lo demás, las organizaciones *Weisser Ring* existen en Austria desde 1978, en Luxemburgo desde 1970 y Suiza desde 1984. Se han creado entidades que siguen un modelo semejante al germánico en Hungría (*Free Gyürüközhasznu Egyesület*, 1989) y la República Checa (*Bilý Kru Bezpecí*, 1991).

B) Países con sistema asistencial victimal público

Analizados los países que asumen un sistema asistencial de base privada, resta referirse a los que asumen un sistema de base pública, en que la victimoasistencia se presta a través de organismos públicos. Esta opción es la menos escogida por países europeos, puesto que solo la asumen claramente Bélgica y España. Antes de analizar brevemente el modo en que se presta asistencia victimal en España en el siguiente epígrafe, conviene referirse sucintamente al modelo belga.

En el caso de Bélgica, donde la atención a las víctimas pasó a ser una prioridad a partir del caso Dutroux en 1986, la complejidad de la organización institucional y lingüística del país se traslada también a la esctructura victimoasistencial. Los servicios que prestan asistencia en este país pueden ser clasificados entre los que podrían denominarse de primera línea, por un lado, ya sean servicios de asistencia policial a víctimas, ya servicios de acogida a víctimas instalados progresivamente desde 1993 en cada una de las fiscalías de los tribunales de primera instancia, y los servicios de más larga duración, por otro, denominados servicios de ayuda a las víctimas (SAV), así como otros servicios especializados en problemáticas victimológicas específicas. Dichos servicios, sean de uno u otro tipo, en su mayoría dependen de alguna Administración y que se nutren enteramente con cargo a fondos públicos.

Así sucede con los servicios de acogida a las víctimas, que dependen del Ministerio de Justicia y son de competencia del Estado federal, pero lo mismo sucede con los servicios de ayuda a las víctimas, que son competencia de las comunidades (flamenca, francófona y germanófona) y cuya financiación depende en algunos casos de las comunidades, en otros de las regiones, aun cuando en algunos supuestos concretos pueden ser de naturaleza privada.

5.1.3. La asistencia victimal en España

España constituye uno de los escasos países en Europa donde se opta por un modelo de prestación de asistencia a las víctimas de base pública. Este modelo se asumió por obra de la Ley 35/1995, a la que ya se ha hecho referencia, que mediante un lacónico artículo 16 creó las OAV, pero se ha mantenido con la aprobación de la Ley 4/2015, que apenas si menciona a las entidades asistenciales de base privada, y la del Real Decreto 1109/2015. Todo ello hasta el punto de que el texto normativo que desarrolla la Ley del Estatuto de la Víctima del Delito, pese a regular pormenorizadamente el ejercicio del derecho de las víctimas a acceder a servicios de apoyo y atención, apenas menciona entidades al margen de las OAV, limitándose a desarrollar la estructura, las funciones, así como el contenido y las fases de los programas de asistencia por estas prestados.

La más reciente norma emitida por el Estado español en materia de asistencia se centra en dotar de contenido normativo más allá de lo dispuesto por la Ley 35/1995 la operativa de entidades públicas de prestación de servicios de asistencia a las víctimas que materialmente estaban ya funcionando en el territorio desde 1995, pero sigue sin hacer más que una sucinta referencia a otras entidades asistenciales con las que, se dice, se pueden adoptar convenios de colaboración para apoyar a las víctimas.

Así, en las líneas que siguen no se insistirá en un análisis jurídico referido a cómo se caracterizan normativamente estas OAV, aspecto ya abordado al hilo del repaso normativo efectuado al inicio de este capítulo, ni se abordará el contenido de la asistencia psicológica a las víctimas, que será objeto de análisis en el capítulo siguiente, sino que se tratará de dar cuenta sucinta de la situación material de la victimoasistencia en España.

Nuestro país presenta características peculiares respecto a la mayor parte de los europeos. Al margen de las OAV, no puede hablarse de la existencia de una organización dedicada a la asistencia a las víctimas del delito en general con amplia implantación en todo el territorio del Estado. Sí se cuenta con asociaciones de víctimas, como las de víctimas del terrorismo, de violencia de género, de abuso sexual infantil o de accidentes de tráfico. De momento, una de las que ha alcanzado una mayor vocación generalista ha sido la Asociación Nacional de Víctimas de Delitos Violentos. Junto a ellas, existen organizaciones de base privada, aun contando con financiación parcialmente pública, que fundamentalmente se orientan a la asistencia de víctimas de particulares tipos de delitos, como sucede con las numerosas organizaciones dedicadas a la asistencia a mujeres víctimas de la violencia doméstica y de género, a la victimización sexual de menores, a la protección de menores en general, a la protección de personas con discapacidad, a las víctimas del terrorismo o a la trata de seres humanos.

Ante esta situación, la asistencia victimal en España ha sido facilitada fundamentalmente a través de las OAV, creadas en 1995 tras el surgimiento en determinadas Comunidades autónomas de iniciativas asistenciales victimales prestadas mediante servicios ubicados en dependencias judiciales o vinculados de alguna manera al funcionamiento de la Administración de Justicia; así en Valencia en 1985, en Cataluña y Baleares en 1989 o en el País Vasco en 1991.

Como se ha indicado, las OAV constituyen un servicio público gratuito cuya finalidad es atender y asistir a las víctimas de cualquier tipo de delito. Son servidas por funcionarios de la Administración de Justicia y por un psicólogo y, en algunas ciudades, también por un trabajador social. En la actualidad, las OAV dependientes del Ministerio de Justicia se hallan desplegadas en las comunidades autónomas de Aragón, Asturias, Cantabria, Castilla y León, Castilla-La Mancha, Extremadura, Madrid y Murcia. Los servicios de victimoasistencia están gestionados por las respectivas Administraciones autonómicas en Andalucía, Baleares, Canarias, Cataluña, La Rioja, Navarra, País Vasco y Valencia. En todo caso, el modelo adoptado es el de la gestión pública, aunque en algún supuesto se haya externalizado la prestación del servicio a través de la realización del correspondiente concurso, como sucedió en Andalucía al final de la primera década del siglo XXI.

Se ha destacado la existencia de diferencias en la composición del equipo de profesionales a cargo de las oficinas, pues mientras las que dependen del Ministerio de Justicia se han estructurado mayoritariamente según un modelo unipersonal, basado en un gestor administrativo que contacta con profesionales externos, en algunas comunidades autónomas el modelo es atendido por un equipo multidisciplinar, formado por psicólogos, juristas y trabajadores sociales a tiempo completo.

Pese a que el modelo de prestación pública de asistencia a las víctimas a través de las OAV es el que se ha generalizado en España y el único que hasta el momento cuenta con un auténtico respaldo jurídico, no ha sido un modelo que se haya mostrado hasta el momento demasiado efectivo en punto a ofrecer suficiente cobertura asistencial a las víctimas de delitos, como puso de manifiesto un estudio sobre la efectividad de tales oficinas circunscrito al territorio catalán (Tamarit, Villacampa y Filella, 2010). Razones que pueden explicar esta ausencia de efectividad pueden venir determinadas por el hecho de que la asistencia, en términos temporales, se presta fundamentalmente durante los días laborables y en horas de oficina, además de que el número de oficinas es muy reducido, hallándose situadas en las capitales de provincia y solo de manera excepcional en algunas ciudades de considerable tamaño sin capitalidad provincial, pero sin presencia de tipo alguno en entornos más rurales. Además, la misma se presta prácticamente en exclusiva de manera presencial, aun cuando parcialmente se haga también telefónicamente en horas de oficina y, de forma muy limitada, a través de recursos *online*. En este sentido, aunque al margen de las OAV, cabe decir que sí han existido en España algunas experiencias de prestación *online* de asistencia a víctimas, como el gestionado por Cruz Roja en Cataluña, pero no de modo tan generalizado como en otros países europeos. La ausencia de efectividad de las OAV se explica además porque su operativa ha estado muy orientada a la asistencia de las mujeres y menores víctimas de la violencia familiar y de género, de manera que ni su existencia es convenientemente publicitada entre víctimas de otros delitos violentos, sobre todo varones, ni consecuentemente los servicios asistenciales que prestan acostumbran a alcanzar a tales víctimas.

5.2. Reparación a las víctimas

Junto al derecho a la asistencia, el derecho a la reparación de las víctimas constituye uno de los más relevantes en punto al impulso del proceso de desvictimización. Sin embargo, debe ser entendido en sentido integral, no agotado en la reparación del daño y la compensación económica a que da lugar la responsabilidad civil derivada del delito, sino comprendiendo también una dimensión inmaterial.

La reparación como derecho victimal se reconoce como un derecho de contenido integral ya en la Declaración de Naciones Unidas sobre los Principios Fundamentales de Justicia para las Víctimas de Delitos y del Abuso de Poder. Al respecto, el artículo 4 de este texto articulado indica que las víctimas "tendrán derecho al acceso a los mecanismos de la justicia y a una pronta reparación del daño que hayan sufrido, según lo dispuesto en la legislación nacional", a lo que el artículo 5 añade que deben establecerse y reforzarse mecanismos judiciales y administrativos que permitan a las víctimas obtener reparación mediante procedimientos oficiales u oficiosos que sean expeditos, justos, poco costosos y accesibles, además del deber de informar a las víctimas de sus derechos para obtener reparación mediante esos mecanismos, abundándose en la regulación específica del resarcimiento y la indemnización a las víctimas, tanto procedentes del victimario como, en su defecto, a través del establecimiento de mecanismos públicos de resarcimiento. Sin embargo, ya antes de ese documento inaugural, la idea de la reparación centrada en la indemnización de la víctima había sido objeto de desarrollo en el Convenio del Consejo de Europa sobre indemnización a las víctimas de delitos violentos de 1983.

Con carácter posterior, en el marco europeo, la reparación como derecho victimal no halla un reflejo tan claro en la Directiva 2012/29/UE, que se refiere a la asistencia y apoyo por un lado, así como tangencialmente a la indemnización de la víctima –aspecto más claramente desarrollado en la Directiva 2004/80/UE sobre indemnización a las víctimas de delitos–, pero sí emerge nuevamente a nivel interno español en la Ley 4/2015. La Ley que establece el estatuto jurídico de la víctima en el ámbito español rescata la idea de la reparación material y moral a la víctima, vinculándola a la idea de la indemnización del perjuicio causado y a la implementación de mecanismos de justicia restaurativa.

5.2.1. Contenidos posibles de la reparación a las víctimas

El contenido del derecho a la reparación ha estado muy vinculado a la idea de reparación económica del daño, a la indemnización del perjuicio causado a la víctima del delito, lo que ha cristalizado tanto en el establecimiento de la obligación normativa de indemnizar a la víctima por parte del victimario cuanto, en defecto de esta, en el diseño de sistemas públicos de indemnización para víctimas de delitos violentos. Sin embargo, este constituye tan solo uno de los aspectos de la reparación, el relativo a la reparación económica. Ya se ha indicado, no obstante, que la reparación del daño y la compensación económica que conlleva la responsabilidad civil derivada del delito no agotan el derecho de la víctima a ser reparada. Partiendo de un entendimiento integral del derecho a la reparación, este comprende también una dimensión inmaterial, que admite diversas formas de concreción, entre ellas manifestaciones de satisfacción moral en el propio proceso penal o la intervención de víctima y victimario en un proceso de justicia restaurativa, cuestiones que integrarían lo que se ha identificado con el aspecto moral de la reparación.

En conexión con este entendimiento holístico de la reparación, la academia alemana puso en entredicho ya en los años 80 e inicios de los 90 el concepto clásico de la pena según el cual se le reconocían solamente fines retributivos o preventivos, pero en ningún caso reparadores. Frente a ello, defendieron que la reparación debía imbricarse en el propio sistema de justicia penal, entre los mismos fines de la pena. Tal posición se basa en la idea de que la reparación no puede equivaler solamente al resarcimiento económico del daño, a lo que se identifica con reparación económica, sino que se basa en principios como el de la voluntariedad, el carácter integral, la universalidad, al caber en cualquier delito, la admisión de formas de reparación social o simbólica predicable sobre todo respecto de aquellos delitos que no causan un claro perjuicio económico, y la reparación en la medida de la propia capacidad del victimario.

En definitiva, la reparación entendida en sentido integral debe ser no solamente identificada con la económica, sino también con la moral. La satisfacción de ambas facetas de este derecho se articula a través de diversos mecanismos en nuestro ordenamiento jurídico a los que a continuación se hará referencia. De un lado, en lo que al aspecto económico de la reparación se refiere, el cumplimiento del mismo se actúa fundamentalmente a través del mecanismo jurídico de la responsabilidad civil derivada del delito, por una parte, así como mediante la previsión de un sistema público de indemnización subsidiario para las víctimas de determinados delitos, por otra. En segundo término, al cumplimiento del aspecto moral o inmaterial de la reparación victimal se endereza la reciente previsión en nuestro ordenamiento jurídico de la posibilidad de acudir a mecanismos de justicia restaurativa, así como a su efectiva implementación.

Sin embargo, una cosa es cuáles son los mecanismos jurídicamente previstos para articular los diversos contenidos de la reparación para con las víctimas y otra distinta es qué efectos tiene en la modulación de la responsabilidad penal del victimario la actuación de algún esfuerzo reparador. En este sentido, al margen de los efectos que al respecto puede tener la implementación de mecanismos de justicia restaurativa a los que después se hará referencia, el sistema penal español no contempla una vía a través de la cual se reconozcan efectos a la reparación en un momento procesal anterior al dictado de la sentencia más allá de la reducción de la responsabilidad penal del victimario que puede tener la aplicación de la atenuante de reparación contemplada en el artículo 21.5 del Código Penal, a la que puede acudirse en el caso de haber procedido el culpable a reparar el daño ocasionado a la víctima, o a disminuir sus efectos cuando esto se haya producido antes de la celebración del juicio oral. Tras dictarse sentencia, aunque previamente al inicio de la ejecución, la reparación a la víctima puede constituir un criterio determinante para acordar la suspensión de la ejecución de la pena, que se condiciona al cumplimiento de la responsabilidad civil derivada del delito (arts. 80 y siguientes Código Penal), así como para acordar la suspensión con sustitución de pena preceptiva para los delincuentes no primarios o de penas que individualmente excedan de los dos años de prisión, siempre condicionada a la reparación efectiva del daño o la indemnización del perjuicio, así como al cumplimiento del acuerdo de mediación (arts. 80.3 y 84.1ª Código Penal), además de preverse la posibilidad de condicionar siempre la suspensión de cualquier pena al cumplimiento del acuerdo obtenido en la mediación (art. 84.1ª Código Penal). A esto se añade, ya en ejecución de pena de prisión, que el cumplimiento de la responsabilidad civil derivada del delito constituye una condición para acceder al régimen ordinario de la libertad condicional (art. 90.1 Código Penal) y que la participación del penado efectiva y favorable en programas de reparación a las víctimas permite la aplicación del régimen especial que posibilita el adelantamiento del goce de la libertad condicional al cumplimiento de la mitad de la condena del artículo 90.2 del Código Penal.

5.2.2. *La responsabilidad civil derivada del delito*

Comenzando por los mecanismos articulados normativamente para hacer factible la reparación en sentido material o económico de las víctimas a cargo del victimario, hallamos lo que se conoce como la responsabilidad civil derivada del delito. Se trata de una institución que se erige sobre la base de la obligación de reparar los daños y perjuicios causados por el delito, tal como se afirma en el artículo 109 del Código Penal.

Con dicha finalidad se regula en el Código Penal español una institución de naturaleza civil, que constituye una manifestación de la responsabilidad civil extracontractual, que comporta la obligación de reparar tras la comisión de un hecho delictivo por parte de toda persona criminalmente responsable de un delito del que se deriven daños y perjuicios. La naturaleza civil de esta institución regulada en el Código Penal se refleja en aspectos como la posibilidad de modular el montante de la reparación o indemnización atendiendo a la conducta de la víctima, o que quepa declarar civilmente responsables a personas que no lo son criminalmente, así aquellos que se hallan sujetos a alguna causa de exención de la responsabilidad criminal de las contempladas en el artículo 20.1º, 2º, 3º, 5º y 6º (art. 118 Código Penal), o que pueda declararse civilmente responsable con carácter subsidiario a quienes no han producido directamente el daño (arts. 120 y siguientes). De tal manera que el perjudicado puede optar entre ejercitar la acción civil junto a la penal en el marco del procedimiento penal, ventilándose las responsabilidades penales y civiles en un único proceso, o reservarse el ejercicio de la acción civil para ejercitarla frente a la jurisdicción civil.

Una característica específica del sistema legal español consiste en que el propio Ministerio Fiscal puede ejercer la acción civil en nombre de los perjudicados si estos no renuncian expresamente al ejercicio de la acción, lo que en la práctica implica que las víctimas no tienen que preocuparse de contratar un abogado o de superar otras inconveniencias para reclamar judicialmente compensación del victimario, aunque esto también comporta que pierden el control sobre la reclamación de la compensación, puesto que en muchos casos el fiscal no les consulta antes de reclamar la correspondiente indemnización en su nombre o que, por ejemplo, como resultado de un proceso de negociación judicial al que la víctima ha sido ajena puede encontrarse con una rebaja de la compensación inicialmente peticionada.

A) Contenido de la responsabilidad civil

Respecto del contenido del deber de reparar, conforme a lo establecido en el artículo 110 del Código Penal, puede comprender la restitución, la reparación del daño y la indemnización de perjuicios materiales y morales. La restitución se identifica con la del propio bien –por ejemplo, en supuestos de sustracción– con el abono de los deterioros o menoscabos que este pueda haber padecido. Tal restitución debe producirse aunque el bien se halle en poder de tercero y este lo haya adquirido legalmente y de buena fe, salvo que se haya adquirido de forma que resulte irreivindicable, sin perjuicio de su derecho de repetición frente a quien corresponda, así como la posibilidad de ser indemnizado por el responsable civil directo. Cuando la restitución del bien no es posible, debe acudirse a otras formas de resarcimiento, bien de forma específica –reparación–, bien mediante el resarcimiento equivalente o indemnización.

La reparación del daño, como manifestación del resarcimiento específico, puede consistir en obligaciones de dar, de hacer o de no hacer que el juez o tribunal establecerá atendiendo a la naturaleza del daño causado y a las condiciones personales o patrimoniales del culpable, pudiendo establecerse que tales obligaciones sean cumplidas directamente por el penalmente responsable o bien a su costa (art. 112 Código Penal).

Finalmente, la indemnización de perjuicios materiales y morales (art. 113 Código Penal), que es precisamente el contenido que más habitualmente adopta la responsabilidad civil derivada del delito, requiere la fijación de un *quantum* indemnizatorio que cubra los perjuicios materiales y morales no solo causados al agraviado, sino también los irrogados a sus familiares o a terceros.

Se entiende que la indemnización de los daños debe comprender tanto el daño emergente (material y moral) como el lucro cesante. El principal problema aplicativo con que se halla esta institución cuando se articula a través de la indemnización es precisamente el de su cuantificación. Al respecto poco dice el Código Penal, más allá de advertir que si la víctima ha contribuido con su conducta a la producción del daño o perjuicio sufrido, los jueces o tribunales podrán moderar el importe de su reparación o indemnización (art. 114 Código Penal). Al margen de tal indicación, la fijación de la cuantía de la indemnización constituye una cuestión reservada al arbitrio de los tribunales, no susceptible de revisión, lo que ha generado, ante la ausencia de criterios cuantificadores estándares, los correspondientes agravios comparativos.

Con la finalidad de evitar la excesiva disparidad en los pronunciamientos los tribunales han acudido a los baremos establecidos a partir de la Orden Ministerial de 5 de marzo de 1991, en cuyo contexto se explica la aprobación de la Resolución de 5 de marzo de 2015, de la Dirección General de Seguros y Fondos de Pensiones, por la que se publican las cuantías de las indemnizaciones por muerte, lesiones permanentes e incapacidad temporal que resultan de aplicar el sistema para la valoración de los daños y perjuicios causados en accidentes de circulación. Tal recurso, con haber contribuido a dotar de mayor uniformidad los montantes indemnizatorios establecidos por los diversos órganos jurisdiccionales, se ocupa, sin embargo, solo de los daños de carácter corporal, no de otro tipo de daños materiales, sin abordar además la espinosa cuestión de la determinación de los daños morales, que siguen siendo los más difícilmente cuantificables.

B) Personas civilmente responsables

En cuanto a las personas civilmente responsables, debe indicarse que la responsabilidad civil, a diferencia de la penal, no es personalísima, de manera que si el responsable penal no puede satisfacer la responsabilidad civil derivada del delito, cabe que otras personas, los responsables civiles subsidiarios, lo hagan en su defecto.

1. *Responsables civiles directos.* Son las personas criminalmente responsables (art. 116 Código Penal), de manera que si solo hay un responsable penal es responsable por toda la cuantía de la responsabilidad civil y, en caso de ser varios, el juez o tribunal fijan la cuota que debe satisfacer cada uno. En caso de concurrir autores y cómplices, unos y otros responden solidariamente por sus respectivas cuotas y subsidiariamente respecto de la otra categoría (art. 116.2 Código Penal). Son responsables civiles directos:

- El asegurador (art.117 Código Penal) hasta el límite de lo establecido en la indemnización legalmente establecida o convencionalmente pactada, sin perjuicio de la posibilidad de repetir contra quien corresponda, en los casos en que como consecuencia de un hecho previsto en el Código Penal se produzca un evento que determine el riesgo asegurado.
- Las personas mencionadas en el artículo 118 del Código Penal en los casos en que quien ha proveído el mal sea declarado exento de responsabilidad penal por la concurrencia de alguna de la causas contempladas en los artículos 20.1º, 2º, 3º, 5º y 6º del Código Penal.
- Los partícipes a título lucrativo. En virtud del artículo 122 del Código Penal, el que por título lucrativo hubiere participado de los efectos de un delito está obligado a la restitución de la cosa o al resarcimiento del daño hasta la cuantía de su participación.
- En el caso de que los criminalmente responsables sean menores de edad penal, los artículos 61 a 64 LO 5/2000, Reguladora de la Responsabilidad Penal de los Menores, prevén el establecimiento de un régimen de responsabilidad civil solidaria del propio menor, de sus padres, tutores, acogedores y guardadores legales o de hecho por los daños y perjuicios derivados de la infracción cometida por el menor de 18 años, aun cuando no hayan actuado con dolo o imprudencia, caso en el cual puede verse atemperada su responsabilidad civil.
- La persona jurídica en nombre o por cuenta de la cual hubiera actuado el autor del delito, de forma solidaria con las personas físicas que fueren condenadas por los mismos hechos (art. 116.3 Código Penal).

2. *Responsables civiles subsidiarios.* En defecto de los responsables civiles directos, son responsables civiles las personas, entidades e instituciones indicadas en los arts. 120 y 121 del Código Penal. Esto es:

- Los padres o tutores por los daños y perjuicios causados por los delitos o faltas cometidos por los mayores de edad sujetos a la patria potestad que vivan en su compañía cuando hayan actuado con culpa o negligencia.
- Las personas naturales o jurídicas titulares de editoriales, periódicos, revistas, estaciones de radio o televisión o de cualquier otro medio de difusión escrita, hablada o visual por los delitos cometidos utilizando los medios de los que sean titulares.
- Las personas naturales o jurídicas, en los casos de delitos cometidos en los establecimientos de que sean titulares, cuando por parte de los que los dirijan o administren, o de sus dependientes o empleados, se hayan infringido los reglamentos de policía o las disposiciones de la autoridad que estén relaciona-

dos con el hecho punible cometido, de modo que este no se hubiera producido sin dicha infracción.

- Las personas naturales o jurídicas dedicadas a cualquier género de industria o comercio, por los delitos que hayan cometido sus empleados o dependientes, representantes o gestores en el desempeño de sus obligaciones o servicios.
- Las personas naturales o jurídicas titulares de vehículos susceptibles de crear riesgos para terceros, por los delitos cometidos en la utilización de aquellos por sus dependientes o representantes o personas autorizadas.
- El artículo 121 del Código Penal contempla la responsabilidad civil subsidiaria de la Administración pública según un régimen específico que limita el régimen general en tales supuestos. Según el mismo, están obligados a responder todos los entes públicos, aunque el precepto contempla una enumeración a título ejemplificativo. Se requiere que el daño haya sido causado por delitos dolosos o culposos de los que han de ser penalmente responsables la autoridad, sus agentes y contratados y los funcionarios. Es necesario que estos hayan actuado en ejercicio de sus cargos o funciones y que el daño que genera el nacimiento de la responsabilidad civil sea consecuencia directa del funcionamiento de los servicios públicos confiados a los funcionarios o agentes. Se deja a salvo la demanda de responsabilidad patrimonial en vía administrativa, pero se prohíbe la duplicidad indemnizatoria, a lo que se añade la exigencia de que las acciones civiles contra la Administración se ejerzan en el mismo procedimiento en que lo hacen las acciones contra la autoridad, agentes y contratados de la Administración o funcionarios públicos.

Junto a las dificultades para determinar la cuantía de la indemnización en concepto de responsabilidad civil ya mencionadas y las dificultades de que los tribunales superiores puedan entrar a valorar la cantidad establecida a salvo de los supuestos en los que no se motiva la determinación de la cantidad o su establecimiento se separa claramente de los estándares determinadores de forma que el montante concretamente establecido pueda considerarse reflejo del mero voluntarismo o del capricho del tribunal (STS 715/2016, de 16 de septiembre de 2016), existen dos dificultades adicionales para que el régimen de responsabilidad civil derivada del delito pueda servir efectivamente para resarcir económicamente a las víctimas. De un lado, la ausencia de efectividad del mismo, puesto que en muchas ocasiones las víctimas no reciben la compensación fijada en sentencia por la declaración de insolvencia del responsable civil, aunada a la escasa capacidad del sistema de justicia penal de hacer efectivo el pago, a salvo de que al responsable se le hayan encontrado vienes que puedan ser ejecutados. Además, la ausencia de cumplimento de esta parte dispositiva de las sentencias no tiene directamente consecuencias sancionatorias para los condenados, más allá de dificultarles el acceso a la suspensión de la ejecución de la pena o a la libertad condicional. De otro, una ulterior dificultad del sistema indemnizatorio basado en la responsabilidad civil del victimario se deriva de las dificultades que tienen las víctimas para poder ser razonablemente compensadas en un periodo de tiempo razonable.

5.2.3. Los sistemas públicos de indemnización

En defecto del resarcimiento por parte de los responsables penales del delito, a partir de los años 70 fueron desarrollándose en países anglosajones sistemas públicos de indemnización para las víctimas de delitos que, enmarcados en la construcción del estado asistencial, se edificaron sobre la base del deber de solidaridad del mismo para con las víctimas derivado del fracaso de las políticas criminales de prevención delictiva. Este tipo de esquemas se idearon y desarrollaron sobre todo para resarcir a las víctimas de delitos violentos, atendida la ausencia de capacidad del Estado de responder frente a cualquier daño producido por el delito, y con carácter subsidiario respecto del deber del victimario, lo que supone la activación de estos programas de indemnización cuando el responsable civil es declarado insolvente o bien cuando no ha podido efectuarse un pronunciamiento condenatorio.

La previsión de estos programas indemnizatorios públicos halló un importante revulsivo mediante la aprobación del Convenio del Consejo de Europa núm. 116 de 1983 sobre Indemnización a las Víctimas de Delitos Violentos. Dicho instrumento normativo constituyó la primera norma a nivel internacional que estableció para los Estados obligaciones como la de prever la indemnización por delitos violentos dolosos, que comprendiesen la causación de los resultados de muerte, lesiones graves y daños corporales, la de no supeditar la prestación de ayuda económica a las víctimas a aspectos como la detención, el procesamiento o la condena de los culpables, que la indemnización estatal fuese subsidiaria de la del infractor, que el Estado pudiese subrogarse en la acción de la víctima para repetir contra este, previendo además la posibilidad de denegar la ayuda a la víctima o de rebajar su importe si la misma había contribuido a la producción del hecho. La idea de la compensación a las víctimas, al margen de en el documento indicado, ha sido desarrollada también en otros convenios internacionales dedicados a la tutela de determinados grupos de víctimas; así respecto de las de la trata de seres humanos mediante el Convenio de Varsovia de 2005 (art. 15) o en relación con las mujeres que sufren violencia a través del Convenio de Estambul de 2011 (arts. 5 y 30).

Menos incisiva que el Consejo de Europa en la cuestión de la previsión de mecanismos de compensación pública ha sido la Unión Europea. En su seno, en relación con la normativa emanada en el Consejo de Europa, una muy posterior Directiva 2004/80/UE se limitó a establecer un mecanismo en virtud del cual se garantizaba un sistema transfronterizo de indemnizaciones para que la víctima de un Estado de la Unión que había sido victimizada en un país de la Unión distinto al de su residencia habitual fuese igualmente indemnizada al regresar a su lugar de residencia.

La Directiva 2012/29/UE, no abordando la cuestión de la indemnización a las víctimas, sí se refiere a la compensación en diversos momentos, aun cuando prácticamente circunscribiéndola al derecho a la compensación procedente del ofensor que tiene la víctima (art. 16).

En el ordenamiento interno español, el primer sistema público de indemnización que se delineó normativamente fue el correspondiente a las víctimas del terrorismo a través del Real Decreto de la Ley 3/1979, posteriormente actualizado mediante el Real Decreto 288/2003. Tales normas, junto con la Ley de Solidaridad con las Víctimas del Terrorismo de 1999 y la última de las grandes normas aprobadas para proteger a las víctimas del terrorismo, la Ley 29/2011, de 22 de septiembre, de Reconocimiento y Protección de las Víctimas del Terrorismo, configuran un sistema privilegiado, en lo que a los daños indemnizables a las víctimas de terrorismo se refiere, que incluye, junto a los corporales, en que el sistema ni siquiera es subsidiario de otros mecanismos indemnizatorios, ayudas al estudio y la indemnización por daños materiales, así como la asistencia psicológica.

Junto a este régimen indemnizatorio especial, también las víctimas de la violencia de género, atendiendo a las posibilidades indemnizatorias así como ayudas económicas contempladas en el título II de la LO 1/2004, en particular los derechos económicos contemplados en los artículos 27 (ayuda sociales) y 28 (acceso a la vivienda y residencias públicas para mayores) puede decirse que gozan de un régimen específico de reparación económica. Esto todavía en mayor medida tras declarar el Real Decreto-Ley 9/2018, de 3 de agosto, de Medidas Urgentes para el Desarrollo del Pacto de Estado contra la Violencia de Género, que la percepción de tales ayudas resulta compatible con la de las indemnizaciones públicas reconocidas para todas las víctimas de delitos violentos o con la de cualquier otra ayuda de carácter autonómico o local concedida por la situación de violencia de género.

Al margen de estos dos grupos de víctimas, el programa indemnizatorio público general para todas las víctimas de delitos violentos y contra la libertad sexual se instauró en España mediante la aprobación de la Ley 35/1995, de 11 de diciembre, de Ayudas y Asistencia a las Víctimas de Delitos Violentos y contra la Libertad Sexual, que dedica la mayor parte de su articulado (capítulo I: Ayudas Públicas) a la regulación de tal cuestión, con ulterior desarrollo de dicho programa de ayudas públicas mediante la aprobación del Real Decreto 738/1997. Se trata de un mecanismo de compensación subsidiario cuya activación requiere que las víctimas muestren que no han podido obtener compensación del victimario.

En cuanto a los beneficiarios de las ayudas, esta norma establece que lo son las víctimas directas e indirectas de delitos dolosos o contra la libertad sexual con resultado de muerte, daños corporales graves o daños graves en la salud física o mental, aun cuando debe tratarse de ciudadanos españoles o de la UE o al menos de personas que tengan residencia habitual en España o de nacionales de otro Estado que reconozca ayudas similares a los españoles en su territorio (art. 2 Ley 35/1995). En tanto que víctimas indirectas que pueden percibir estas ayudas, la ley incluye al cónyuge o conviviente con relación análoga a la matrimonial con la persona fallecida al menos durante los dos años anteriores al fallecimiento, salvo que tuviesen descendientes comunes, en cuyo caso basta la simple convivencia, y a los hijos del fallecido que dependan económicamente del mismo o los hijos del cónyuge o conviviente que estén en la misma situación y, en defecto de estos familiares, a los padres del fallecido si dependen económicamente de este. Debe tratarse de delitos que se hayan cometido en territorio del Estado español, lo que dificulta el reconocimiento de la indemnización a víctimas que lo son de delitos transnacionales, sobre todo si ni siquiera tienen residencia habitual en nuestro país.

La cuantía de las ayudas se determina en función del resultado causado, según haya habido muerte o lesiones, sin que puedan superar la cantidad fijada en sentencia en concepto de responsabilidad civil derivada del delito y sin que en ningún caso puedan superar las 120 mensualidades de salario mínimo interprofesional en caso de fallecimiento o un máximo de 130 meses según el grado de invalidez de las lesiones invalidantes (40 mensualidades máximo si se causa incapacidad permanente parcial, 60 meses si es incapacidad permanente total, 90 meses si es incapacidad permanente absoluta y 130 meses en los casos de gran invalidez), así como el doble del salario mínimo interprofesional diario vigente en el momento del delito durante el tiempo en que la víctima se halle en la situación si se provoca incapacidad temporal (art. 6).

La norma contempla ayudas para gastos funerarios, así como el pago de los gastos del tratamiento terapéutico libremente escogido, con un máximo de 5 mensualidades del salario mínimo interprofesional, en el caso de daños derivados de delitos contra la libertad sexual. Solo determinados daños corporales pueden ser compensados por esta norma, no así otros daños materiales ni, por supuesto, los daños morales o inmateriales.

La disposición establece la incompatibilidad de la percepción de tales ayudas con la de la responsabilidad civil derivada del delito, e incluso con indemnizaciones procedentes de seguros privados, según los casos, o del sistema público de salud (art. 5). Dispone que por regla general la percepción de tales ayudas está condicionada al dictado de una sentencia condenatoria firme, aunque admite la posibilidad de que se concedan ayudas provisionales, que pueden llegar al 80% del importe máximo legal si se acredita la precaria situación económica de la víctima o los beneficiarios (art. 10). Finalmente contempla la posibilidad de reducir o denegar el importe de las ayudas por razones de equidad u orden público (art. 3).

Con carácter posterior al sistema de indemnización pública que arbitra esta norma, poco se ha avanzado en la previsión de un programa público de indemnización. Al respecto, la Ley 4/2015 se limita a indicar, en su artículo 5, que las víctimas tienen derecho a que se las informe de su derecho a recibir una compensación y en su artículo 28 que las OAV son las encargadas de proveer la referida información. Poco más añade el Real Decreto 1109/2015, que se limita a designar a las OAV como autoridades de asistencia a efectos de indemnizaciones transfronterizas y al Ministerio del Interior como tal autoridad en dichos supuestos para víctimas del terrorismo, cumpliendo la designación de autoridades exigida por la Directiva 2004/80/UE.

5.2.4. El decomiso y la indemnización a las víctimas

Dadas las dificultades señaladas para que la víctima sea económicamente reparada por el victimario, y las limitaciones de los esquemas públicos de compensación, ceñidos al padecimiento de delitos violentos y arbitrables con carácter subsidiario a la compensación por parte del victimario, en los últimos años se está consolidando lo que podría considerarse una tercera vía compensatoria, entre la privada y la pública, en el sentido de que procede del victimario pero no directamente orientada a la víctima de su concreto delito. Se trata de la posibilidad de destinar los bienes y ganancias procedentes del delito confiscadas al victimario para compensar a las víctimas, generalmente mediante la dotación de un fondo de compensación. Constituye esta una opción factible de compensación habida cuenta de las ingentes ganancias y efectos confiscables que pueden producir determinadas formas de delincuencia económica y organizada transnacional.

Al fondo de compensación para las víctimas a nutrir mediante bienes decomisados a los ofensores en garantía de la compensación debida a las víctimas se refería ya el artículo 15 de la Convención de Varsovia en materia de trata de seres humanos de 2005. Precisamente se considera que una de las herramientas más poderosas para luchar contra la delincuencia organizada transnacional consiste en privar a los delincuentes de los beneficios obtenidos por los delitos cometidos, lo que, a la vez, puede constituir una potente herramienta para garantizar la compensación económica a las víctimas de delitos.

Diferentes instrumentos internacionales han abordado la cuestión de la confiscación de instrumentos y productos procedentes del delito. Entre ellos, uno de los más relevantes y que más afecta al Estado español es la Directiva 2014/42/UE sobre el Embargo y el Decomiso de los Instrumentos y del Producto del Delito en la Unión Europea.

La referida norma obliga a los Estados miembros a adoptar medidas para que en ciertos delitos organizados transnacionales incluidos en la propia Directiva sea posible la confiscación de instrumentos y productos del delito o decomiso sin sentencia (por ausencia o por enfermedad o fuga del sospechoso o acusado), el decomiso ampliado (decomiso ampliado de bienes pertenecientes al condenado por una infracción penal que directa o indirectamente pueda dar lugar a una ventaja económica cuando el órgano judicial haya resuelto, considerando las circunstancias del caso, que el bien de que se trata procede de actividades delictivas) así como el decomiso de bienes de terceros cuando los receptores de dichos productos o bienes transmitidos o adquiridos de un sospechoso o acusado tuvieran o hubieran debido tener conocimiento de que el objetivo de la transferencia o adquisición era precisamente evitar el decomiso.

El Código Penal español ha previsto tradicionalmente la consecuencia accesoria de decomiso (art. 127 Código Penal), que en 2010 fue ampliada para incluir el decomiso ampliado solo a los supuestos de delincuencia organizada, pero que volvió a ser objeto de una relevante remodelación en 2015 para cumplir con lo dispuesto por la Directiva antes mencionada, esto es, para hacer posible, entre otros, el decomiso sin sentencia (art. 127 ter), el ampliado (art. 127 bis) y el de bienes de terceros (art. 127 quáter Código Penal) en el elenco de delitos contemplado en el artículo 127 bis Código Penal. Asimismo, la normativa procesal penal española fue modificada en 2015 para crear la Oficina de Recuperación y Gestión de Activos (ORGA), cuya estructura y funciones desarrolla el Real Decreto 948/2015, que le atribuye las funciones de localizar, recuperar, retener, gestionar y disponer de los bienes decomisados. Y se modificó además la Lecrim (arts. 803 ter e) y siguientes) para introducir un procedimiento de decomiso autónomo en virtud del cual el fiscal puede reservarse el ejercicio de la acción de decomiso de bienes, efectos y ganancias para ejercerla en este ulterior proceso si en el escrito de acusación se limita a solicitar el decomiso reservando expresamente a este proceso su determinación o cuando el autor del hecho enjuiciado no pueda serlo por fallecimiento o por hallarse en rebeldía o incapacidad para comparecer en juicio.

Con tales modificaciones, puede concluirse que el ordenamiento interno español contempla en la actualidad el decomiso como una sanción penal que puede constituir un relevante instrumento para compensar a las víctimas de delitos en general, con la limitación, sin embargo, de que el destino de los bienes decomisados es para el Estado (art. 367 bis y siguientes Lecrim).

Una vez que los bienes decomisados han sido realizados (vendidos si son de lícito comercio o destruidos en otro caso), aun cuando la mayor parte de beneficios vayan a las arcas públicas, parte de los mismos puede destinarse a la financiación de programas para el cuidado de las víctimas del delito y la promoción de servicios de oficinas de asistencia, apoyo a programas sociales orientados a la prevención del crimen y tratamiento de los ofensores, impulsar la adopción de medidas de prevención, investigación y persecución, así como a la cooperación internacional para combatir delitos severos.

Siendo ello así, nada impediría, a la vista de la normativa en vigor en materia de decomiso en nuestro país, que parte del producto de la realización de los bienes decomisados se empleara para dotar un fondo de resarcimiento a las víctimas de delitos semejante al ya existente desde 2003 en materia de tráfico de drogas (Fondo de bienes decomisados por tráfico ilícito de drogas y otros delitos relacionados).

5.2.5. *La justicia restaurativa como mecanismo reparador*

Hemos indicado al exponer las distintas manifestaciones de la reparación a la víctima como partiendo de un concepto integral de reparación la misma no puede limitarse a tener un contenido económico, sino que debe consistir, sobre todo, en la reparación inmaterial o moral del daño causado por el delito. Efectivamente, resulta instrumental a la consecución de un ideal reparador integral la implementación de mecanismos de justicia restaurativa, puesto que dicho concepto de reparación se liga con la consecución del derecho a la verdad, con la asunción de responsabilidad por parte del infractor o con la restauración de los vínculos sociales y la confianza.

Un ideal de justicia, como la restaurativa, que comprende un conjunto de prácticas que responden a la consecución de efectos como la restauración de las relaciones sociales, la pacificación y la respuesta no punitiva al conflicto, constituye una potente herramienta en punto a hacer efectiva esa idea de reparación integral. Junto a su significado respecto al derecho a la reparación, en tanto supone un replanteamiento de mecanismos a través de los cuales articular la prestación de justicia que requiere una intervención mucho más comprometida, y por ello más activa, tanto del victimario como de la víctima, la implementación de este tipo de mecanismos incide en el derecho a la participación de las víctimas en el proceso penal.

A) Concepto

El término anglosajón *restorative justice* fue originariamente empleado en los años 50 del pasado siglo por Albert Eglash, quien llamó la atención acerca de que dos de los mayores errores del sistema penal consistían en negar a la víctima una participación activa dentro del proceso penal y simplificar al máximo la participación en él del victimario, que no pasaba de tener un rol pasivo (Eglash, 1977). Según este autor, de los tres modelos de justicia que identificaba según la finalidad perseguida –la justicia retributiva, la distributiva y la restaurativa– solo el último era el que tenía como principal finalidad la restauración del daño causado a la víctima, ofreciendo una única oportunidad a todas las partes involucradas para reparar la relación, así como al infractor de reparar el daño causado.

También a Zehr (Zehr, 1985) se le ha atribuido la ideación de este paradigma de la justicia, entendido como contrapuesto al modelo retributivo propio del sistema de justicia penal tradicional.

A partir de estas iniciales aportaciones, surgió todo un movimiento doctrinal favorable a un cambio de paradigma en la aplicación de justicia basado en la implementación de fórmulas alternativas basadas en modelos restauradores uno de cuyos principales abanderados ha sido Braithwaite (Braithwaite, 1988).

Pese a la fuerza que el ideal reparador ha ganado en el diseño de las formas de arbitrar justicia en los últimos años, no es posible encontrar un concepto unívoco de justicia restaurativa. Mientras hay quien define el concepto poniendo el acento en la idea de proceso, hay quien incide en la idea del resultado que produce (Doolin, 2006-2007). En definitiva, el concepto de justicia restaurativa ha sido objeto de múltiples aproximaciones e intentos de definición propiciados por la multiplicidad de componentes que se supone debe tener todo proceso de resolución alternativa de conflictos, lo que lo convierte en un concepto internamente complejo (Johnstone y Van Ness, 2007).

En la actualidad se hace referencia a tres concepciones de la justicia restaurativa:

1. *Concepción de encuentro* (*encounter conception*): según la cual, más que permanecer pasivos mientras los profesionales se enfrentan al problema y deciden qué hacer con él, las víctimas, los infractores y aquellos otros que puedan verse afectados por algún delito o conducta inadecuada puedan encontrarse cara a cara en un ambiente favorable a su desarrollo de un papel activo en la discusión y en la toma de decisiones.
2. *Concepción reparativa:* considera que la actuación de la justicia requiere algo más que la causación de sufrimiento a los ofensores, de manera que, partiendo de un concepto de justicia más amplio que el tradicionalmente preconizado desde las filas de la justicia retributiva, demanda que el daño que el delito ha causado a las personas y las relaciones sea reparado.
3. *El concepto transformativo:* sugiere que el objetivo último que la justicia debe perseguir es la transformación de nuestras vidas. La justicia restaurativa se concibe como una senda que se debe transitar durante nuestra existencia. Para quienes lo proponen, entre los elementos esenciales que integran este tipo de proceso, resulta trascendente el rechazo de la asunción de que nosotros existimos en alguna suerte de orden jerárquico con otras personas, rechazándose la idea de que los humanos nos hallemos ontológicamente separados de otras personas de nuestro ambiente físico, llegando a defenderse la necesidad de abolir el "yo" tal como se entiende en la sociedad contemporánea, pasando a conceptuarnos a nosotros mismos como conectados e identificados con otros seres del exterior.

Pese a las dificultades intrínsecas a la caracterización de un concepto tan poliédrico como el de justicia restaurativa, aspectos como el de la reparación a las víctimas en sus múltiples acepciones, o el compromiso o capacitación *–empowerment–* para con las mismas constituyen elementos integrantes del mismo. Han sido las concepciones basadas en los resultados que deben obtenerse con la justicia restaurativa más que aquellas que la caracterizan como un proceso las que han puesto el acento en las consecuencias que dicho proceso debe producir, que fundamentalmente han venido identificándose con la restauración del daño tanto material como emocional causado por el delito. Pero en cualquier caso, el concepto de justicia restaurativa, por contraposición al de justicia retributiva frente al que surgió, implica la intervención de las partes afectadas, junto a la comunidad, en la resolución del conflicto que el delito genera, con el objetivo último de reparar el daño ocasionado por el mismo.

Así caracterizada, la implementación de mecanismos de justicia restaurativa, que en los casos en que se han efectuado evaluaciones se ha demostrado que generalmente satisface a sus usuarios, no se halla exenta de críticas. Se han destacado aspectos negativos tales como que las víctimas puedan ser instrumentalizadas o que sus intereses ocupen un lugar secundario en tales procesos, o que gana más en ellos el ofensor, o bien que pretende buscarse la humillación de este, que constituyen procesos que responden a una idea utópica de la justicia que no puede hacerse realidad o que pueden conducir a una privatización de la justicia penal.

Precisamente entre las limitaciones que se han predicado de la justicia restaurativa se encuentra la de afirmar que la misma solo puede constituir un mecanismo de resolución válido para delitos de escasa gravedad. Entre la ingente literatura existente sobre justicia restaurativa, constituye un lugar común plantear si la implementación de estos procesos cabe en cualquier tipo de criminalidad o debe quedar limitada a constituir una alternativa a casos de criminalidad bagatelaria (Barona Vilar, 2011). Pese a las prevenciones contra la aplicabilidad de tales mecanismos a supuestos de criminalidad media, los análisis existentes demuestran que justo su implementación en delitos violentos es donde más exitosa se está mostrando, tanto por lo que se refiere al grado de satisfacción de las víctimas cuanto a la reducción de la reincidencia (Sherman y Strang, 2007).

Uno de los ámbitos en los que más se ha contestado la oportunidad de acudir a mecanismos de justicia restaurativa es precisamente en los supuestos de violencia de género y familiar; sin embargo, pese a la prohibición en España de que se medie en tales supuestos, la monitorización de programas de justicia restaurativa en casos de violencia de género allí donde se ha efectuado y se admite normativamente su implementación ha resultado positiva (Drost *et al.*, 2015), además de que, pese a la prohibición normativa, la doctrina española es de cada vez más proclive al recurso a tales mecanismos también en estos supuestos (Carmena Castrillo, 2005; Larrauri Pijoan, 2007; Esquinas Valverde, 2008; Villacampa Estiarte, 2012; Vazquez-Portomeñe Seijas, 2013 o Fernández López, 2015, entre otros).

B) Principios informadores

Así caracterizados los procesos restaurativos, cabe enumerar como postulados de tales programas los relacionados a continuación (Highton, Álvarez y Gregorio, 1998; Tamarit, 2006b):

- El delito constituye fundamentalmente una ruptura de las relaciones humanas. Se considera el delito más por lo que supone de lesión o perjuicio de bienes de las personas y de la paz social que por suponer una infracción normativa.

- La realización del hecho delictivo crea una situación que produce riesgos, pero también oportunidades, para recomponer la situación que hubiera podido favorecer el delito y para reparar las consecuencias provocadas con él.
- Una intervención reparadora debe abordar sobre todo la atención a la víctima directa, sin descuidar a las víctimas secundarias. Brinda además la oportunidad de incidir sobre el ofensor para mejorar su comportamiento en comunidad.
- Constituyen principios de la respuesta reparadora la mínima coerción, la cooperación y el restablecimiento de relaciones humanas.
- La justicia reparadora persigue el favorecimiento de la asunción de responsabilidades.
- La participación de los interesados en estos procesos debe ser voluntaria.
- El proceso reparador debe ser conducido por un profesional que esté desvinculado del hecho y de las personas implicadas en el mismo, pero que tenga las habilidades que le permitan articular con ellas dicho proceso, en un contexto en que las partes sean capaces de mantener una comunicación que les permita hallar soluciones al conflicto.
- El acuerdo reparador que pone fin al proceso debe contener compromisos razonables, proporcionados y que no sean contrarios a la dignidad.
- Se requiere la implementación de mecanismos de seguimiento y responsabilización del cumplimiento del acuerdo.

En relación con tales postulados, se han desarrollado en distintos textos internacionales una serie de principios informadores que deben guiar los procesos restaurativos, especialmente desarrollados para los supuestos de mediación víctima-ofensor. Entre ellos se incluyen los principios de voluntariedad, gratuidad, oficialidad, participación activa de las partes, flexibilidad, confidencialidad y buena fe. En primer término, la Recomendación núm. 19 del Comité de Ministros del Consejo de Europa, de 15 de septiembre, de 1999, incluye como principios que los Estados deben tomar en consideración al desarrollar programas de mediación en materia penal aspectos tales como la confidencialidad, las garantías legales y asistenciales a las partes, la voluntariedad y la necesidad de una figura imparcial y formada que conduzca el proceso de mediación, es decir, el mediador.

Además de lo indicado, los Principios Básicos del Uso de Programas de Justicia Restaurativa en Materia penal fueron adoptados en el 2002 por el Consejo Económico y Social en las Naciones Unidas. La finalidad de dicho establecimiento consistió en informar y motivar a los Estados a adoptar y estandarizar medidas de justicia restaurativa en sus respectivos sistemas legales. Los principios básicos esenciales en este modelo de justicia se refieren a la salvaguarda de las siguientes garantías fundamentales:

- El derecho de consulta con un representante legal: la víctima y el delincuente deben tener el derecho de consultar con consejeros legales relacionados con el proceso restaurativo y, cuando sea necesario, a que se les traduzca y/o interprete.
- El derecho adicional de los menores de recibir ayuda de un padre o tutor.
- El derecho a estar completamente informados antes de acordar participar en procesos restaurativos: las partes deben tener información sobre sus derechos, la naturaleza del proceso y las posibles consecuencias de sus decisiones.
- El derecho a no participar: en el sentido de que la participación en dichos procesos debe ser voluntaria, por lo que ni la víctima ni el victimario pueden ser obligados o inducidos a participar en procesos restaurativos o a aceptar los resultados de los mismos. Resulta necesario, pues, que consientan en su intervención.

C) Mecanismos

Generalmente, la sistematización de los distintos instrumentos de justicia restaurativa sigue un esquema tripartito. Se incluyen entre estos los programas de mediación víctima-ofensor o *Victim-Offender Mediation* (VOM), las denominadas conferencias de grupos de familias, conferencias grupales o *Family Group Conferencing* (FGC) y los círculos de paz o *Cercles*, también conocidos como *Restorative Justice Circles*, *Peacemaking Circles*, *Restorative Justice Circles*, *Repair Harm Circles* o *Sentencing Circles*. A estos tres mecanismos de justicia restaurativa se añaden los denominados *Victim Impact Panels* (Paneles de Impacto a Víctimas), que constituyen una forma menos generalizada de actuar este tipo de justicia y que no suponen interacción entre la víctima y el ofensor, a diferencia de los procesos restaurativos a los que seguidamente se hará referencia. La dinámica propia de este tipo de paneles supone que las víctimas hablan de su experiencia y vivencias frente a personas que han realizado la misma clase de conductas que las han victimizado, frente a victimarios, pero que no son quienes han victimizado a esas concretas personas que exponen su experiencia y sentimientos en el concreto supuesto.

La VOM, también conocida como diálogo víctima ofensor, constituye el instrumento de actuación de procesos restaurativos más generalizado en Europa y, en general, más próximo a la cultura occidental. Generalmente implica la intervención de la víctima, del victimario y de uno o dos mediadores. Consiste en uno o varios encuentros entre las partes afectadas por un conflicto en que una persona neutral, independiente e imparcial (el mediador o facilitador) asiste a las partes en el proceso de entender las causas reales que propiciaron la producción de la infracción y a comprender las consecuencias de la misma para alcanzar un acuerdo que repare, material y simbólicamente, el daño causado. Lo habitual es que se realice directamente, en encuentros cara a cara de la víctima con el victimario junto al mediador. Sin embargo, en ocasiones puede adoptar la forma de mediación indirecta –*shuttle mediation*–, que se produce cuando se articula mediante una tercera persona que transmite la información entre víctima y victimario para evitar el encuentro directo entre ambos. Tal modelo de mediación se considera adecuado en aquellos supuestos en que quiere evitarse el contacto directo de la víctima con el ofensor y puede resultar indicado en casos donde resulta necesario contrarrestar situaciones de partida de desigualdad entre las partes, como se ha indicado puede suceder en los de violencia de género. Junto a la mediación indirecta, el empleo de las tecnologías de la información y la comunicación, propiciando encuentros *online* víctima-ofensor, también puede constituir un relevante mecanismo para evitar encuentros cara a cara. Con todo, incluso en los supuestos en que se adopta el formato de la mediación directa, con encuentros cara a cara víctima-ofensor, pueden hallarse presentes personas de apoyo de las partes.

El mecanismo del FGC fue originariamente empleado con éxito en casos de niños abusados que incluían violencia doméstica, aunque con carácter posterior se ha tomado consciencia acerca de su aplicabilidad a supuestos de violencia doméstica en los que no necesariamente deben hallarse implicados niños. Como sucede en muchos casos de mediación, se prepara a la víctima para su intervención en la conferencia, así como en la necesidad de convencer al ofensor acerca de la necesidad de reconocer su responsabilidad. La conferencia está conformada por la víctima, el ofensor y la familia y amigos de ambas partes, así como por representantes institucionales y de la comunidad. Generalmente en estas experiencias se permite que la familia elabore su propio plan reparador y con carácter posterior se plantea su aprobación por los representantes institucionales. El origen de este instrumento de la justicia restaurativa debe buscarse en las formas de justicia aplicadas por las comunidades aborígenes, sobre todo de Nueva Zelanda, Australia y Canadá (Pennell y Burford, 2000; Strang y Braithwaite, 2002), siendo empleado posteriormente en otros países de la comunidad anglosajona, aunque no se haya explorado en exceso su aplicabilidad en países europeos. Constituye un modelo que muchos partidarios de la aplicación de mecanismos de justicia restaurativa ven con buenos ojos porque facilita la participación de un universo mayor de personas afectadas por el delito al margen de la víctima y ofensor. En definitiva, porque el proceso se centra en la familia e intenta evolucionar desde las percepciones negativas y desde una aproximación centrada en la culpabilización hacia un modelo basado en la fuerza, porque la valoración y el respeto a los distintos intervinientes se fundamenta en prácticas e ideales culturales, porque se incentiva la participación de la familia y la comunidad y porque la comunidad es concebida como un apoyo de la familia.

Finalmente, los círculos de paz se diferencian de los FGC fundamentalmente en que el conjunto de personas que interviene en el encuentro es más extenso, pues incluye más miembros de la comunidad, aun cuando las fronteras entre este proceso restaurativo y las FCG se van desdibujando (Umbreit, Vos, Coates y Lightfoot, 2007). Generalmente, el proceso implica el empleo de un objeto que va pasando de un interviniente a otro (una suerte de testigo) y que autoriza a quien lo posee a hablar con total libertad, Normalmente, víctima, victimario e integrantes del sistema de justicia penal intervienen en el proceso. Se trata de un mecanismo, basado en procesos restaurativos tradicionales implementados por tribus nativas de Norteamérica, que se emplea en aquellos casos en que la víctima acepta participar y el autor del delito admite su culpabilidad y muestra su voluntad de cambio. En ellos, el grupo decide qué sentencia debe dictarse y qué le corresponde hacer al victimario para reparar el daño producido a la víctima.

D) Regulación internacional y española

La implementación de mecanismos de justicia restaurativa ha gozado del apoyo de textos normativos internacionales que han impulsado tales prácticas y han instado a los Estados partes a activar programas restaurativos. En tal sentido, uno de los primeros documentos en el ámbito internacional, concretamente regional europeo, fue la ya mencionada Recomendación núm. 19 de 1999, limitada a la mediación. También entre los instrumentos jurídicos *soft law* pero a nivel global cabe recordar la aprobación por el ECOSOC en abril de 2002, impulsada por el décimo Congreso de Naciones Unidas de prevención del crimen y justicia penal, la Resolución 2002/12 sobre Principios Básicos para la Aplicación de Principios de Justicia Restaurativa en Materia Penal. Esta norma parte de la consideración favorable a este tipo de justicia, que concibe como una "respuesta evolutiva al delito que respeta la dignidad y la igualdad de todas las personas y que favorece el entendimiento y promueve la armonía social mediante la recuperación de las víctimas, los delincuentes y las comunidades".

Pese a que los hasta ahora referidos son instrumentos normativos *soft law*, en el ámbito regional europeo contamos ya con instrumentos normativos con fuerza ejecutiva que reconocen la necesidad de la implementación de esquemas de justicia restaurativa. En tal sentido, ya la Decisión Marco de 15 de marzo de 2001 imponía a los Estados miembros la obligación de introducir la mediación en el seno de sus respectivos procesos penales a más tardar en marzo de 2006. Mucho más decidido es el reconocimiento que la Directiva 2012/29/UE efectúa en su artículo 12 del derecho a garantías en el contexto de los servicios de justicia restaurativa. En el mismo se indica que los Estados deben adoptar medidas para proteger a la víctima contra la victimización secundaria o reiterada, la intimidación o las represalias cuando acude a servicios de justicia reparadora, indicando que dichas medidas deben garantizar que las víctimas que opten por estos programas tengan acceso a servicios de justicia reparadora seguros y competentes, estableciendo las condiciones mínimas que deben cumplirse al efecto. A lo que añade que los Estados miembros deben facilitar, cuando proceda, la derivación de los casos a los servicios de justicia reparadora, incluso estableciendo procedimientos u orientaciones sobre las condiciones de tal derivación.

En España no ha sido hasta la aprobación de la Ley 4/2015, a impulso de la necesaria transposición a este respecto de lo dispuesto en la Directiva 2012/29/UE, cuando se ha normado en materia de justicia restaurativa. La mediación penal ante y tras la sentencia tiene reconocimiento normativo en la justicia penal de menores en España desde que se aprobara la LO 5/2000, pero no ha sucedido algo semejante con la justicia penal de adultos hasta el año 2015. La única excepción al silencio normativo en materia de justicia restaurativa lo ha constituido hasta el año 2015 la prohibición legal de practicar mediación en casos de violencia de género incorporada al artículo 87 ter de la Ley Orgánica del Poder Judicial mediante la aprobación de la LO 1/2004. Dicho silencio legal, más allá de la prohibición mencionada, se explica por la falta de voluntad política en España para legislar en materia de justicia restaurativa. La introducción de la mediación así como la implementación de otros mecanismos de justicia restaurativa como complemento al proceso penal debería contemplarse en el marco de una reforma global del proceso penal que todavía no se ha llevado a cabo en nuestro país. Han existido dos propuestas de nueva ley procesal penal que no han llegado a ser aprobadas en los últimos años y que contenían regulaciones relativas a la mediación en materia penal, la primera la constituye el anteproyecto de Ley de Enjuiciamiento Criminal de 2011 y la segunda el borrador de Código Procesal Penal de 2013.

A falta de la tramitación parlamentaria de estos dos textos normativos, una incompleta regulación de la mediación –que no de otros mecanismos de justicia restaurativa– en España ha tenido que llegar de la mano del artículo 15 de la Ley 4/2015 para cumplir estrictamente con los dictados de la Directiva 2012/29/UE. Tanto es así que el contenido del artículo 15 de la Ley 4/2015 es muy semejante al homólogo de la Directiva 2012/29/UE, aun cuando se limite, lejos de lo que aquella hace, a los supuestos de mediación. Junto a esto, otro de los supuestos en que el precepto español se aparta de lo dispuesto en la Directiva es precisamente en exigir que la mediación no esté prohibida por la ley para el delito cometido, siendo en los supuestos de violencia de género en los únicos casos en que esto es así todavía en el ordenamiento español.

El artículo 15 de la Ley 4/2015, al referirse a los servicios de justicia restaurativa, reconoce por primera vez en nuestro ordenamiento jurídico la posible aplicación de mecanismos de justicia restaurativa en el proceso penal de adultos, aunque no determina los efectos que puede tener el acuerdo reparador en este. Según el precepto, las víctimas pueden acceder a los servicios de justicia restaurativa, en los términos que reglamentariamente se determinen, con la finalidad de obtener una adecuada reparación material y moral de los perjuicios derivados del delito, cuando se cumplan determinados requisitos, que son que:

a) El infractor haya reconocido los hechos esenciales de los que deriva su responsabilidad.

b) La víctima haya prestado su consentimiento, que puede revocar en cualquier momento, después de haber recibido información exhaustiva e imparcial sobre su contenido, sus posibles resultados y los procedimientos existentes para hacer efectivo su cumplimiento.

c) El infractor haya prestado su consentimiento, que también puede revocar en cualquier momento.

d) El procedimiento de mediación no entrañe un riesgo para la seguridad de la víctima, ni exista el peligro de que su desarrollo pueda causar nuevos perjuicios materiales o morales para la víctima.

e) No esté prohibida por la ley para el delito cometido.

Se recuerda en el precepto que los debates desarrollados dentro del procedimiento de mediación serán confidenciales y no podrán ser difundidos sin el consentimiento de ambas partes.

A diferencia de la Directiva, no se exige explícitamente en derecho español que el acuerdo alcanzado por las partes deba ser voluntario, pero ello puede deducirse tanto de la exigencia de que la intervención de las partes debe ser voluntaria como del hecho de que pueden retirar su consentimiento en cualquier momento.

La ley no dice más que lo indicado y remite el proceso de la mediación a desarrollo reglamentario, lo que ha sido ya objeto de insistentes críticas. Tal desarrollo se produce a través del Real Decreto 1109/2015 (arts 19 y 37), que atribuye a las OAV la función de informar a las víctimas de las medidas de justicia restaurativa, así como proponer al órgano judicial la aplicación de estos mecanismos cuando lo considere beneficioso para la víctima, debiendo realizar actuaciones de apoyo de los servicios de mediación extrajudicial, que no se indica qué son. No hay más regulación normativa de las condiciones de derivación de los casos a mediación, en que la propuesta deben efectuarla las oficinas de asistencia a las víctimas, sin que se determine normativamente el proceso.

Así, la regulación española de la implementación de procesos de justicia restaurativa continúa siendo claramente incompleta, puesto que se limita a indicar los requisitos que deben cumplirse para derivar los casos a mediación y quién debe hacerlo (las OAV). Más allá de estos extremos, no se dice nada del momento procesal en que puede procederse la derivación (si en instrucción, juicio oral o incluso en ejecución), del concreto procedimiento mediante el que aplicar un mecanismo alternativo de resolución de conflictos o de los instrumentos a que puede acudirse (se menciona específicamente solo a la mediación), de los efectos que produce el acuerdo restaurativo en el proceso penal, de cómo se controla el cumplimiento del acuerdo reparador o de cuáles deben ser las características del mediador (lego o profesional). Ni siquiera queda claro si la mediación se plantea como complementaria al proceso, como una manifestación de la mediación intraprocesal, o como una auténtica alternativa al mismo.

En definitiva, el legislador español parece no haber tomado todavía en serio la posibilidad de que la justicia restaurativa pueda constituir una excelente herramienta que complemente la aplicación retributiva de la justicia, de manera que sobrecarga a las OAV con obligaciones relativas al proceso de mediación –como derivar los casos– cuando en la mayor parte de países europeos quien deriva o propone la derivación es el Ministerio Público.

Y por si fuera poco, contra la opinión mayoritaria de los especialistas, se mantiene la prohibición legal de la mediación en supuestos de violencia de género incluso tras la aprobación del Pacto de Estado contra la violencia de género de 2017.

E) Implementación de programas de justicia restaurativa en España

Pese a la ausencia de reconocimiento legal a la aplicación de mecanismos de justicia restaurativa en España, este paradigma de la justicia comenzó a ser observado por algunos operadores jurídicos que impulsaron la implementación de proyectos piloto aplicando programas de mediación sin apoyo normativo. Las primeras experiencias en mediación se llevaron a cabo en la Comunidad Valenciana con menores a inicios de los 90. Con adultos, desde 1998 se viene desarrollando en Cataluña el Programa de Mediación y Reparación Penal en la Jurisdicción Ordinaria del Departamento de Justicia de la Generalitat, que constituyó el programa pionero en España con mayores de edad.

A partir de esa experiencia y de otras realizadas con drogodependientes en Madrid, comenzó en noviembre de 2005 a trabajarse en la puesta en funcionamiento de una experiencia piloto en mediación penal de adultos en el Juzgado Penal núm. 20 de Madrid que fue apoyada por el Consejo General del Poder Judicial (CGPJ). Desde ese momento, el CGPJ comenzó a extender esas experiencias piloto a otros órganos judiciales del país. El proyecto piloto representó que la mediación penal se extendiera a juzgados españoles más allá de Cataluña. Posteriormente, en 2007 se creó el Servicio de Mediación Penal en Barakaldo (País Vasco), que se extendió después a Bilbao y San Sebastián en 2008, momento a partir del cual los tres territorios históricos vascos tuvieron su servicio de mediación penal.

Pese a la ausencia de regulación normativa hasta momentos bien recientes al margen de la prohibición legal de implementación de la mediación en casos de violencia de género, a instancias de determinadas Administraciones autonómicas (sobre todo, Cataluña y el País Vasco) y del CGPJ en el resto del Estado, la implementación de la mediación penal se ha ido extendiendo en el territorio español, no así la de otros instrumentos de justicia restaurativa.

El CGPJ ha acabado firmando acuerdos con todas las comunidades autónomas para facilitar dicha activación. Originariamente dichos acuerdos fueron firmados con colegios de abogados u organizaciones asistenciales. Sin embargo, con el tiempo, la contraparte ha acabado siendo generalmente el mismo gobierno autonómico. La mayor parte de estos acuerdos, cuanto menos en su última versión, datan de 2015, aunque el firmado con la Comunidad de Madrid es de 2010 y el de Aragón de 2012.

Conforme a los datos con que contaba el CGPJ en 2009, fecha en que se produjo el último balance de situación sobre el particular del máximo órgano de gobierno judicial, el número de juzgados que hacían mediación penal con adultos era de 170 en todo el territorio del Estado. De ellos, el 48% se situaba en Cataluña, el 22% en el País Vasco y el 30% distribuidos sobre todo en Andalucía, Valencia, Castilla-León y Madrid. Más contemporáneamente, el número de juzgados en que se practica mediación penal con adultos, según datos del portal web del CGPJ, ha aumentado ligeramente. Ahora la practican un total de 176 juzgados y 15 audiencias provinciales. La mayoría de estos órganos judiciales siguen localizados en Cataluña (32), aunque no ya en una proporción tan desigual, puesto que el País Vasco y Andalucía cuentan cada uno de ellos con 30 órganos judiciales que tienen este tipo de programas, seguidos de Castilla-León (21), Valencia (16) o Aragón (12). Junto a esto, se constata la existencia de servicios de mediación penal intrajudicial en 26 provincias españolas.

En cuanto a datos sobre mediación penal, los primeros recogidos a nivel del territorio del Estado se remontan al balance efectuado por el CGPJ en 2009. En aquel momento constaba como se habían derivado a mediación en el territorio de todo el Estado 1.763 asuntos, al margen de los 909 expedientes en que se había mediado en Cataluña y los 393 del País Vasco. Los últimos datos estadísticos que se incluyen en el portal web del CGPJ (2015), en que se comparan datos de 2015 con los de 2014, confirman una disminución del 10% de asuntos derivados a mediación en uno y otro año (4.214 en 2014 frente a 3.804 en 2015) debido a la reducción de servicios a causa de la crisis económica. Sin embargo, las terminaciones de los procesos sin acuerdo quedaron reducidas a casi la mitad en 2015 (734 en 2014 frente a 390 en 2015), lo que debe identificarse como un éxito del sistema, puesto que el número de acuerdos alcanzado ronda el 80%.

La evolución positiva de la implementación de la justicia restaurativa en España pese al silencio legal se ha evidenciado no solo a través de la activación de programas de mediación, sino también mediante la adopción de protocolos para la mediación penal con adultos. Los primeros fueron aprobados por el pleno del CGPJ en 2010. En 2013 el CGPJ efectuó una guía que contenía el protocolo de derivación a mediación elaborado por el propio Consejo. En 2016, tras la aprobación de la Ley 4/2015, el CGPJ ha elaborado una segunda guía para la implantación de los servicios de mediación que contiene la referida guía junto a una versión actualizada del protocolo de derivación a mediación, sin entrar a protocolizar el posible recurso a otros instrumentos de justicia restaurativa.

El mencionado protocolo prevé que la derivación la realice el órgano judicial, aunque finalmente sea el mediador quien decida si esta es o no viable. El órgano debe decidir derivar mediante resolución motivada, debiendo rellenar una ficha de derivación con inclusión de unos datos mínimos sobre el caso. Cabe que la derivación se produzca en instrucción, en fase de juicio oral o incluso en ejecución de sentencia, admitiéndose en todos los delitos, salvo en los de violencia de género, siempre que el acusado no niegue su intervención en los hechos y cuando las partes lo consientan.

Recibida la derivación, el equipo de mediación contacta con las partes por teléfono para explicarles en qué consiste el proceso y hacer una primera sesión individual con cada parte. Si las partes consienten, firman el acta constitutiva de la mediación y comienza el proceso. El juez puede fijar un plazo estimado para la mediación, que debe ser flexible y puede ser ampliado. Si el proceso de mediación finaliza con acuerdo, el equipo de mediación redacta un acta de reparación, de manera que serán los abogados de las partes los que gestionen cómo se introduce el acuerdo en el proceso.

Si la mediación se hace en instrucción, habiendo derivado el instructor, y hay acuerdo restaurativo, puede suceder que se dicte sentencia de conformidad (con reducción de la pena por aplicación de la atenuante de reparación entre otras posibles) o incluso que el proceso se transforme en proceso penal por delito leve, en cuyo caso podría acabar sobreseído si así lo solicita el fiscal.

Si la mediación se hace en fase de enjuiciamiento, en cuyo caso deriva el órgano judicial competente para decidir al dictar auto resolviendo sobre la admisión de pruebas y señalando juicio oral, las partes pueden pedir al inicio del juicio que se dicte sentencia de conformidad cambiando sus respectivos escritos de acusación y defensa, de manera que el acuerdo puede conducir a una reducción de la pena por la eventual aplicación de circunstancias atenuantes y, cuando sea posible, a la suspensión de la ejecución de la pena de prisión. Además, el plan de reparación acordado se puede incorporar a la sentencia como forma de cumplir con la responsabilidad civil. Si la derivación se produce en ejecución, una vez dictada sentencia, el juez competente para decidir que haya derivado, en caso de acuerdo, deberá tenerlo en cuenta para acordar la suspensión, atendiendo a la relevancia que otorga al cumplimiento del acuerdo reparador el artículo 84 del Código Penal a efectos de acordar la suspensión para delincuentes no primarios.

F) Eficacia de los programas restaurativos

Pese a las dificultades con las que se enfrentan la implementación de programas de justicia restaurativa, parece que las ventajas anejas a la activación de estos programas superan los inconvenientes, lo que los puede convertir en más eficaces que el empleo de mecanismos de justicia penal tradicional, tanto en términos de satisfacción de los usuarios del sistema como en términos de disminución de la reincidencia. Así parece inferirse respecto de las diversas comprobaciones efectuadas en relación con la valoración que efectúan las víctimas de este tipo de procesos, que en general arrojan un resultado positivo. Las víctimas tienden a mostrar un mayor grado de satisfacción por su intervención en tales procesos basado en la mayor posibilidad de participación que los mismos les brindan en relación con la restitución financiera o material obtenida del ofensor (Sherman y Strang, 2007). En un metaanálisis sobre estudios de satisfacción en materia de justicia restaurativa efectuado en 2001 se concluyó que la participación en programas de este tipo incrementa con carácter general tanto el grado de satisfacción de las víctimas como de los ofensores (Latimer, Dowden y Muise, 2001). La literatura informa acerca de que las víctimas valoran que se les dé la oportunidad de hablar sobre su proceso de victimización (Umbreit, Coates y Vos, 2004), además de reducirse sentimientos como la ansiedad o el miedo y favorecer la recuperación de la autoestima (Wemmers y Van Camp, 2005; Angel *et al.*, 2014).

En términos de reducción de reincidencia estos programas tienen efectos positivos. Según Umbreit, Coates y Vos (2004), el índice de reincidencia de los autores que participan en programas de justicia restaurativa está en torno al 53%, frente al 63% de infractores que no lo hacen. Además, Sherman y Strang (2007) indican que los programas restaurativos son más efectivos en reducción de reincidencia en delitos violentos y graves que en delitos patrimoniales y otros de menor gravedad.

En España no ha resultado tan habitual como en otros países la evaluación de programas de justicia restaurativa. Sin embargo, se cuenta ya con algunos análisis metodológicamente consistentes que conviene traer a colación. La primera evaluación con usuarios de estos programas fue llevada a cabo en el País Vasco durante la primera década del siglo XXI (Varona Martínez, 2009). En 2008 se evaluó el programa de Barakaldo, dado el rápido incremento de derivaciones, acometiéndose posteriormente una evaluación de los cuatro servicios de mediación existentes en el País Vasco, entrevistándose a una muestra de 598 personas, de las que un 42% eran víctimas, un 40% infractores y un 18% con doble rol (víctima e infractor). Los resultados de la evaluación fueron en general favorables a la mediación, puesto que un 76% de los participantes afirmaron que recomendarían la participación en una mediación penal y un porcentaje similar consideró que se había alcanzado un resultado justo, afirmando un 58% que se habían sentido reparados, proclamando que repetirían un procedimiento de mediación, preferentemente directo.

Resultados positivos arrojó la evaluación del programa de mediación penal de adultos en Cataluña efectuado por Tamarit y Luque entre 2011 y 2012 (Tamarit y Luque, 2016). El estudio implicó a una muestra de 121 víctimas que pasaron por dicho programa entre septiembre de 2011 y diciembre de 2012, algunas de las cuales, además de rellenar un cuestionario, fueron telefónicamente entrevistadas. La valoración promedia del programa entre las víctimas fue elevada, puesto que alcanzó el 4,5 en una escala de 1 a 5. Lo que las víctimas valoraron en mayor medida fue ser escuchadas, tener la oportunidad de participar en un proceso relativo a un problema que les afectaba directamente o tener la ocasión de explicar sus sentimientos sobre el suceso al ofensor. El 75% de ellas afirmaron que recomendarían la intervención en un programa de mediación, objetivándose, además, la disminución de todos los sentimientos negativos por los que se preguntó a las víctimas tras su intervención en el proceso, lo que evidencia una reducción del estrés emocional tras pasar por el mismo.

Los profesionales del sistema de justicia penal valoran positivamente la implementación de procesos de mediación, incluso en los supuestos en que se hallan normativamente prohibidos por el derecho positivo español. Así se deduce del estudio cualitativo efectuado con profesionales que habían intervenido en procesos de mediación penal para elaborar el Libro Blanco sobre Mediación en 2010 en Cataluña (Martín, Cano y Dapena, 2010). También una visión positiva se confirma en el referido estudio sobre el programa vasco de mediación. Una visión favorable se observa en los estudios cualitativos con profesionales auspiciados por el CGPJ, el primero llevado a cabo con 30 profesionales –9 jueces y 21 fiscales– en 2009, y el segundo, en 2015, una vez aprobada la Ley del Estatuto de la Víctima del Delito, para preguntar a los jueces –48 profesionales– qué contenidos debería tener la formación que recibiesen en un futuro curso formativo sobre mediación. En ambos casos la visión esperanzada respecto de la activación de este tipo de programas contrastaba con la valoración negativa que les merecía la ausencia de regulación legal exhaustiva de tal posibilidad, lo que generaba inseguridad entre los profesionales y disparidad de criterios de actuación.

Preguntas de autoevaluación

1. ¿Dónde se regulan por primera vez en el ordenamiento interno español las funciones de las oficinas de asistencia a las víctimas de delitos?:
   - ☐ *a)* En la Directiva 2012/29/UE.
   - ☐ *b)* En la Ley 35/1995, de Ayudas y Asistencia a las Víctimas de Delitos Violentos y contra la Libertad Sexual.
   - ☐ *c)* En la LO 1/2004, de Protección Integral contra la Violencia de Género.
   - ☐ *d)* En la Ley 4/2015, del Estatuto de la Víctima del Delito.
   - ☐ *e)* En la LO 14/1994, de Protección a Testigos y Peritos en Causas Criminales.

2. ¿Qué aspectos integran normativamente la asistencia a las víctimas que deben prestar las OAV?:
   - ☐ *a)* La asistencia integral.
   - ☐ *b)* La asistencia espiritual.
   - ☐ *c)* La asistencia jurídica, psicológica y social.
   - ☐ *d)* La asistencia sanitaria.
   - ☐ *e)* La asistencia médica.

3. ¿Qué países en Europa optan por un modelo asistencial público?:
   - ☐ *a)* Bélgica y España.
   - ☐ *b)* Los países germánicos.
   - ☐ *c)* Los países europeos anglosajones.
   - ☐ *d)* Francia.
   - ☐ *e)* Algunos países de Europa del Este.

4. ¿Qué aspectos integran la responsabilidad civil derivada del delito según el artículo 110 del Código Penal?:

   - ☐ *a)* La indemnización de los perjuicios materiales y morales.
   - ☐ *b)* La posible imposición de obligaciones de dar y de hacer o de no hacer.
   - ☐ *c)* La restitución, la reparación del daño y la indemnización de perjuicios materiales y morales.
   - ☐ *d)* La indemnización a la víctima con cargo a un fondo nutrido con bienes decomisados.
   - ☐ *e)* La restitución de la cosa sustraída con abono de desperfectos.

5. ¿Cuál de los enumerados a continuación no constituye un mecanismo de justicia restaurativa?:

   - ☐ *a)* La reparación a la víctima.
   - ☐ *b)* La mediación víctima-ofensor.
   - ☐ *c)* Los círculos de paz.
   - ☐ *d)* Las conferencias de grupos de familia.
   - ☐ *e)* Los Paneles de Impacto a Víctimas.

6
Asistencia psicológica a las víctimas

Aquellas personas que han sufrido un acontecimiento traumático pueden superar las consecuencias psicológicas sin ayuda, pero otras personas, por diferentes razones, necesitan ayuda de un profesional para manejar su malestar y las diferentes dificultades que se pueden dar tras esta vivencia. Abordar el proceso de desvictimización y, con ello, hacer efectivo el reconocimiento del derecho a la asistencia victimal, supone necesariamente tratar el malestar psicológico que puede presentar la víctima. De ahí que, si en el capítulo 5 se ha abordado el reconocimiento normativo del derecho a la asistencia y su implementación en diversos programas, aquí se analiza la intervención psicológica en la asistencia a víctimas. Actualmente existen diferentes técnicas e intervenciones psicológicas eficaces para ofrecer herramientas a la víctima y que pueda manejar la sintomatología postraumática, así como diferentes procesos que pueden presentase tras la victimización. Aunque la mejora a nivel de sintomatología es determinante para que la persona deje de sentirse victimizada, es necesario abordar, tanto desde la intervención psicológica como desde otros enfoques, diferentes aspectos (p. ej., identidad tras la vivencia del acontecimiento traumático) que favorezcan el proceso de desvictimización.

En este capítulo se van a abordar los objetivos de la asistencia psicológica, las técnicas que se utilizan en la intervención psicológica con las víctimas, así como las características de las intervenciones psicológicas eficaces en las mismas (adultos y menores). Por último, se consideran los aspectos propios de grupos específicos.

6.1. Objetivos de la asistencia psicológica a las víctimas

Como se ha explicado en el capítulo 3, la exposición a un acontecimiento traumático no implica necesariamente una afectación clínica en la persona que ha sufrido. Sin embargo, algunas personas, por diferentes razones, sufren un impacto importante tras esta vivencia y conviene que reciban asistencia por parte de un profesional que facilite una evolución, lo más saludable posible, tras la experiencia traumática.

Aunque no existe un instrumento de evaluación exhaustivo para indicarnos a qué personas se les debiera sugerir una asistencia psicológica, se conocen determinados indicadores que señalarían la pertinencia de iniciar un trabajo psicológico. Así, Echeburúa (2004) señala los siguientes criterios para la búsqueda de ayuda profesional en víctimas de un suceso traumático:

- Reacciones psicológicas perturbadoras que duran más de mes y medio.
- Interferencia negativa y grave en el funcionamiento (p. ej., trabajo) de la persona.
- Sentimiento de no poder manejar las reacciones psicológicas que presenta.

Además, es importante recordar que, aunque estos criterios sirven para orientar a los profesionales de cara a indicar a la víctima el apoyo asistencial, es en último término la víctima quien valora la idoneidad o no de recibir este tipo de ayuda. De hecho, no es infrecuente encontrar personas que tras sufrir un acontecimiento traumático y aun presentando un importante malestar psicológico no pueden pedir ayuda. En algunas ocasiones, esta dificultad, para recibir asistencia psicológica o incluso cualquier otro tipo de ayuda, está relacionada con la propia sintomatología postraumática (p. ej., sentimiento de vergüenza en una víctima de violencia sexual).

En definitiva, la asistencia tanto en el ámbito psicológico como social y jurídico es un derecho de la víctima que garantiza atender sus necesidades, tal y como se ha explicado con detenimiento en el capítulo 4.

Principalmente esta atención se lleva a cabo en España, tal y como se ha recogido en el capítulo 5, mediante los diferentes servicios públicos de atención a las víctimas, los cuales tienen como objetivos: paliar los efectos de la victimización primaria; prevenir la revictimización, y minimizar la victimización secundaria.

Para cumplir estos objetivos los servicios de atención a víctimas llevan a cabo las siguientes actividades (Daza, 2015):

- Apoyar emocionalmente a la víctima.
- Orientar jurídica, psicológica y socialmente a la víctima.
- Acompañar a la víctima en el proceso judicial.
- Derivar a los profesionales que se considere oportuno.
- Colaborar con organismos e instituciones relacionadas con las víctimas.
- Facilitar, siempre que la víctima lo autorice, información sobre su situación.
- Ofrecer soluciones alternativas a la vía judicial si es posible.
- Gestionar las ayudas económicas.
- Participar en actividades de interés victimológico.
- Recibir formación y participar en investigaciones en materia victimológica.
- Realizar estudios sobre el trabajo realizado.
- Estrechar las relaciones con los servicios que atienden a las víctimas.

Principalmente, la asistencia psicológica a las víctimas se enmarca en el objetivo relacionado con paliar los efectos de la victimización primaria, es decir las consecuencias que se originan por la propia vivencia del acontecimiento. Así, el objetivo fundamental de la asistencia psicológica a las víctimas, tal y como se ha indicado en el capítulo 1, va a ser facilitar las herramientas necesarias para elaborar el daño generado por el acontecimiento, de tal manera que la víctima pueda, lo antes posible, continuar con su vida de la forma más saludable y funcional posible.

Por lo tanto, la víctima va a atravesar un proceso de elaboración del daño generado por la experiencia de victimización. Este proceso se ha denominado de diferentes modos (Varona, de la Cuesta, Mayordomo y Pérez, 2015) entre los que destacan: desvictimización, adaptación, superación, recuperación victimal, resiliencia o crecimiento postraumático y restauración.

Además del objetivo general citado con anterioridad, con el proceso de intervención psicológica a las víctimas, se va a pretender ofrecer técnicas de intervención psicológica para:

- Incrementar el repertorio de estrategias y herramientas que permitan a la víctima minimizar la presencia e intensidad de los síntomas postraumáticos más nucleares (intrusión, evitación, alteraciones de la alerta y la reactividad).
- Incrementar el repertorio de estrategias y herramientas que permitan a la víctima minimizar la presencia e intensidad de sintomatología ansiosa, depresiva, autolítica, alteraciones cognitivas y del estado del ánimo.
- Favorecer la autoestima de la víctima, así como el nivel de bienestar psicológico.
- Abordar otra sintomatología relacionada con el proceso de victimización.
- Mejorar las relaciones sociales, laborales, familiares e íntimas que hayan podido alterarse.

A lo largo de este capítulo se va a abordar la asistencia psicológica que reciben las víctimas tras haber pasado al menos un mes del acontecimiento traumático, en las que se trabajan los objetivos expuestos con anterioridad. Sin embargo, es importante señalar que previamente a esta asistencia, más a largo plazo, las víctimas pueden recibir intervenciones de apoyo psicológico más próximas al acontecimiento vivido. Estas intervenciones (Primeros Auxilios Psicológicos e Intervención en Crisis) se centran en diferentes momentos tras ocurrir el acontecimiento.

Los Primeros Auxilios Psicológicos (PAP) se llevan a cabo cuando, en las primeras horas tras sufrir el acontecimiento traumático, la persona entra en contacto con un profesional. Este tipo de intervenciones pueden llevarse a cabo por profesionales de salud mental o no (p. ej., policías, personal sanitario...) siempre que estén debidamente formados para ello. Esta intervención es breve y se centra en prevenir o mitigar los efectos psicológicos del impacto del trauma. Los objetivos principales que se abordan durante los PAP son: *a)* estabilizar emocionalmente a la persona; *b)* favorecer la conexión con las redes de apoyo social, y *c)* valorar la necesidad de derivarlo a un servicio de salud mental (Muñoz, Ausín y Pérez-Santos, 2007).

La Intervención en Crisis (IC) se lleva a cabo en el primer mes tras el acontecimiento traumático y la llevan a cabo profesionales de la salud mental. Es una intervención breve y se centra en el manejo de las primeras reacciones que presenta la persona tras el acontecimiento traumático. Los objetivos principales que se abordan durante la IC son:

- Aliviar el sufrimiento.
- Reducir los sentimientos de "anormalidad" o enfermedad.
- Evitar complicaciones.
- Adaptar a la persona a las nuevas condiciones.
- Prevenir trastornos como el TEPT.
- Facilitar la asistencia psicológica a medio plazo, en el caso de ser necesaria (Organización Panamericana de la Salud, 2002).

Así, tanto los PAP como la IC, aunque son intervenciones breves y focalizadas, representan una oportunidad para los diferentes profesionales que trabajan en el ámbito de la victimología de cara a mitigar el impacto del acontecimiento traumático. Además, un correcto abordaje de las reacciones postraumáticas durante estas intervenciones puede, en ocasiones, ser determinante para facilitar una adecuada evolución en la víctima o favorecer una posible asistencia psicológica posterior, en caso de ser necesaria. De hecho, estas intervenciones suelen ser relevantes para las víctimas, ya sea en un sentido positivo o negativo, puesto que es frecuente escuchar a las personas verbalizaciones del tipo: "menos mal que cuando fui a denunciar la agresión el policía me dijo que era normal que tuviese esa respuesta porque si no pensaría que me estaba volviendo loca", "me hubiese venido bien que alguno de los profesionales que me atendieron me informase de qué podía hacer cuando a la semana del atentado me sentía incapaz de salir a la calle".

6.2. Técnicas de intervención psicológica para abordar sintomatología postraumática con víctimas

A lo largo de la historia de la psicología se han utilizado multitud de técnicas de intervención, pero no todas ellas cuentan con un aval que garantice su eficacia para solventar la dificultad que tiene la persona. Lo cual no quiere decir que no puedan resultar de utilidad para algunas personas que solicitan asistencia psicológica, sino que no ha sido contrastado el valor que tienen mediante estudios científicos rigurosos. Aunque el profesional es en último caso quién decide las técnicas con las que va a abordar la problemática de su cliente, parece razonable abogar por aquellas técnicas que han demostrado su eficacia, mediante apoyo experimental, para tratar una conducta o situación. Por ello en el presente apartado se van a detallar las técnicas que han sido suficientemente validadas empíricamente para abordar cada uno de los posibles efectos psicológicos que puede presentar una persona que ha sufrido un acontecimiento traumático.

Una vez presentadas estas técnicas, se abordarán, en este mismo capítulo, las características de los programas de intervención desarrollados para diferentes grupos de población y dirigidos, principalmente, a un proceso de victimización concreto con un trastorno específico (p. ej., programa de intervención para víctimas de agresiones sexuales con TEPT). Cada uno de estos programas de intervención supondrá la utilización de las diferentes técnicas que han mostrado su eficacia. Siendo aplicadas de un modo protocolarizado, como por ejemplo el orden de aplicación de las técnicas dentro del programa de intervención.

Las técnicas que se describen a continuación han constatado su eficacia para abordar diferentes efectos postraumáticos, tanto a nivel conductual (p. ej., evitación), como afectivo (p. ej., ansiedad) y cognitivo (pensamientos intrusivos). Los cuáles se pueden presentar como síntoma aislado o como parte de alguno de los trastornos más frecuentes (p. ej., TEPT, TDM o trastornos de ansiedad).

6.2.1. *Técnicas para abordar la sintomatología postraumática básica (intrusión, evitación e hiperactivación)*

A) Psicoeducación

Es una técnica de intervención que consiste en ofrecer información a la persona que solicita asistencia psicológica sobre las conductas, pensamientos o emociones que presenta tras la vivencia del acontecimiento traumático. Con esta técnica se pretenden los siguientes objetivos: ofrecer información sobre el motivo por el cual se dan determinadas respuestas cuando se vive un acontecimiento traumático; "normalizar" las reacciones que presenta la víctima, y favorecer la adherencia a la asistencia psicológica.

La aplicación de esta técnica supone la facilitación, por parte del profesional a la víctima, de material (p. ej., libros, artículos, vídeos) de apoyo para tratar los aspectos sobre los que interesa ofrecer información. Además, esta información y difusión de material no se limita a la víctima, sino que se hace extensiva a otros miembros de la familia o amigos de esta. Así, la psicoeducación es una de las técnicas principales con las que el profesional trabaja para abordar las inquietudes que tiene la familia y en general el entorno más cercano a la víctima. Habitualmente estas inquietudes se centran, por un lado, en comprender el proceso de victimización de su familiar (p. ej., "¿Por qué desde la violación que sufrió mi hija está tan irritable?") y, por otro lado, en favorecer la ayuda que puedan prestar (p. ej., "Mi amigo no quiere hacer planes el fin de semana desde que sufrió el atentado, ¿qué puedo hacer para ayudarle?"). Evidentemente, la aplicación de esta técnica cobra una especial importancia en los casos en los que las víctimas son menores, puesto que los progenitores suelen angustiarse ante el conocimiento del acontecimiento traumático vivido por su hijo/a.

Generalmente la aplicación de esta técnica se lleva a cabo durante una sesión en las fases iniciales de la asistencia psicológica, pero puede ser necesario recurrir de nuevo a la aplicación de la psicoeducación si el profesional lo considera apropiado.

Además, hay que señalar que esta técnica se usa con frecuencia, dentro de la asistencia psicológica, para ofrecer información a la víctima sobre aspectos que le generan malestar, principalmente por desconocimiento y que suelen estar relacionados con el procedimiento jurídico (p. ej., "Cuando vaya al juicio, ¿voy a encontrarme con el agresor?").

Aunque pueda parecer una técnica básica, lo cierto es que en la práctica asistencial resulta de gran utilidad e incluso en ocasiones, cuando los recursos de la víctima son adecuados, es suficiente para aliviar el malestar que presenta. Evidentemente la psicoeducación no es eficaz para tratar la sintomatología postraumática pero la información sobre el proceso que está viviendo puede mejorar el nivel de malestar general de la persona. Así, si se es capaz de explicar a la víctima, por ejemplo, por qué se inquieta cuando se aproxima al lugar en el que la agredieron, no va a desaparecer la inquietud, pero sí se va a reducir la sensación de extrañeza que puede tener al presentar esa inquietud.

B) Control de la respiración

Las técnicas que persiguen controlar el nivel de activación son numerosas (p. ej., relajación diferencial, entrenamiento autógeno, respiración) y cada una de ellas presenta características diferentes que favorecen efectos a distintos niveles. Por lo tanto, cada una de estas técnicas tiene ventajas e inconvenientes que conviene conocer para seleccionar la que más pertinente pueda resultar para el caso. Sin embargo, parece que considerando los efectos que produce, así como las características de aprender la técnica (facilidad y rapidez) y las posibilidades de utilización que tiene, la técnica más indicada es el control de la respiración (Labrador, 2008). La respiración es una técnica de intervención muy sencilla y eficaz que tiene como objetivo aprender un patrón de respiración profunda y regular en la que se implique la musculatura diafragmática. Las inspiraciones profundas que llegan hasta el músculo diafragmático favorecen un incremento de la actividad parasimpática del Sistema Nervioso Central, por lo que se facilita un estado de relajación en el organismo. Por lo tanto, lo que se pretende enseñar a la persona con un alto nivel de activación es a controlar de forma voluntaria la forma de respirar.

Existen diferentes procedimientos para la aplicación de la técnica de respiración, pero generalmente con dos sesiones el paciente aprende el funcionamiento. Aunque es una técnica muy eficaz y ampliamente utilizada en el ámbito de la psicología, es importante destacar que la práctica de la técnica es fundamental tanto para consolidar el aprendizaje como para que sea eficaz.

C) Exposición

Es una técnica de intervención ampliamente utilizada en psicología, y en concreto en el ámbito de la victimología se utiliza para aquel que ha sufrido un trauma pueda dejar de evitar los estímulos relacionados con el acontecimiento traumático que le generan un importante nivel de malestar, así como para desactivar la aparición de diferentes síntomas intrusivos como pesadillas, imágenes o pensamientos recurrentes e involuntarios sobre el acontecimiento.

El procedimiento que se lleva a cabo durante la aplicación de esta técnica trata dificultar que la evitación (p. ej., no salir a la calle desde una agresión física) o el escape (p. ej., salir a la calle escuchando música, tras la agresión para poder mantenerse en la calle) se asocie a la ausencia de malestar. Así, durante la aplicación de la técnica, la víctima va a exponerse en vivo gradualmente, si los estímulos lo permiten (p. ej., salir a la calle), o por medio de la imaginación si no es posible en vivo (p. ej., imagen recurrente del agresor apuntando a la persona con un arma).

De forma resumida, el procedimiento de exposición supone los siguientes pasos (Echeburúa, de Corral y Ortiz, 2008):

a) Hacer una lista con las situaciones que evita de forma clara y precisa.
b) Ordenarlas según el nivel de dificultad que le supone enfrentarse a ellas.
c) Repetir la práctica de esta situación las veces necesarias hasta que la maneje sin dificultad.
d) Pasar a la siguiente situación de la lista.
e) Valorar los logros que va haciendo la persona.

El número de sesiones dedicadas a esta técnica es difícil de determinar porque va a depender de la cantidad de situaciones que se trabajen y del nivel de dificultad que suponga reducir el malestar que provocan.

Además, la tarea de exposición no se va a limitar al trabajo que el psicólogo lleve a cabo en consulta, sino que la persona va a tener que llevar a cabo las denominadas sesiones de autoexposición, entre cada sesión de asistencia psicológica. Esta práctica repetida, con y sin el profesional, es determinante para que la técnica resulte eficaz, facilitando que la víctima pueda habituarse a las respuestas fisiológicas de ansiedad cuando no evita o escapa del estímulo, así como sentirse más capacitada para el manejo de la situación donde aparece el estímulo.

En la actualidad se cuenta con diferentes modalidades de aplicación de esta técnica, como la utilización de realidad virtual, tanto con población adulta como con menores. Incluso, se han desarrollado programas de intervención específicos para víctimas de diferentes acontecimientos traumáticos, donde además de la técnica de exposición se incluyen otras técnicas para abordar los diferentes síntomas relacionados con el impacto del trauma (Alcántara, Castro, Martínez, Fernández y López-Soler, 2017).

Si bien es cierto que la técnica de exposición es una de las técnicas con más reconocimiento en el ámbito de la intervención con víctimas, es importante considerar que la aplicación de la misma supone, para algunas personas que solicitan ayuda, un rechazo inicial de esta, puesto que la exposición implica experimentar emociones que pueden suponer un alto grado de malestar. Por todo ello es importante que el profesional:

- Dedique el tiempo necesario a explicar a la víctima el mecanismo por el cual se entiende que la forma de acabar con el malestar de ciertos estímulos es precisamente exponiéndose a ellos.
- Muestre una actitud empática y respete los tiempos de la víctima para llevar a cabo la técnica, ya que es mejor avanzar despacio que generar una sensación de descontrol en la víctima.
- Felicite los avances durante la aplicación de la técnica, por pequeños que sean.

D) Reestructuración cognitiva

La técnica de reestructuración cognitiva se centra en abordar los aspectos cognitivos que influyen en las conductas y emociones de la víctima. Tal y como se ha descrito en el capítulo 3, las personas que sufren un acontecimiento traumático presentan con frecuencia alteraciones cognitivas negativas que son persistentes, pudiéndose presentar a diferentes niveles: *a)* sobre uno mismo (p. ej., nadie va a querer ser mi pareja si saben que sufrí una agresión sexual); *b)* sobre el mundo (p. ej., el mundo es un lugar peligroso), y *c)* sobre los demás (p. ej., no se puede confiar en nadie). Aunque esta alteración forma parte de los criterios diagnósticos del TEPT, no es exclusiva de este trastorno y además se puede presentar como sintomatología, aunque la víctima no presente claramente un trastorno. Por lo que, con frecuencia, las personas que han sufrido un acontecimiento y solicitan asistencia psicológica son entrenadas en esta técnica.

El objetivo fundamental de esta técnica es cuestionar las alteraciones cognitivas negativas que presenta la persona tras la vivencia del acontecimiento traumático. El procedimiento para trabajar las creencias irracionales está protocolarizado y tiene diferentes fases en las que se pretende:

- Favorecer la comprensión sobre la importancia que tienen las creencias irracionales en las dificultades emocionales y conductuales.
- Enseñar a la persona a detectar estas creencias.
- Cuestionar la veracidad de estas creencias mediante el denominado método hipotético deductivo.
- Fortalecer el hábito de cuestionarse y debatir las creencias.

Esta técnica de intervención suele suponer una parte importante de los programas de intervención que reciben las víctimas. En aquellos casos en los que se hace especialmente complicado abordar las cogniciones negativas mediante la reestructuración cognitiva, es necesario abordarlas desde otra técnica de intervención. Habitualmente, la técnica que se emplea en estos casos es el entrenamiento en autoinstrucciones, que esencialmente supone elaborar una serie de frases con la víctima para que después pueda repetírselas cuando aparecen las cogniciones negativas (p. ej., "me siento incapaz de salir a la calle por si me ocurre algo"; autoinstrucción: "he entrenado con la psicóloga esta situación y voy a ser capaz de hacerlo").

6.2.2. *Técnicas para abordar otra sintomatología postraumática*

A) Suspensión temporal

Esta técnica consiste en retirarse temporalmente de una situación en la que se pueden dar comportamientos que conviene reducir o eliminar. Se utiliza mientras la persona adquiere habilidades o estrategias para el mejor manejo de la situación. Por lo tanto, no consiste en que la persona se distancie de la situación problema definitivamente, sino solo de forma temporal hasta que pueda manejarlo mejor. En el área de la asistencia psicológica a víctimas se suele utilizar, junto con otras técnicas, para abordar la ira que implica comportamientos agresivos ya sean verbales o físicos dirigidos hacia personas u objetos.

El procedimiento de esta técnica supone los siguientes pasos:

- Identificar cuáles son las señales que aparecen en las situaciones donde se da la manifestación de la ira.
- Concretar los pasos a llevar a cabo cuando la persona se encuentra en estas situaciones. Incluyendo la actividad a desarrollar durante ese tiempo de retirada. Esta actividad debe ser consensuada entre la víctima y el profesional y, por lo tanto, pueden ser multitud de opciones. Sin embargo, habitualmente se utilizan técnicas de desactivación como puede ser la respiración.
- Informar, en los casos que se considere de utilidad, de la aplicación de esta técnica a las personas más próximas de cara a que no interrumpan, por desconocimiento, el procedimiento cuando se lleve a cabo.
- Profundizar en la causa de la ira y buscar opciones para su resolución.

Aunque esta técnica no pretende eliminar las expresiones de la ira, resulta de interés porque cuando la persona la aprende, siente que tiene más información sobre las situaciones en las que se da la ira, y, por lo tanto, supone una estrategia para manejarla mientras continúa sintiéndola. Además, supone que la persona no se exponga a una imagen de sí misma caracterizada por el descontrol.

B) Hipnosis

La hipnosis es una técnica que tiene como objetivo, mediante el uso deliberado de la sugestión, producir cambios significativos en los procesos psicológicos y somáticos (González Ordi, 2013).

Esta técnica se ha utilizado desde la Primera Guerra Mundial para abordar síntomas relacionados con la exposición a acontecimientos traumáticos, pero su utilización en el ámbito de la psicología clínica va más allá de esta aplicación, puesto que ha sido usada para manejar otras alteraciones como el dolor y la ansiedad. Además, se puede aplicar de forma aislada o como parte de un programa de intervención.

El tratamiento de la sintomatología postraumática mediante hipnosis, tiene los siguientes usos (Cardeña, Maldonado, Galdón y Spiegel, 1999): trabajar las memorias traumáticas y reinterpretar cognitivamente el acontecimiento traumático. Dentro del trabajo referido a las memorias traumáticas es especialmente relevante el uso de la hipnosis para el abordaje de los síntomas disociativos, puesto que la hipnosis puede facilitar que la persona aprenda técnicas para controlar la aparición involuntaria de estos síntomas, así como reestructurar el fenómeno disociativo con fines terapéuticos.

El proceso hipnótico, en la intervención psicológica, tiene diferentes fases con objetivos específicos a abordar en cada una de ellas (González Ordi, 2001), tal y como se señala a continuación:

- *Fase preinductiva:* preparación del contexto hipnótico atendiendo al planteamiento del proceso a seguir, abordando miedos o creencias erróneas, asegurando la colaboración de la persona y evaluando la capacidad de sugestión.
- *Fase de aplicación de las técnicas de inducción hipnótica:* modificación de variables de la persona con el fin de aumentar la receptividad de sugestiones específicas.
- *Fase de administración de sugestiones específicas:* modificación de respuestas cognitivo-subjetivas, psicofisiológicas o motoras pertinentes a los objetivos clínicos planteados.
- *Fase posthipnótica:* aprendizaje, mantenimiento y generalización de las respuestas provocadas por sugestión en consulta.

La aplicación del proceso hipnótico, desde un punto de vista científico, debe ser realizada por un profesional con formación específica en esta técnica y con suficiente experiencia en el área asistencial con víctimas, si la técnica se va a emplear para abordar sintomatología postraumática.

La hipnosis ha sido en ocasiones utilizada fuera del marco de la psicología y como "espectáculo" o parte de abordajes sin evidencia científica, lo que ha generado una importante confusión sobre la misma. Sin embargo, la eficacia de esta técnica ha sido constatada para el tratamiento de sintomatología postraumática y disociativa. Por lo tanto, la hipnosis bien utilizada por psicólogos o médicos presenta beneficios terapéuticos (González Ordi, 2018).

C) Búsqueda de seguridad para el TEPT con abuso de sustancias

Esta técnica supone un modo de asistencia para ayudar a las personas a mejorar, mediante la búsqueda de seguridad, la sintomatología postraumática, principalmente el TEPT, en personas que han vivido un acontecimiento traumático y que además presentan abuso o consumo de sustancias. El formato de aplicación es muy flexible puesto que puede se individual-grupal y en régimen ambulatorio-hospitalario-residencial.

Los principios de búsqueda de seguridad son:

- Lograr seguridad en las relaciones que mantiene la persona, en los pensamientos que tiene, así como en sus emociones y comportamientos.
- Intervenir tanto en la sintomatología de TEPT como en el abuso de sustancias.
- Trabajar el sistema de valores.
- Abordar aspectos relacionados con el área cognitiva, conductual e interpersonal.
- Atender otros aspectos como el cuidado personal.

6.2.3. Técnicas para abordar la mejora del funcionamiento global

A) Programación de actividades gratificantes

Es una técnica que suele formar parte de los programas de intervención con víctimas y que tiene como objetivo implicarlas en la realización de actividades gratificantes. Tras la vivencia del acontecimiento traumático, tal y como se ha indicado en el capítulo 3, la víctima puede presentar sintomatología depresiva, como disminución del interés o placer en las actividades o un estado de ánimo en el que predomina la tristeza. Además, es importante considerar que, en muchas ocasiones, la víctima solicita asistencia psicológica cuando han pasado muchos meses de la experiencia traumática e incluso años, y es posible que durante este tiempo la sintomatología depresiva se haya intensificado, llegando en ocasiones a presentar un déficit importante en la realización de actividades en general y gratificantes en particular. Por ello, va a ser necesario que el profesional aborde directamente esta situación, trabajando específicamente la calidad y cantidad de actividades gratificantes que realiza la persona.

El procedimiento para llevar a cabo esta técnica es sencillo, pero deben considerarse ciertos aspectos para que resulte eficaz. Estos hacen referencia a:

- Considerar que las actividades a realizar siempre deben ser seleccionadas por la víctima. El profesional va a guiar en la planificación de estas actividades, pero de ninguna manera juzgará en qué medida son más o menos gratificantes.
- Valorar el grado de dificultad que tiene cada una de las actividades que propone la persona, puesto que la planificación de estas va a depender tanto del nivel de gratificación como de la dificultad que le suponen. Así, iniciar la realización de actividades gratificantes con aquellas que tienen un nivel de gratificación alto pero que también suponen una dificultad importante de realización para la persona, podría dificultar el procedimiento.
- Considerar que el objetivo de la técnica es alcanzar el nivel la persona tenía, en relación a las actividades gratificantes, antes de la vivencia del trauma. Plantear llegar a niveles por encima de lo que previamente hacía la persona puede redundar en un fracaso de la técnica.

B) Entrenamiento en habilidades sociales

El entrenamiento en habilidades sociales es una técnica que se utiliza para aumentar la eficacia interpersonal y supone trabajar las siguientes dimensiones (Caballo, 1997):

1. Iniciar y mantener conversaciones.
2. Hablar en público.
3. Expresión de amor, agrado y afecto.
4. Defensa de los propios derechos.
5. Petición de favores.
6. Rechazar peticiones.
7. Hacer cumplidos.
8. Aceptar cumplidos.
9. Expresión de opiniones personales, incluido el desacuerdo.
10. Expresión justificada de molestia o enfado.

11. Disculparse o admitir ignorancia.
12. Petición de cambios en la conducta del otro.
13. Afrontamiento de las críticas.

Esta técnica es utilizada en aquellas personas que no han aprendido un repertorio de respuestas sociales o lo han hecho de forma inadecuada o cuando presentan autoevaluaciones negativas sobre la relación social (p. ej., "No soy capaz de irme de viaje porque no sé relacionarme"). Sin embargo, en el ámbito de la victimología se utiliza para mejorar el repertorio de respuestas sociales que se han visto deterioradas por importantes niveles de ansiedad, generalmente, por una experiencia aversiva relacionada con la interacción social (p. ej., acoso escolar). Aunque también los niveles elevados de ansiedad pueden generar una afectación del funcionamiento del individuo en el ámbito social (p. ej., relaciones con amigos, pareja, familiares, compañeros de trabajo).

Esta técnica es compleja de aplicar puesto que la aplicación del procedimiento en su totalidad supone abordar cuatro áreas que se van a tratar específicamente con técnicas diferentes, por lo que en definitiva el entrenamiento en habilidades sociales va a suponer el aprendizaje de diferentes técnicas. Las áreas mencionadas hacen referencia al entrenamiento propiamente en habilidades sociales, a la reducción de la ansiedad, a la reestructuración cognitiva y al entrenamiento en solución de problemas. Aunque este es el procedimiento utilizado para abordar la totalidad de las áreas, es importante considerar que en algunos casos puede no ser necesario aplicar todo el procedimiento si la víctima no presenta dificultades que deban abordarse mediante algunas de estas o ha sido previamente entrenada en la técnica.

El entrenamiento propiamente en habilidades sociales supone las siguientes etapas (Caballo e Irurtia, 2008):

- Construcción de un sistema de creencias que mantenga el respeto de los derechos de la propia víctima y de los demás.
- Comprensión de los diferentes estilos de comunicación (asertivo, inhibido y agresivo).
- Comprensión, mediante la reestructuración cognitiva, de la importancia que los pensamientos tienen en la conducta y emoción que se presentan en la relación social.
- Entrenamiento, mediante el ensayo conductual, de las respuestas socialmente adecuadas.

A continuación, se describe el entrenamiento en solución de problemas y en estilos de comunicación.

C) Solución de problemas

Esta técnica puede formar parte del entrenamiento en habilidades sociales, pero también puede formar parte de otras técnicas o incluso utilizarse de forma independiente.

Las personas que sufren un acontecimiento traumático, al margen de los efectos psicológicos que padezcan, tienen que adaptarse también a los diferentes cambios que se den tras esta situación. Esta realidad va a hacer que las víctimas tengan que solucionar problemas de diferente índole (p. ej., aceptar la incapacidad que le supone una lesión física que ha sufrido) y el afrontamiento más o menos efectivo de cada uno de los problemas va a redundar en el estado emocional que presenta la persona. Así, por ejemplo, si una víctima lleva a cabo una inadecuada solución de un problema como puede ser la dificultad para relacionarse tras la vivencia del acontecimiento traumático, esto puede favorecer el nivel de malestar posterior que se podría manifestar mediante la presencia de cualquier tipo de sintomatología (p. ej., depresiva).

El objetivo es ofrecer un procedimiento estandarizado que capacite a la persona para abordar un problema de una forma eficaz. Por lo tanto, no se trata de dar una solución concreta a un problema, sino de facilitar un aprendizaje para resolver problemas o tomar decisiones.

Mantenido este mismo objetivo, la técnica de solución de problemas ha tenido diferentes adaptaciones, incluso para ser aplicada en grupo. No obstante, cada una de las adaptaciones, aunque cuente con matices diferentes en el procedimiento, supone generalmente los siguientes pasos:

- Seleccionar el problema.
- Definir el problema.
- Generar soluciones alternativas.
- Toma de decisiones.
- Evaluación de los resultados.

La eficacia de la solución de problemas, tal y como ocurre en la mayoría de las técnicas presentadas en este capítulo, depende en gran medida de la práctica y de la realización de las tareas que proponga el profesional, por lo tanto, es imprescindible la implicación de la persona para adquirir el aprendizaje.

D) Estilos de comunicación

Los estilos de comunicación se abordan mediante el entrenamiento en habilidades de comunicación. Tal y como ocurre con la técnica de solución de problemas, este entrenamiento puede formar parte de la mejora en el área de las habilidades sociales, aunque en ocasiones puede utilizarse de manera independiente.

El objetivo fundamental es que la persona conozca la importancia que tiene la forma en la que nos comunicamos, así como entrenar el estilo de comunicación, tanto a nivel de comunicación verbal como no verbal, manteniendo el respeto hacia uno mismo, pero también hacia la persona con la que nos relacionamos.

Esta técnica, ampliamente utilizada en psicología, tiene una utilidad importante en el campo de la victimología para abordar estilos de comunicación que no son los más adecuados para mantener un adecuado nivel de bienestar. Estos estilos se denominan, estilo de comunicación inhibido y estilo de comunicación agresivo. El estilo de comunicación inhibido (p. ej., frente a la pregunta: "¿podrías acompañarme al juicio?", la pareja de la víctima le responde: "no puedo, me viene muy mal". Y la persona a pesar de la necesidad de ser acompañada por su pareja no le comenta nada más) se caracteriza porque los derechos de uno mismo no se mantienen, pero los del otro sí, generando un nivel de malestar importante porque de alguna manera la persona siente que sus derechos no se están tomando en consideración. Sin embargo, en el estilo de comunicación agresivo (p. ej., frente a la pregunta: "¿podrías acompañarme al juicio?", la pareja de la víctima le responde: "no puedo, me viene muy mal", y la persona contesta: "no sé de qué vas, ya puedes hacer lo que sea, pero tú vienes conmigo") ocurre justo lo contrario, la persona es capaz mediante la respuesta que da, de respetar sus derechos, pero no los del otro.

Ninguno de estos dos estilos es problemático en sí mismo, pero si se dan con mucha frecuencia y casi son la forma exclusiva de relacionarse de la persona, es cuando se va a hacer necesaria la modificación de estos.

Por lo tanto, lo que se va a pretender con el entrenamiento en estilos de comunicación, es que la víctima, en el mayor número de ocasiones posibles, presente un estilo de comunicación que mantenga sus derechos, pero también los de la persona con la que se relaciona. Este estilo de comunicación se denomina estilo asertivo (p. ej., frente a la pregunta: "¿podrías acompañarme al juicio?", la pareja de la víctima le responde: "no puedo, me viene muy mal", y la persona contesta: "ya, entiendo que es un esfuerzo para ti porque lo mismo llegas algo más tarde al trabajo, pero me gustaría que hicieses lo posible porque para mí es muy importante que me acompañes"). Aunque este estilo de comunicación es el más efectivo en relación con uno mismo y con los demás, no se pretende que la persona siempre mantenga este estilo porque puede ser complejo, sino que lo ponga en marcha en todas las ocasiones que sea posible y especialmente en las situaciones en las que actuar de otro modo pueda suponer malestar o dificultad en la relación con el otro.

Este entrenamiento se lleva a cabo, principalmente, mediante ejercicios de *role-playing* o modelado (aprendizaje mediante modelos que ejecutan la conducta). El propio entrenamiento del estilo asertivo es sencillo, pero es importante destacar que debe hacerse un trabajo previo, a nivel cognitivo y emocional, para que la ejecución del estilo asertivo no sea bloqueada por otros aspectos. Así, es frecuente que por ejemplo en víctimas de acoso escolar, este entrenamiento forme parte del final de la asistencia psicológica, cuando ya se han abordado otras técnicas, porque si no la persona aprende el estilo, pero verbaliza aspectos como "podría ser capaz de hacerlo asertivamente, pero me dan miedo las consecuencias que pueda tener".

E) Entrenamiento en inoculación de estrés

Este entrenamiento supone el aprendizaje de diferentes técnicas para manejar situaciones de estrés y sintomatología ansiosa. Las técnicas que, generalmente, se incluyen en este entrenamiento han sido descritas con anterioridad y específicamente son: técnicas de desactivación (como la respiración o la relajación muscular progresiva), entrenamiento en estilo de comunicación asertivo, parada de pensamiento, autoinstrucciones, reestructuración cognitiva y *role-playing.*

No se trata de una técnica de intervención específica, sino del conjunto de estas técnicas que han demostrado su eficacia para el tratamiento de la sintomatología ansiosa y el estrés. Tal y como puede suponer el lector, este entrenamiento es ampliamente utilizado en la asistencia psicológica con víctimas, tanto para abordar la sintomatología ansiosa como para manejar determinados estresores asociados o no al proceso de victimización.

Así, resulta una técnica especialmente interesante para abordar estresores "más cotidianos" cuando la víctima siente que le resulta complejo su manejo. Generalmente, esta dificultad no está tan asociada a los efectos psicológicos del acontecimiento traumático sino a cómo la víctima y su entorno manejan estos estresores cotidianos. Así, es frecuente que el proceso de victimización suponga una sobreprotección de la persona que, si bien es cierto que generalmente parte desde una función de cuidado emocional de la persona dañada, puede llegar a dificultar, si se mantiene en el tiempo, el funcionamiento de la persona.

Algunas de las verbalizaciones que la víctima puede referir y que ejemplifican esta situación son, por ejemplo: "desde que sufrí la situación de acoso en el trabajo, mi hermano me apoyó mucho porque me ayudaba con todo lo que me estresaba, aunque no tuviese que ver con la situación de acoso, pero creo que ahora necesito resolver yo misma las situaciones porque si no siempre me voy a sentir incapaz".

A modo de ejemplo se incluye el cuadro 6.1 en el que se indican cuáles de estas técnicas se utilizarían para los síntomas postraumáticos más frecuentes.

Las diferentes técnicas expuestas hasta el momento se estructuran para conformar lo que se denomina tratamiento psicológico, que se aplicará cuando la persona solicite asistencia. Aunque, en ocasiones, la víctima puede solicitar ayuda por presentar una dificultad muy concreta (p. ej., sintomatología ansiosa), y entonces se aplicará un tratamiento psicológico centrado exclusivamente en las técnicas de intervención eficaces para este fin. Lo más habitual es que se aplique un tratamiento psicológico que aborde más de una dificultad, y, por lo tanto, el tratamiento suponga la aplicación de técnicas diferentes de las descritas anteriormente.

CUADRO 6.1. *Técnicas de intervención para aplicar en función de los síntomas o conducta problema*

Síntoma o conducta problema	*Técnicas de intervención*
Alteraciones cognitivas negativas	Reestructuración cognitiva
Aumento de la activación	Técnicas para el control de la activación (respiración)
Culpa	Reestructuración cognitiva
Déficit de autoestima	– Reestructuración cognitiva – Habilidades sociales
Déficit en la comunicación	Estilos de comunicación
Déficit en la interacción social	Entrenamiento en habilidades sociales
Dificultades para la solución de problemas y toma de decisiones	Solución de problemas
Estado de ánimo deprimido	– Programación de actividades gratificantes – Reestructuración cognitiva
Evitación (cognitiva y conductual)	Exposición
Intrusión	Exposición
Ira	– Psicoeducación – Reestructuración cognitiva – Suspensión temporal – Solución de problemas

6.2.4. *Otras técnicas de intervención*

Las técnicas expuestas hasta el momento se centran en enfoques denominados cognitivos y cognitivo-conductuales. Estos enfoques cuentan con un apoyo experimental fuerte sobre su eficacia y por eso está claramente recomendada su aplicación para una parte importante de los trastornos que se pueden presentarse tras la vivencia de un acontecimiento traumático. Sin embargo, es importante destacar que existen otros enfoques, con técnicas específicas, que también cuentan con un buen apoyo experimental sobre su eficacia, aunque no sea tan fuerte como el apoyo experimental que ha obtenido el enfoque cognitivo y cognitivo-conductual.

La eficacia de cada uno de los enfoques se determina de forma específica para cada trastorno. A continuación, se presentan otros enfoques y técnicas que han mostrado eficacia para su aplicación, específicamente, en personas con TEPT, puesto que abordar la eficacia de los tratamientos para cada uno de los posibles trastornos que puede presentar una víctima excede el objetivo del presente capítulo. No obstante, si es de interés para el lector profundizar en este asunto, puede consultar en la web de la Sociedad de Psicología Clínica-División 12, la guía de tratamientos psicológicos con apoyo empírico para diferentes trastornos.

Los enfoques y técnicas que han demostrado eficacia para el TEPT, más allá del cognitivo y cognitivo-conductual centrado en el trauma son:

1. *Psicoterapia ecléctica breve*. Este enfoque supone la combinación de elementos de la terapia cognitivo-conductual y elementos del enfoque psicodinámico. Principalmente se centra en abordar emociones negativas que puede presentar la víctima como culpa y vergüenza. Además, concede una especial importancia a la relación terapéutica.
2. *Debriefing psicológico*. Esta técnica de intervención breve se suele desarrollar en una única sesión de 2 horas de duración, y se aplica en los primeros días tras la vivencia de un acontecimiento traumático y en formato grupal. Por lo que la población objeto de ella son víctimas de un mismo acontecimiento traumático (p. ej., secuestro de docentes en un centro escolar, atentados terroristas). Su objetivo es proporcionar, de forma estandarizada, un apoyo psicológico y emocional tras el acontecimiento, para prevenir la aparición de efectos psicológicos negativos. Ha tenido un buen reconocimiento en la intervención inmediata con víctimas y precisamente por ello se ha considerado incluir en este capítulo. Sin embargo, la evidencia sobre los niveles de eficacia de esta técnica pone de manifiesto que es cuestionable el efecto que produce, principalmente a medio y largo plazo. De hecho, se ha llegado a plantear que la aplicación de esta técnica puede interferir con los procesos de recuperación normales (Society of Clinical Psychology-Division 12 of the American Psychological Association, 2016).
   Las variables que pueden afectar a la eficacia del *debriefing* parecen estar relacionadas con la realización en una única sesión, la aplicación de la técnica sin considerar que posiblemente no toda la población puede beneficiarse de esta, y la aplicación de la técnica por profesionales con escasa formación y experiencia.
   Con todo esto, se puede señalar que las diferentes técnicas expuestas hasta el momento comparten, generalmente, los siguientes aspectos:

   – Deben ser aplicadas por profesionales formados y con práctica asistencial suficiente. Incluso, algunas técnicas (como la hipnosis) van a requerir un nivel de especialización importante por parte del profesional.

- Suponen una colaboración activa por parte de la persona que solicita la asistencia psicológica. Cobrando especial importancia, de cara a la eficacia de la técnica, la práctica mediante tareas (entre sesiones) que debe realizar la persona.
- Se aplican siguiendo un procedimiento estandarizado.
- Pueden aplicarse a menores, con los ajustes de procedimiento necesarios en función del nivel de desarrollo.

Además, es importante señalar que una parte de estas técnicas que se aplican durante la asistencia psicológica en consulta se utilizan también durante los PAP (principalmente técnicas de desactivación como la respiración) y la IC. En ocasiones, los procedimientos no son exactamente los descritos en este capítulo porque al tratarse de intervenciones breves y posiblemente puntuales se aplican procedimientos adaptados para este fin.

3. *Técnica de reprocesamiento por medio de movimientos oculares*. Esta técnica, más conocida por sus siglas, *EMDR,* tiene como objetivo activar la información que ha podido quedar bloqueada durante el procesamiento del acontecimiento traumático para poder elaborarla y que no se presente en forma de síntomas (p. ej., recuerdos intrusivos e involuntarios). La creación de esta técnica está estrechamente ligada con aspectos relacionados con acontecimientos traumáticos. Así las primeras aplicaciones de la misma se centran en la memoria traumática. Aunque esta técnica se ha aplicado en multitud de problemáticas (Marín, Guillén y Vergara, 2016), como disfunciones sexuales, problemas de la imagen corporal, trastorno de pánico, abordaje del dolor, ansiedad a hablar en público, trastornos de personalidad y trastorno dismórfico corporal, su aplicación fundamental ha estado relacionada con el TEPT. El procedimiento de la técnica consiste fundamentalmente en combinar, mediante un proceso estandarizado, movimientos oculares con el procesamiento cognitivo de los recuerdos traumáticos. Se estructura en las siguientes fases (Sosa y Capafóns, 2005):

- Elaboración de la historia clínica y preparación.
- Evaluación y medición para determinar la escena con la que se va a llevar la desensibilización, y detallando las imágenes, creencias y síntomas fisiológicos provocados por la escena.
- Desensibilización. Procedimiento estandarizado y detallado en el que principalmente se rememora la escena traumática mientras sigue con la mirada los movimientos de la mano del profesional, y posteriormente se realiza respiración. Este proceso se repite hasta que deja disminuye notablemente el malestar cuando rememora la escena traumática.

- Instauración de cogniciones positivas.
- Cierre.

Aunque es una técnica que ha recibido un importante nivel de atención tanto por parte de investigadores como de psicólogos clínicos, ha estado rodeada de un importante nivel de controversia. No obstante, en la actualidad, se puede afirmar que es una técnica que cuenta con el suficiente aval empírico como para afirmar que es eficaz para tratar los síntomas del TEPT. Ahora bien, queda por constatar la aportación concreta de esta técnica frente a técnicas con objetivos similares y con un amplio nivel de evidencia sobre su eficacia, como es la exposición.

4. *Terapia de exposición narrativa.* Pretende desarrollar con la persona que solicite ayuda una narrativa coherente en la que se contextualicen los acontecimientos traumáticos. Aunque inicialmente se desarrolló para aplicarse de forma individual, en la actualidad también se utiliza con frecuencia a nivel grupal como parte de programas de intervención psicosocial como el trabajo que se realiza con refugiados.
La técnica se desarrolla con un procedimiento específico (Schauer, Neuner y Elbert, 2011) que se centra en, al menos, 5 sesiones con los siguientes objetivos:

- *Sesión 1:* evaluación diagnóstica del estado emocional de la víctima y psicoeducación en relación con la sintomatología que presenta.
- *Sesión 2:* realización de una línea de vida en la que se recogen los eventos tanto positivos como negativos que la persona considera.
- *Sesión 3:* narración, desde el nacimiento hasta el primer acontecimiento traumático.
- *Sesión 4:* lectura de la narración elaborada la sesión anterior y narración de otros acontecimientos traumáticos si los hubiere. Este procedimiento se repite en función del número de acontecimientos traumáticos que presente la persona. Por lo que el procedimiento se puede alargar más de 5 sesiones.
- Sesión 5: lectura de la narración realizada durante todas las sesiones anteriores.

5. *Farmacología.* La primera opción de intervención para abordar los efectos psicológicos que pueden presentarse tras un acontecimiento traumático es la asistencia psicológica, pero algunas personas van a necesitar un apoyo farmacológico para el manejo de la sintomatología. En concreto, las siguientes circunstancias pueden indicar la necesidad de tratamiento farmacológico:

- Imposibilidad, por cualquier motivo, de recibir asistencia psicológica.
- Dificultad para la realización de las técnicas de intervención.

- Fracasos repetidos en la asistencia psicológica.
- Presencia de diferentes trastornos (p. ej., TEPT y TDM). Estos casos no se abordarían exclusivamente desde la farmacología sino en combinación con la asistencia psicológica.

La investigación ha puesto de manifiesto la eficacia de determinados fármacos para el abordaje de cierta sintomatología. De forma específica, se ha establecido que los fármacos centrados en la inhibición de la recaptación selectiva de la serotonina (ISRS) son eficaces para tratar los síntomas centrarles del TEPT y depresivos. Así, la sertralina, paroxetina, fluoxetina y venlafaxina son fármacos con eficacia demostrada para abordar estos síntomas (Stein, Ipser y Seedat, 2006), estando cada uno de ellos indicado específicamente para la reducción de ciertos síntomas. Por ejemplo, la sertralina fomenta la reducción de los síntomas de aumento de la activación, intrusión, evitación y explosiones de ira, mientras que la paroxetina se ha mostrado eficaz, además de para las conductas de evitación como la sertralina, para los síntomas disociativos y el insomnio (Sosa y Capafóns, 2005).
Por todo ello, cabe considerar que la farmacología puede resultar para algunas personas, un apoyo importante para el proceso de recuperación.

Además de las técnicas o enfoques que han mostrado ser eficaces para el TEPT, más allá del enfoque cognitivo-conductual, existen otras técnicas que si bien es cierto que no cuentan todavía con apoyo empírico son ampliamente utilizadas con personas que han sufrido un acontecimiento traumático y que solicitan ayuda, tanto para el TEPT como para otros trastornos. Algunas de estas técnicas tienen una complejidad baja, como por ejemplo la técnica de la silla vacía, y otras son más complejas tanto a nivel de justificación teórica como el propio procedimiento de aplicación, como por ejemplo la técnica de reescritura de imágenes. Ambas técnicas se describen a continuación.

A) La técnica de la silla vacía

Tiene como objetivo que la persona disponga de un espacio de exploración y expresión emocional que le permita resolver un conflicto. De forma específica, en el ámbito de la asistencia a la víctima, se utiliza con una doble finalidad. Por un lado, para facilitar un nuevo significado o sentido al acontecimiento traumático, lo que se conoce como resignificación, de cara a que la persona pueda ordenar la realidad vivida de una forma lo más tranquilizadora posible. Por otro lado, la técnica de la silla vacía puede utilizarse para resolver conflictos concretos con personas implicadas en el propio acontecimiento traumático o incluso con personas con las que la víctima se ha relacionado posteriormente (p. ej., profesionales sanitarios, familiares) y con las que siente que algo no está resuelto. En ambos casos, la técnica pretende ofrecer una oportunidad para que la persona no deje inconclusa una vivencia que le puede generar un importante malestar.

El procedimiento de la técnica consiste fundamentalmente en "sentar" en la silla vacía el aspecto a trabajar (p. ej., sentimiento de pérdida de nivel social por el cambio de trabajo realizado tras el acontecimiento traumático). De tal manera que en primer lugar la persona que solicita ayuda inicia un diálogo con ese aspecto para posteriormente ocupar el lugar del aspecto a trabajar y continuar con el diálogo. A través de este diálogo la persona escucha sus propias expectativas, miedos, creencias… y permite contemplar otros significados de la situación o facilitar un cierre de un asunto pendiente.

B) La técnica de reescritura de imágenes

El objetivo es que la persona genere imágenes que compitan con las imágenes intrusivas que presenta y que generalmente están asociadas a niveles de malestar. El procedimiento consistiría en crear, mediante ejercicios de imaginación, elementos positivos (imágenes) para incorporarlos a la imagen intrusiva (negativa) que presenta. Por lo tanto, mediante este procedimiento también se pretende alterar el mantenimiento de las emociones (p. ej., miedo, tristeza) vinculadas al malestar de la imagen intrusiva (Smucker y Dancu, 2005).

6.3. Otros aspectos a considerar en la intervención psicológica

Las diferentes técnicas o enfoques expuestos hasta el momento, con más o menos nivel de eficacia, han sido diseñadas y desarrolladas para facilitar la disminución de la sintomatología relacionada con la exposición a un acontecimiento traumático. Sin lugar a duda, la ausencia de estos síntomas va a facilitar que la víctima se recupere del impacto del trauma y por lo tanto llegue a un nivel de funcionamiento adecuado en las diferentes áreas de su vida.

Parece que el proceso de desvictimización puede ser más complejo que manejar únicamente la sintomatología, puesto que la vivencia de algunos acontecimientos traumáticos supone una fragmentación del individuo de tal magnitud que necesariamente debe abordarse en la asistencia para garantizar un adecuado proceso de desvictimización. Atender esta fragmentación puede suponer trabajar diferentes aspectos, más allá de los síntomas, pero estrechamente ligados a estos. A continuación, se señalan algunas aproximaciones que trabajan estos aspectos que parecen determinantes, aun cuando no cuentan con la evidencia científica suficiente para avalar su eficacia.

6.3.1. Sobre el proyecto de vida

El proyecto de vida de la persona hace referencia al abordaje asistencial que debe realizarse con las víctimas que sienten, aun cuando han conseguido disminuir el malestar que presentaban por la presencia de sintomatología, dificultades para construir un futuro.

Este trabajo se ha desarrollado mediante técnicas de establecimiento de metas, objetivos y actividades en las diferentes áreas de la vida de la persona (p. ej., meta: estar a gusto en mi trabajo; objetivo: responder en mi trabajo; actividades para el objetivo: planificar agenda, establecer relaciones con compañeros, asistir a las reuniones y participar en los eventos que organicen en mi departamento). Aunque esta es la propuesta de trabajo más habitual para ayudar a la persona a construir un proyecto de futuro, se pueden utilizar otras técnicas. Lo más importante es que la víctima sienta que el acontecimiento traumático no anula el derecho que tiene a desear alcanzar objetivos presentes y futuros.

6.3.2. Sobre la identidad

La identidad de las personas es la respuesta a la pregunta "¿quién soy yo?". Esta respuesta está determinada por la interpretación que se da la propia persona a sus características psicológicas y sociodemográficas. Su construcción está determinada por aspectos individuales y también sociales. La vivencia de un acontecimiento traumático puede transformar la estructura para entender quién es uno mismo, puesto que puede ser un hecho que defina a la propia persona y a su mundo. Esta situación no es en absoluto problemática, pero puede complicarse cuando la persona:

a) Se asocia a sí misma a imágenes de vulnerabilidad e indefensión.
b) Establece sistemas de relación basados en la dependencia, demanda de ayuda, compasión o queja.
c) Dificulta desarrollar otros aspectos de sí misma.

En los casos en los que la vivencia del acontecimiento pasa a ocupar gran parte de la vida del individuo, será necesario realizar un trabajo terapéutico para avanzar progresivamente en los siguientes escenarios (Pérez, 2006): vivir para el trauma, identidad de víctima, identidad de superviviente y viviente con un hecho traumático.

El trabajo de la identidad con las víctimas va a suponer analizar las diferentes identidades (antes y después del acontecimiento) para tomar decisiones en relación, por ejemplo, a las pérdidas de identidad que se han podido dar tras el trauma. Por lo tanto, se trata de un trabajo de aceptación e integración de las diferentes identidades que la persona ha ido acumulando en su trayectoria vital, sin necesidad de negar o engrandecer ninguna de ellas.

Este trabajo es complejo y supone tiempo abordarlo con la víctima. No siempre es necesario tratarlo, pero sí conviene revisar este asunto en personas que presenten dificultades, aun cuando han recibido asistencia psicológica, en el proceso de desvictimización.

6.3.3. *Sobre el perdón*

La vivencia de ciertos acontecimientos traumáticos puede suponer en ocasiones rabia e incluso resentimiento hacia el ofensor. Si bien es cierto que es razonable que la víctima permanezca en este resentimiento, los profesionales que asisten a víctimas deben estar preparados para acompañar a aquellas personas que se plantean manejar el resentimiento y explorar el perdón. Posiblemente la parte más importante de este trabajo terapéutico, el perdón, está precisamente en ser capaces de entender esta demanda de la víctima como un derecho y una concesión que no todas las víctimas quieren o pueden hacer.

El perdón supone necesariamente el reconocimiento del daño causado, arrepentimiento, compasión con la víctima y solicitud de indulgencia, así como algún tipo de reparación (Echeburúa, 2004). El trabajo del perdón durante la asistencia psicológica supone la aplicación de un programa estructurado en veinte pasos. Aproximadamente la mitad de este programa consiste en examinar la ofensa cometida, así como las emociones, cogniciones y comportamientos relacionados con esta. Y la segunda parte del programa aborda la fase de decisión de profundizar en el perdón y lo que esto implica (Mullet, 2012).

Aunque el abordaje del perdón se puede dar o no en la intervención con víctimas, lo que sí que parece necesario contemplar es el manejo del resentimiento tanto hacia agresor como hacia la propia persona que ha sufrido el acontecimiento. Este trabajo se llevará a cabo legitimando esas emociones negativas y en un segundo momento generando alternativas que permitan canalizar, de una forma más saludable, esa emoción de resentimiento.

6.3.4. *Sobre la resiliencia y bienestar*

Ambos aspectos, resiliencia y bienestar, se abordan desde el campo de la psicología positiva. Aunque tradicionalmente la asistencia psicológica, en general y en particular con víctimas, ha supuesto disminuir el malestar del individuo, cada vez la intervención está más dirigida a potenciar las fortalezas de la persona, especialmente la resiliencia y el bienestar son las que más interés están generando. De hecho, como se ha explicado en el capítulo 1, tratar estos aspectos puede favorecer el proceso de desvictimización. La propuesta desde la psicología positiva no pretende, de ninguna manera, invalidar el malestar que puede presentar una persona que sufre un acontecimiento traumático, sino favorecer respuestas (p. ej., mejorar la capacidad de disfrute) que han mostrado importantes beneficios para la persona.

Aunque se trata de un campo prometedor en el ámbito de la victimología que ya está arrojando buenos resultados, por ejemplo, en programas de intervención de bienestar dirigidos a víctimas de terrorismo (Marín, Hervás, Gómez-Gutiérrez, Crespo y Vázquez, 2018), es importante señalar que en ocasiones, son propuestas complejas de llevar a cabo por las dificultades que la víctima puede presentar para vincularse a intervenciones que abordan aspectos positivos. Cabe destacar que al margen de las técnicas descritas y desde cualquiera de los enfoques indicados, un aspecto que resulta esencial en la asistencia psicológica a las personas que han sufrido un acontecimiento traumático es la actitud del profesional que se hace cargo de esta asistencia. Si bien es cierto que este aspecto es muy importante en cualquiera de las áreas de la psicología, en la asistencia psicológica a víctimas resulta determinante que el profesional (con formación en psicología o psiquiatría) presente una serie de características que favorezcan la adherencia a la intervención, entre las que cabe destacar:

- Formación específica en asistencia psicológica a víctimas, tanto en tareas relacionadas con la evaluación como con la asistencia psicológica.
- Información sobre aspectos de otras áreas relacionadas con la victimología.
- Capacitación en diferentes habilidades profesionales como empatía, escucha activa, capacidad de contención, respeto y disposición para el trabajo en equipo.
- Formación sobre habilidades de autocuidado profesional.

En este apartado se han presentado las diferentes técnicas que han mostrado ser eficaces en la asistencia psicológica con víctimas o que son lo suficientemente representativas como para ser incluidas en este documento. Aunque evidentemente no son todas las que se utilizan y, además, posiblemente, en los próximos años la evidencia científica ofrecerá apoyo para la utilización de otras técnicas o metodologías, como, por ejemplo, la utilización de videojuegos para reducir sintomatología postraumática.

Hay que destacar que la información recogida hasta ahora hace referencia a lo hablado en el capítulo 4, "Derecho a la asistencia de la víctima psicológica y psiquiátrica". Sin embargo, cabe señalar que el mencionado derecho a la reparación, especialmente en lo referido a la justicia restaurativa puede favorecer y así lo ha constatado la investigación, como se ha plasmado en el capítulo 5, sobre el bienestar psicológico de la víctima.

6.4. Características de las intervenciones psicológicas eficaces en víctimas (adultos)

Las diferentes técnicas expuestas con anterioridad se utilizan cuando la persona solicita asistencia psicológica y se agrupan, habitualmente, en lo que se denominan intervenciones psicológicas.

Los programas de intervención psicológica comparten ciertas características, al margen del enfoque psicológico desde el que se intervenga con la persona. Una de estas características es que antes de iniciar la aplicación de las técnicas de intervención, se debe hacer un proceso de evaluación de la persona que demanda ayuda. Los principales objetivos de la evaluación psicológica, en el ámbito asistencial son:

- Describir de forma específica el problema por el que solicita ayuda la persona.
- Determinar los factores tanto interpersonales como ambientales presentes en el origen del problema. Y en el mantenimiento del mismo.
- Seleccionar las técnicas que se van a aplicar en función de los problemas especificados.
- Planificar el programa de intervención a llevar a cabo.
- Evaluar la efectividad del programa, mediante evaluaciones pre y post (antes y después de la aplicación del programa de intervención) y seguimientos en diferentes momentos (p. ej., al mes de finalizar la intervención y a los tres meses).

El proceso de evaluación psicológica puede implicar la aplicación de diferentes técnicas de evaluación. La herramienta principal para la evaluación psicológica de la víctima es la entrevista clínica. Actualmente se cuenta con entrevistas estructuradas específicas para determinados trastornos. Pero en la asistencia psicológica además de utilizar estas entrevistas estructuradas se aplican entrevistas semiestructuradas para recoger información general sobre el problema por el que la persona solicita ayuda.

Además, se suelen utilizar instrumentos específicos para valorar sintomatología o incluso la presencia de trastornos, que se denominan autoinformes. La selección de los autoinformes a utilizar debe ser rigurosa y verificando que cumplen determinados criterios de calidad (p. ej., contar con adecuadas propiedades psicométricas).

La variabilidad de autoinformes es inmensa y se han diseñado para la totalidad de la sintomatología que se ha citado en el capítulo 3 del presente documento. Así, se cuenta, por ejemplo, con autoinformes para valorar sintomatología depresiva y ansiosa, y para detectar alteraciones específicas como culpa, ira o déficit de autoestima. La cantidad de autoinformes de evaluación es de tal magnitud que para algunos de los aspectos relacionados con las consecuencias psicológicas tras la vivencia del acontecimiento traumático, se cuenta con más de cinco autoinformes. Por ello, es imprescindible que la selección de estos autoinformes la lleve a cabo un profesional lo suficientemente cualificado como para valorar las ventajas e inconvenientes de cada posible instrumento a utilizar.

También, se cuenta con autoinformes para la valoración específica de determinados trastornos como por ejemplo el TEPT. No obstante, es importante señalar que estos tienen escasa utilidad si se utilizan de forma aislada, especialmente los que tienen finalidad diagnóstica. Por ello es imprescindible que la información que se obtenga durante el proceso de evaluación se contraste mediante diferentes fuentes (p. ej., entrevista e instrumentos).

La gran mayoría de estos autoinformes se enfocan en lo que se conocen como instrumentos psicométricos (la información que ofrece la persona es objetiva y tipificada de una muestra). Además, algunos enfoques, como el psicodinámico, pueden incorporar otros instrumentos de evaluación que se denominan técnicas proyectivas y que pretenden estudiar, principalmente, la personalidad reflejando mecanismos mentales tanto defensivos como expresivos. Si bien es cierto que la entrevista clínica y los autoinformes son las técnicas de evaluación más utilizadas, se cuenta con otras técnicas que resultan de utilidad no solo durante el proceso de evaluación inicial sino también durante la intervención. Entre estas cabe destacar los autorregistros que, a nivel general, consisten en recoger información que la persona elabora siguiendo las pautas del profesional. Así, por ejemplo, se podrían registrar situaciones en la que se presenta sintomatología ansiosa o los pensamientos que preceden un estado de ánimo bajo.

Este proceso de evaluación puede suponer llevar a cabo hasta cuatro sesiones centradas exclusivamente en esta tarea. Aunque puede ser una tarea costosa, conviene señalar que es determinante ser riguroso con este procedimiento porque es fundamental, por un lado, para llevar a cabo un programa de intervención psicológico de calidad y, por otro lado, para poder realizar medidas de la evolución de los síntomas o trastornos que presenta la persona. De hecho, sin una adecuada evaluación es difícil determinar hasta qué punto la víctima ha mejorado. Además de este proceso de evaluación psicológica, que se centra en el ámbito asistencial, la víctima puede participar en procesos de evaluación forense, pero estos, aunque comparten con la evaluación asistencial el objetivo general, es decir, la exploración del estado mental de la persona, difieren en los objetivos específicos. Así, la evaluación en el ámbito forense pretende ayudar en la toma de decisiones judiciales. Por lo tanto, las técnicas de evaluación y el tiempo de dedicación a la aplicación de estas son diferentes al ámbito asistencial. Incluso, la formación del profesional que lleva a cabo cada uno de estos procesos de evaluación (asistencial o forense) es distinta, pues que están centrados en ámbitos de la evaluación psicológica diferentes aun cuando ambos intervienen con la víctima.

Otras de las características que comparten las intervenciones, además del proceso de evaluación y al margen del enfoque psicológico de la intervención son:

a) Ofrecer información a la víctima sobre el resultado de la evaluación.
b) Presentar los objetivos que se plantean en el programa de intervención.
c) Estructurar las sesiones de intervención con un tiempo determinado (entre 40 y 60 minutos).
d) Determinar previamente a la aplicación la modalidad de la intervención (individual o grupal).
e) Seguir las indicaciones del código deontológico del Colegio Oficial de Psicólogos.

Una vez finalizada la evaluación psicológica y si la persona que ha solicitado ayuda acepta iniciar un programa de intervención psicológica, se inicia la intervención.

Como se ha explicado a lo largo del capítulo, existen diferentes enfoques desde los que ayudar a las personas que han sufrido un acontecimiento traumático. Sin embargo, solo se prestará atención a las características de las intervenciones psicológicas que han demostrado su eficacia para abordar la problemática de las víctimas. Anteriormente ya se ha citado el concepto de eficacia en relación con las técnicas de intervención, pero a continuación se va a detallar más en profundidad este tema, de tal manera que el lector pueda conocer con más detalle el alcance del término intervención psicológica eficaz.

Cuando se desarrollan intervenciones psicológicas es necesario conocer la eficacia que estas tienen. Entendiendo por eficacia la capacidad que la intervención tiene para producir cambios que sean superiores a la no intervención con la persona, si recibe un placebo o en comparación con otras intervenciones. Para determinar esta eficacia es necesario que los estudios que la ponen a prueba cumplan los siguientes requisitos:

a) Grupos homogéneos de pacientes.
b) Definición de los criterios de inclusión y exclusión para participar en el estudio.
c) Incorporación de grupos control, placebo u otras intervenciones.
d) Asignación aleatoria de los participantes a cada grupo de tratamiento.
e) Técnicas de intervención aplicadas adecuadamente descritas en un manual.
f) Pacientes voluntarios.
g) Evaluación de resultados mediante medidas estandarizadas y con adecuadas propiedades psicométricas.

Los resultados de estos estudios se recogen en documentos que incluyen recomendaciones sobre la práctica asistencial. Diferentes organismos a nivel nacional (p. ej., Guía de Practica Clínica del Sistema Nacional de Salud en España) e internacional (p. ej., Society of Clinical Psychology de la APA en EE.UU. o el National Institute for Health and Clinical Excellence, NICE, en Inglaterra). También, existen organismos que se centran en recoger la evidencia sobre las intervenciones de un trastorno o grupo de trastornos como por ejemplo la International Society for Traumatic Stress Studies.

Todas estas guías cuentan con un sistema para clasificar la evidencia de las intervenciones que se evalúan mediante sistemas de clasificación. Aunque cada uno tiene un sistema específico son bastante similares y generalmente ofrecen información graduada sobre el apoyo experimental con el que cuenta la intervención. Por ejemplo, el sistema de clasificación de la Society of Clinical Psychology de la APA establece las siguientes valoraciones de las intervenciones:

- Con apoyo experimental fuerte, cuando existen tratamientos bien establecidos.
- Con apoyo experimental modesto, cuando existen tratamientos eficaces.
- Sin apoyo experimental.

Las características de los tratamientos bien establecidos y de los probablemente eficaces se incluyen en el cuadro 6.2. Además, esta clasificación permite indicar la denominación apoyo controvertido cuando los estudios ofrecen resultados contradictorios o cuando la justificación teórica de la intervención es incongruente con la evidencia que ofrece la propia intervención.

CUADRO 6.2. *Características de los tratamientos bien establecidos y probablemente eficaces*

Tratamientos bien establecidos	*Tratamientos probablemente eficaces*
1. Al menos dos diseños experimentales entre grupos que demuestren su eficacia en una o más de las siguientes formas: *a)* Superior (estadísticamente) a un grupo placebo (psicológico o farmacológico) o a otro tratamiento. *a)* Equivalente a un tratamiento ya establecido con un adecuado tamaño muestral ($N \geq 30$). 2. Una serie adecuada ($N \geq 9$) de diseños experimentales de caso único que demuestren su eficacia, los cuales: *a)* Empleen un buen diseño experimental. *b)* Y comparen la intervención con otro tratamiento, al igual que en el punto 1.A. Además de los criterios 1 y 2: 3. Los experimentos deben desarrollarse empleando tratamientos manualizados. 4. Las características de las muestras deben estar claramente especificadas. 5. Los efectos deben haber sido demostrados por al menos dos investigadores o dos equipos de investigación independientes.	1. Dos experimentos que muestren su superioridad (estadísticamente) con respecto a un grupo de control en lista de espera. 2. Uno o más experimentos según se determina para los tratamientos bien establecidos, siguiendo los criterios 1.A. o 1.B., 3 y 4, excepto el 5. 3. Una serie pequeña de diseños experimentales de caso único ($N \geq 3$), que reúnan los mismos requerimientos que los diseños bien establecidos en los puntos 2.A. y 2.B.

Fuente: elaborado a partir de Chambless *et al.*, 1998.

Además de estos estudios sobre eficacia, en el campo de la asistencia psicológica también se desarrollan estudios para valorar la efectividad de la intervención, entendida como la validez de las intervenciones en entornos naturales como por ejemplo un hospital o centro de salud. Y en menor medida se hacen valoraciones del nivel de eficiencia de la intervención, entendida como el coste tanto económico como de recursos que supone aplicar la intervención.

Con todo ello, se puede concluir que la característica fundamental de las intervenciones eficaces en víctimas es que cuentan con un aval sobre su capacidad para producir cambios. No obstante, es importante recordar que la propia intervención no es la única característica para garantizar su eficacia, ya que, por ejemplo, aplicar una intervención que ha mostrado ser eficaz por un profesional sin el suficiente entrenamiento en esta puede resultar poco exitoso.

Además de este aval sobre el nivel de eficacia, estas intervenciones para víctimas adultas cuentan con otras características que se detallan a continuación.

6.4.1. En relación con los objetivos de las intervenciones

La mayoría de las intervenciones psicológicas eficaces para adultos abordan los efectos del trauma y pretenden ofrecer a la persona que solicita la asistencia herramientas para manejarlos y facilitar el proceso de desvictimización. Una parte importante de las intervenciones se centran en abordar, de forma específica, alguno de los síntomas o incluso trastornos que presentan las víctimas de un acontecimiento traumático en concreto. Así, se pueden encontrar intervenciones dirigidas, por ejemplo, a abordar el TEPT en víctimas de terrorismo o sintomatología depresiva en víctimas de violencia sexual.

Y otro grupo de intervenciones se centran en abordar diferentes problemáticas en una misma intervención dirigidas a un grupo específico de víctimas. Por ejemplo, planteando diferentes técnicas para tratar sintomatología depresiva y postraumática en víctimas de acoso laboral.

6.4.2. En relación con la estructura de las intervenciones

Las intervenciones suelen estructurarse en cinco bloques, cada uno con sus objetivos específicos, tal y como puede verse en el cuadro 6.3.

La totalidad de estos bloques forman parte de las intervenciones psicológicas eficaces. Aunque alguno de los objetivos que se pretenden, como llevar a cabo los seguimientos tras finalizar la intervención, en ocasiones no se realizan, generalmente, en las intervenciones psicológicas se plantean seguimientos a los 3, 6 y 9 meses tras finalizar la intervención con el fin de determinar si los cambios alcanzados se mantienen a lo largo del tiempo. Esta tarea es compleja puesto que los participantes no siempre están disponibles para continuar colaborando una vez que ha finalizado la intervención. Por ello, posiblemente una parte de las intervenciones que han puesto a prueba su eficacia realizan únicamente la evaluación postintervención, antes del mes de finalizar la intervención, pero luego no continúan valorando la estabilización de los cambios mediante los seguimientos.

CUADRO 6.3. *Estructura de las intervenciones*

Bloque de intervención	*Objetivos*
Acogida y evaluación	– Establecer una relación con la víctima, cálida y profesional que favorezca la alianza. – Aplicar entrevista y autoinformes para valorar el estado psicológico de la víctima.
Contextualización de la intervención	– Ofrecer información sobre la intervención a realizar (p. ej., número de sesiones). – Informar sobre las obligaciones de las dos partes (profesional y cliente) en relación con la intervención.
Aplicación	– Aplicar las diferentes técnicas de las que se compone la intervención.
Prevención de recaídas	– Facilitar las herramientas necesarias para que la persona pueda manejar situaciones de malestar o de no adecuado funcionamiento por las que solicitó ayuda.
Evaluación postintervención y seguimientos	– Aplicar los mismos instrumentos que en el bloque primero para establecer una comparación entre ambos resultados, una vez aplicada la intervención. – Planificar y llevar a cabo los seguimientos una vez finalizada la intervención.

6.4.3. En relación con el enfoque de la intervención

Tradicionalmente se han considerado que las intervenciones psicológicas con enfoque cognitivo-conductual centrado en el trauma son las que más han demostrado su eficacia para abordar los síntomas o trastornos que se pueden presentar tras la vivencia de un acontecimiento traumático. Sin embargo, tal y como se ha citado anteriormente para el TEPT, además del enfoque cognitivo-conductual, otros enfoques, como la psicoterapia ecléctica breve, se han mostrado eficaces.

Esta realidad no se ciñe exclusivamente al TEPT, puesto que en otros trastornos que tienen una alta prevalencia en víctimas de diferentes acontecimientos traumáticos como el TDM, existen intervenciones psicológicas eficaces que se llevan a cabo desde otros enfoques. Así, la terapia interpersonal y la terapia centrada en solución de problemas han obtenido un apoyo experimental al mismo nivel que las del enfoque cognitivo-conductual para abordar la depresión.

Por lo tanto, se puede afirmar que en los últimos años la evidencia sobre la eficacia de las intervenciones psicológicas con víctimas de diferentes acontecimientos traumáticos pone de manifiesto la diversidad de enfoques que se han mostrado eficaces para abordar algunos de los síntomas o trastornos que se pueden presentar tras la vivencia de un acontecimiento traumático.

Además, es importante señalar que la intervención farmacológica no está recomendada como primera elección en las personas que sufren un acontecimiento traumático, salvo que la persona se niegue a recibir tratamiento psicológico o que este no haya sido eficaz.

6.4.4. *En relación con la aplicación de las técnicas*

Las diferentes técnicas que se aplican en la intervención corresponden con la sintomatología que se esté abordando. Así, por ejemplo, si se va a intervenir en el estado de ánimo deprimido, desde el enfoque cognitivo-conductual, se aplicará, además de psicoeducación, las técnicas de reestructuración cognitiva y planificación de actividades gratificantes.

Generalmente las técnicas en el enfoque cognitivo-conductual se aplican tomando en consideración el siguiente esquema:

- Aplicar técnicas que favorezcan la alianza entre el profesional y la persona que solicita ayuda.
- Aplicar las técnicas que se han considerado para abordar la sintomatología o trastorno en el siguiente orden: psicoeducación, técnicas de desactivación, exposición, reestructuración cognitiva y estilos de comunicación.

Esta es una propuesta general que se aplica en la mayoría de las intervenciones, pero en algunas no va a ser necesario aplicar ciertas técnicas (p. ej., si la persona no presenta evitación posiblemente no sería necesario aplicar la técnica de exposición). Además, y aunque la propuesta de intervención psicológica nos indique el orden en el que se apliquen las técnicas, siempre se deben considerar las características individuales porque si no la intervención se aplicará con rigurosidad, pero posiblemente no resulte eficaz.

6.4.5. *En relación con las sesiones*

El número de sesiones de las intervenciones psicológicas eficaces suelen oscilar entre 10 y 15, sin considerar las sesiones previas de evaluación ni los seguimientos.

La duración está entre 50-70 minutos, con una periodicidad semanal, y generalmente implican la realización de tareas por parte de la víctima entre una sesión y otra. Aunque si se trata de intervenciones eficaces en grupo, la duración media es de 90 minutos.

Cada sesión se suele estructurar en: revisar las tareas que ha realizado la persona desde la sesión anterior, en la aplicación de las técnicas que corresponden a esa sesión y en el cierre de la sesión.

6.4.6. En relación con la modalidad de aplicación de la intervención

La mayoría de las intervenciones psicológicas con víctimas se realizan de forma presencial, aunque en los últimos años se están incorporando modalidades de intervención mixta, es decir, algunas sesiones se realizan presencialmente y otras mediante intervención telepsicológica (ya sea mediante videoconferencia, email, web o realidad virtual), las cuales están ofreciendo resultados similares a las intervenciones aplicadas de forma presencial. De forma más puntual, se están llevando a cabo intervenciones que se desarrollan exclusivamente mediante intervención telepsicológica y aunque ya se está trabajando en valorar la eficacia de estas, todavía los resultados son poco concluyentes.

Es posible que la aplicación mediante estas modalidades, mixta y telepsicológica, hagan rechazar algunos aspectos positivos de la modalidad presencial, como puede ser el contacto más directo entre profesional-cliente. Sin embargo, puede presentar también ventajas. Así, para aquellas personas que se muestran reticentes a asistir a un centro para recibir asistencia psicológica, ofrecerles parte o la totalidad de la intervención de forma no presencial, puede posibilitar el acceso a opciones de ayuda.

6.5. Características de las intervenciones psicológicas eficaces en víctimas (menores)

Las técnicas de intervención que van a formar parte de las intervenciones psicológicas eficaces en menores son las que se han descrito en el apartado 6.2 de este capítulo. Y el proceso de evaluación a llevar a cabo va a ser también similar al descrito anteriormente, en el caso de adultos. Sin embargo, es importante considerar algunos aspectos específicos, tanto de las técnicas como del proceso de evaluación en el caso de los menores.

A pesar de que la gran mayoría de las técnicas que se utilizan con menores son las que se han descrito anteriormente para adultos, el procedimiento de estas se adapta según el momento de desarrollo del menor. Además, existen técnicas específicas para menores como la caja de arena y la terapia de juego.

La caja de arena es una técnica que consiste en proporcionar al menor una caja con arena y diferentes miniaturas (p. ej., personas) que puede manipular creando narraciones. Principalmente esta técnica permite verbalizar contenidos difíciles como pueden ser las vivencias traumáticas. Por ello se presenta como una técnica de gran utilidad con menores e incluso en ocasiones con adultos.

La terapia de juego es una técnica que permite, en un espacio cuidadoso (como es la intervención) y mediante el juego, exteriorizar emociones y experiencias de forma simbólica. Esta técnica se lleva a cabo mediante el uso de materiales como por ejemplo elementos de construcción o plastelinas. En ocasiones, esta terapia se utiliza para abordar ciertos objetivos terapéuticos en los que es necesario intervenir tanto con el menor como con sus padres o madres, para por ejemplo fortalecer el apego o las capacidades parentales.

En relación con el proceso de evaluación, hay que considerar que a nivel general se utilizan las mismas herramientas (entrevista clínica y autoinformes) que con los adultos, pero adaptadas a los menores o específicamente diseñadas y desarrolladas para este grupo de población. Además, con menores se suelen aplicar también técnicas de evaluación que se denominan proyectivas (p. ej., *Test de Apercepción Infantil*, Murray, 2009). Estas técnicas, aplicadas a adultos, se llevan a cabo exclusivamente por profesionales que tienen como marco de trabajo enfoques dinámicos o psicoanalíticos; sin embargo, la aplicación de estas técnicas a niños y adolescentes no se ciñe exclusivamente a ese enfoque psicológico. La ventaja que aportan estas técnicas de evaluación con menores frente a otras, como la entrevista, es que el menor suele tener menos dificultades para participar.

Además, a diferencia de la evaluación con víctimas adultas, cuando la víctima es un menor conviene evaluar variables que no son necesarias en la evaluación de adultos y que hacen referencia a características del entorno y de la familia (p. ej., salud mental y recursos de sus progenitores, estilos educativos, ambiente familiar…).

Por último, el proceso de evaluación con menores supone necesariamente tener en cuenta ciertos aspectos, que se detallan a continuación, para llevar a cabo la evaluación, tanto en la entrevista como en la aplicación de autoinformes.

- La evaluación de menores supone siempre hacer partícipes a otros miembros del entorno, principalmente los padres, pero también en ocasiones se puede incluir a profesores y otros profesionales.
- La entrevista con el menor supone manejar las preocupaciones que se presentan con más frecuencia en esta población, como por ejemplo vincular la asistencia psicológica con una acción "mala" por su parte o creer que puede tener consecuencias negativas lo que diga en la entrevista. Esta realidad es tan frecuente que actualmente se cuenta con material específico para el manejo de estas situaciones, como por ejemplo el libro titulado *Mi primer libro de terapia* (Nemifort y Annunziata, 2015).
- Ayudar a un menor que presenta consecuencias psicológicas tras la exposición a un acontecimiento traumático es una tarea que necesariamente requiere potenciar las habilidades para que el menor se encuentre en un espacio confortable. Así, se recomienda utilizar técnicas específicas para este fin como por ejemplo

el reflejo, que consiste en parafrasear aquello que el menor ha explicado y que se suele utilizar para dar claridad a lo que el menor dice y para organizar su conducta (p. ej., "mi familia me habla todo el rato de lo que me pasó", "parece que no te gusta que te hablen de lo que te pasó"). Y la utilización de preguntas sencillas con referencias concretas (p. ej., "necesito saber dos cosas que te molesten").

- La aplicación de los autoinformes debe realizarse siempre asegurándonos que el menor entiende el propósito de la prueba y considerando variables como el cansancio. Por ello es imprescindible que durante la aplicación de estos el profesional esté presente para poder alentar y apoyar al menor en la realización de este si fuese necesario.
- Las técnicas proyectivas deben aplicarse siempre que se haya establecido una relación entre el profesional y el menor. Además, es importante aclarar que no se espera una respuesta adecuada.

Tener en consideración estos aspectos en el proceso de evaluación va a facilitar la aplicación de las técnicas planificadas para la intervención. Siendo, por lo tanto, estos aspectos igual de importantes que aplicar intervenciones psicológicas que cuenten con un aval sobre su eficacia.

Las características de las intervenciones psicológicas eficaces con víctimas menores se detallan a continuación.

6.5.1. *En relación con la estructura de las intervenciones*

Las intervenciones con menores se estructuran del mismo modo que las intervenciones dirigidas a población adulta, pero a la fase inicial, acogida y evaluación se dedican más sesiones por dos razones. Por un lado, porque el número de personas que participan en la evaluación es mayor (p. ej., padres) y, además, porque pueden ser partícipes de la intervención. Por lo tanto, no solo colaboran en el proceso de evaluación como informadores, sino para recibir ayuda, por lo que la evaluación que debe realizarse es en profundidad. Y, por otro lado, porque en la fase de acogida del menor se deben mantener los tiempos que este necesite para sentirse confortable.

6.5.2. *En relación con el enfoque de la intervención*

Tal y como ocurre con las intervenciones eficaces para adultos, las intervenciones con menores cuentan con diferentes enfoques que han evidenciado científicamente su eficacia. El aval hacia un enfoque u otro sobre intervenciones eficaces dirigidas a los menores depende del tipo de acontecimiento traumático al que se han expuesto e incluso de la edad del menor (National Institute for Health and Clinical Excellence, 2019). Así, las intervenciones con aval científico para aplicar a víctimas de abuso sexual mayores de 17 años corresponden con el enfoque cognitivo-conductual centrado en el trauma, mientras que si la víctima tiene entre 6 y 14 años el enfoque con aval científico sería psicoanalítico.

Sin embargo, para los menores entre 10 y 17 años que han sido víctimas de abuso físico o emocional las intervenciones psicológicas avaladas por la evidencia científica serían la terapia multisistémica (aborda diferentes factores que contribuyen al problema) y la terapia de grupo para padres (proporciona habilidades parentales para el manejo de la sintomatología del menor). Mientras que, para los menores entre 0 y 5 años que han sufrido abuso físico o emocional, las intervenciones avaladas estarían centradas en el apego, en las que participan principalmente los padres o cuidadores del menor expuesto al trauma.

Por todo ello, se puede concluir que las intervenciones eficaces con víctimas menores pueden ser de diferentes enfoques en función del acontecimiento y de la edad del menor.

6.5.3. En relación con la aplicación de las técnicas

Como el enfoque de las intervenciones eficaces con menores varía en función del acontecimiento y de la edad, es difícil establecer una estructuración sobre la aplicación de las técnicas, puesto que cada enfoque tiene un marco teórico y una forma de proceder en la asistencia muy específica. Por ello y al margen del tipo de enfoque, se recoge a continuación un protocolo de intervención que se ha desarrollado (López, Alcántara, Castro y Martínez, 2017) para abordar las reacciones postraumáticas graves en la infancia.

- Legitimización del sufrimiento y técnicas de relajación.
- Reconocimiento y expresión emocional.
- Reestructuración cognitiva.
- Crecimiento personal.
- Reconstrucción de la identidad personal.
- Elaboración del trauma.

6.5.4. En relación con las sesiones

El número de sesiones de las intervenciones psicológicas eficaces suele oscilar entre 8 y 20, sin considerar las sesiones previas de evaluación ni los seguimientos.

La duración de las sesiones y la periodicidad es muy variable puesto que depende del formato de intervención. Así, las intervenciones individuales tienen una duración en torno a los 50 minutos con una periodicidad semanal, mientras que las sesiones grupales tienen duraciones más amplias, en torno a los 90 minutos. Además, estas sesiones grupales, pueden ser semanales, por ejemplo, en el caso de intervención familiar o de grupos terapéuticos, pero también pueden ser quincenales en el caso darse combinaciones de formato (p. ej., el menor asiste semanalmente a la intervención individual y quincenalmente al grupo psicoterapéutico).

6.5.5. En relación con la modalidad de aplicación de la intervención

La mayoría de las intervenciones psicológicas que han evidenciado su eficacia con menores que han sufrido un acontecimiento traumático se realizan de forma presencial.

No obstante, en la actualidad, existen fundamentalmente en modalidad mixta (presencial y mediante intervención telepsicológica) intervenciones eficaces para abordar algunas de las consecuencias psicológicas del trauma. Principalmente la intervención telepsicológica se centra en la realidad virtual o juegos y suele abordar:

a) Aspectos relacionados con la dificultad de exponerse a estímulos relacionados con el acontecimiento traumático que generan malestar.
b) Estrategias de fortalecimiento tras la vivencia del acontecimiento traumático. Esta modalidad, además de ser eficaz, resulta especialmente atractiva para los menores, puesto que trabajan el proceso de desvictimización desde un entorno facilitador como puede ser la realidad virtual.

6.6. Aspectos a considerar en grupos específicos

6.6.1. Mayores

En relación con la evaluación de víctimas mayores, previa a la intervención, conviene considerar que, aunque está enmarcada en los principios generales del proceso de evaluación, algunos cambios (p. ej., a nivel fisiológico como la visión) hacen necesario tener en consideración aspectos específicos en la evaluación con personas mayores.

Como el rango de edades que se engloban dentro de la categoría de persona mayor es muy amplio, puesto que se fija de los 65 años en adelante, lo determinante en los aspectos a considerar no es exclusivamente la edad sino las necesidades específicas que pueda tener la persona. Estos aspectos se detallan a continuación en función de la técnica de evaluación a utilizar.

- *Sobre la entrevista:* la aplicación de la entrevista a personas mayores supone tanto estar debidamente formado y entrenado en la evaluación con esta población, como considerar determinadas dificultades que pueden presentarse (fatigabilidad, dificultad para hablar de determinados temas como por ejemplo ideación suicida).
- *Autoinforme:* la aplicación de esta técnica a personas mayores supone, en primer lugar, seleccionar aquellos autoinformes que tengan ciertas garantías psicométricas, esto es, que hayan sido diseñados y validados para ser aplicados a población adulta y que ofrezcan adecuados niveles de fiabilidad y validez. En segundo lugar, tener en consideración ciertas dificultades que aparecen habitualmente en esta población cuando cumplimentan autoinformes (p. ej., dificultad para comprender las instrucciones).

La evaluación de la persona mayor que ha sufrido un acontecimiento traumático se enmarca fundamentalmente en estas técnicas de evaluación, puesto que las demás técnicas con las que cuenta la evaluación psicológica (p. ej., autorregistros o técnicas proyectivas) son demasiado demandantes para lo que ofrecen de cara a la intervención.

En relación con la intervención psicológica con mayores que han sufrido un acontecimiento traumático, señalar que la mayoría de las investigaciones sobre intervenciones se han centrado en el maltrato y han encontrado que el enfoque cognitivo-conductual es el que más evidencia científica ha acumulado. Aunque el planteamiento general de las intervenciones para mayores va a ser el mismo que el descrito para los adultos, es importante considerar los siguientes aspectos:

- Permitir que la persona mayor decida libremente la aceptación de la intervención. Evidentemente, se hará lo posible para explicar a la persona la importancia de recibir ayuda para abordar su malestar, pero en último término será la persona quien acepte o no recibir ayuda.
- Intervenir con los familiares, profesionales y otras personas del entorno para facilitar no solo la evaluación previa a la evaluación, sino que puedan ayudar a mantener los cambios alcanzados por la persona tras finalizar la intervención.

6.6.2. *Personas con diversidad funcional*

La evaluación de víctimas con diversidad funcional, como ocurre en la de personas mayores, parte de los principios generales del proceso de evaluación y los aspectos a considerar se relacionan con las necesidades específicas que la persona puede presentar por su diversidad funcional. Por lo tanto, las consideraciones a tener en cuenta durante la evaluación van a ser similares a las que se han citado anteriormente para la entrevista y autoinformes. Aunque con esta población se debe tener en cuenta una dificultad que hace referencia a la escasez de instrumentos de evaluación psicológica diseñados o adaptados para personas con diversidad funcional, siendo la mayoría de ellos dirigidos a personas con discapacidad intelectual. Por lo que el profesional, en muchas ocasiones, tiene que hacer una adaptación en función de la necesidad específica de la persona. Así, un instrumento de evaluación en formato autoaplicado (lo contesta la propia persona) debe adaptarse y aplicarlo en formato heteroaplicado (el profesional pregunta a la persona cada uno de los ítems del instrumento) en el caso de una persona con dificultades de visión. Este es solo un ejemplo, pero las adaptaciones que se van a realizar son tan amplias como necesidades pueda presentar la persona.

Esta dificultad no se da únicamente durante el proceso de evaluación, puesto que durante la intervención es imprescindible adaptar los materiales a las necesidades de la persona. Por ejemplo, en el caso citado anteriormente de la persona con dificultades de visión, si el profesional necesita obtener información sobre las emociones que presenta en una situación concreta no va a poder utilizar el auto registro, que sería la herramienta de elección, puesto que supone que la persona anote la información y tendrá necesariamente que buscar alternativas.

Además de este aspecto que se va a considerar en la intervención con víctimas que presentan una diversidad funcional, se deben tener en consideración otros puntos que especificamos a continuación en su relación con la intervención, pero que de forma general han sido abordados en el capítulo 4:

- Proponer ajustes solo si presenta una necesidad para cubrir, puesto que se deben evitar sesgos que hagan sentirse vulnerable a la víctima con diversidad funcional.
- Valorar la idoneidad de los profesionales que asisten a esta población, puesto que tanto a nivel formativo como de habilidades profesionales debieran estar especializados.

Preguntas de autoevaluación

1. ¿Qué emociones pueden estar relacionadas con la dificultad de S.P. (caso descrito en el capítulo 3) para informar a su médico de cabecera sobre los síntomas que presentaba?:

   ☐ *a)* Ira.
   ☐ *b)* Vergüenza.
   ☐ *c)* Miedo.
   ☐ *d)* Asco.
   ☐ *e)* Ninguna de las respuestas anteriores es correcta.

2. ¿Qué técnica de intervención psicológica se utilizaría con S.P. (caso descrito en el capítulo 3) para abordar la evitación que presenta con sus familiares maternos?:

- ☐ *a)* Hipnosis.
- ☐ *b)* Solución de problemas.
- ☐ *c)* Exposición.
- ☐ *d)* Respiración.
- ☐ *e)* Autoinstrucciones.

3. ¿Qué enfoque nos permitiría abordar eficazmente, según la evidencia científica, la sintomatología que presenta S.P. (caso descrito en el capítulo 3)?:

- ☐ *a)* Únicamente el cognitivo-conductal.
- ☐ *b)* El psicodinámico.
- ☐ *c)* Desde cualquier enfoque pero en formato grupal.
- ☐ *d)* El enfoque cognitivo-conductual y la psicoterapia ecléctica breve.
- ☐ *e)* Desde cualquier enfoque pero en formato individual.

4. ¿El enfoque de intervención hubiese sido el mismo si S.P. (caso descrito en el capítulo 3) hubiese recibido ayuda a la edad (9 a 11 años) que sufrió los abusos?:

- ☐ *a)* Sí.
- ☐ *b)* No, porque a esa edad es difícil abordar el trauma.
- ☐ *c)* No, porque existen otros enfoques más eficaces para abordar las consecuencias psicológicas del abuso en esa edad.
- ☐ *d)* Sí, pero considerando también sesiones familiares.
- ☐ *e)* Sí, pero adaptando los materiales de la evaluación e intervención.

5. ¿Qué aspectos deben considerarse en la evaluación y/o intervención en el caso de una persona mayor que no son necesarios en el caso de S.P. (caso descrito en el capítulo 3)?:

- ☐ *a)* Contemplar una fase de acogida de la víctima.
- ☐ *b)* Asegurar que la persona está dispuesta a recibir asistencia psicológica.
- ☐ *c)* Realizar seguimientos.
- ☐ *d)* Realizar una evaluación postintervención.
- ☐ *e)* Explicar los resultados de la evaluación y los objetivos de la intervención.

7

Conclusiones y retos de futuro

En las páginas que siguen se efectuará una síntesis de los contenidos de esta obra de la que deducir aquellos aspectos en cuyo análisis y desarrollo debe avanzarse de futuro partiendo de la consideración de la victimología como una disciplina que se ocupa del estudio de los procesos de victimización y desvictimización.

En las páginas precedentes hemos tenido ocasión de comprobar cómo la victimología constituye una ciencia emergente que surge de la preocupación ante el olvido de la víctima en el estudio de la delincuencia. Es a mediados del siglo XX cuando algunos autores advirtieron que la criminología había centrado su atención básicamente en la figura del delincuente y la respuesta frente al mismo. Tras los acontecimientos ocurridos en la Segunda Guerra Mundial y las primeras investigaciones empíricas centradas en la víctima, la criminología sucumbe a la idea de que el papel de la víctima en la explicación del hecho delictivo y en la actuación de la sociedad ante sus implicaciones y consecuencias constituía no solo un gesto de reparación de un olvido histórico, sino una necesidad científica. La evolución de esta disciplina nos ha permitido mostrar que si en sus inicios pudo ser identificada como la victimología del acto (Herrera, 2006), como un conjunto de saberes cuya principal preocupación en aporte teórico consistía en el análisis interactivo de la pareja penal y, en consecuencia, en el estudio de los procesos de victimización, con carácter posterior ha podido ser identificada con la victimología de la acción (Herrera, 2006), con una victimología proactiva, que ha establecido su foco de interés científico en el análisis de los procesos de desvictimización.

Pese a dicha evolución, el reconocimiento de la victimología como disciplina científica no ha sido fácil. Aunque hoy en día el enfoque integrador concibe la victimología como parte integrante de las ciencias criminológicas, en la actualidad no se duda de la autonomía científica de este ámbito del saber ocupado del análisis de los procesos de victimización y desvictimización (Tamarit, 2006a). Su desarrollo se ha debido al empeño de un grupo cada vez más nutrido de especialistas que originariamente se ocuparon de la formulación de las denominadas tipologías victimales y posteriormente de la formulación de las llamadas teorías de la victimización, desarrollando modelos diversos en un intento por hallar explicación a las enormes variaciones en cuanto a los riesgos de victimización, la concentración de la victimización en ciertas áreas y entre ciertos grupos, así como para aclarar el curioso fenómeno de la victimización repetitiva o revictimización, desarrollando consecuentemente un perfil de víctima y determinando los factores victimógenos que permiten precisar el referido perfil. Posteriormente profundizaron en los análisis teóricos y aplicados iniciados por sus predecesores e impulsaron la realización de eventos académicos nacionales e internacionales que permitieron el avance de este ámbito del conocimiento.

Como consecuencia de los esfuerzos de dichos científicos y de la labor de los profesionales que desde una perspectiva más aplicada han abordado el análisis de los procesos de victimización y desvictimización, la victimología constituye hoy en día una disciplina académica consolidada asentada en las siguientes bases:

a) El desarrollo teórico de teorías explicativas, sobre todo de procesos de victimización.
b) La consolidación en el empleo de metodologías de la investigación sobre todo orientadas a adquirir conocimiento cuantitativo de la victimización y de la operatividad de los esquemas diseñados para superarla, aun cuando la victimología narrativa y la aproximación cualitativa a la victimización van ganando cada vez más protagonismo.
c) El desarrollo del estatuto jurídico de las víctimas.
d) La práctica de la asistencia victimal como forma de hacer efectiva la reparación integral a las víctimas.

Pero que la victimología constituya una disciplina académica suficientemente consolidada no significa que no existan ámbitos que requieran de ulterior evolución, en especial los más directamente relacionados con los procesos de desvictimización. Cuestiones como la implementación material de los derechos normativamente reconocidos a las víctimas, el análisis de los procesos de asistencia victimal puestos en práctica o la profesionalización o capacitación de quienes operan con víctimas, así como la prevención de la victimización constituyen aspectos que sin duda requieren de una más profunda aproximación académica.

Partiendo de la constatación de que la victimología integra un ámbito consolidado del conocimiento pero en constante evolución, en este capítulo se exponen a grandes rasgos aquellos aspectos en los que se considera que evolucionará su ulterior desarrollo sin obviar la referencia a los peligros que deberían conjurarse en este proceso de futuro. Con dicho fin, se comenzarán exponiendo los retos de futuro a los que se enfrenta la victimología como ciencia, pasando en segundo término a abordar los relativos a los procesos de victimización y los efectos que el padecimiento del proceso de victimización tiene en las víctimas, para abordar, en última instancia, los relativos a los procesos de desvictimizacion, centrados tanto en el reconocimiento de la batería de derechos victimales cuanto en el abordaje psicológico de la asistencia victimal.

7.1. La victimología como disciplina científica: hacia dónde vamos

En las páginas prececentes se ha visto cómo la victimología es una disciplina que goza actualmente de buena salud. Se trata de una materia que se imparte en diversos estudios oficiales en las universidades, cada vez se defienden más tesis doctorales sobre temas relacionados de una u otra forma con esta disciplina, se organizan congresos científicos y se publican libros y artículos científicos relativos a esta disciplina en revistas especializadas. En definitiva, se trata de un ámbito al que de cada vez se produce una aproximación en clave más científica. Sin desconocer la capital relevancia para el avance de esta disciplina que ha tenido el aporte profesional, su evolución académica pasa necesariamente por reconocer la necesidad de un aporte científicamente sostenido, por un lado, que además capacite a esta disciplina para neutralizar y racionalizar las demandas en exceso punitivistas que pueden proceder de determinados grupos de presión, por otro, aspectos ambos que se abordan en los siguientes epígrafes.

7.1.1. Hacia una victimología realista

En la victimología actual la división entre activistas y científicos comienza afortunadamente a diluirse, a no ser tan rígida y evidente. Cualquiera que asista a un congreso científico sobre la materia puede observar que aquellas discusiones y debates entre unos y otros apenas se producen hoy en día. Ya hemos visto que durante muchos años el activismo estuvo en pleno apogeo en muchos frentes. Animados por consideraciones políticas e ideológicas, el activismo sirvió para el reconocimiento de los derechos de las víctimas. Ello implicó que la investigación en victimología quedase relegada a un segundo lugar. Durante años, los activistas han querido llamar la atención sobre el sufrimiento que padecen las víctimas y la importancia de cubrir sus necesidades no atendidas por el estado, de cara a lograr sus objetivos políticos e ideológicos. Los líderes de estos grupos de presión se han negado constantemente a reconocer que la victimización es un fenómeno normal y natural, un hecho de la vida que se puede superar. Han preferido utilizar argumentos basados en el sufrimiento permanente y en la idea de la victimización como un fenómeno patológico y anormal para conseguir estos objetivos. Ello les ha llevado a rechazar categóricamente cualquier afirmación, incluso cuando era apoyada por evidencia empírica irrefutable, de que los roles de víctima y victimario son intercambiables o que determinados incidentes de victimización violenta son el resultado de interacciones dinámicas y explosivas en lugar de acciones deliberadas y unilaterales de la personalidad anómala del autor.

Creemos que esta actitud por parte del activismo está cambiando. Y ello se debe a que la victimología se apoya cada vez más en la evidencia científica, en estudios empíricos que utilizan metodologías y técnicas de investigación cada vez más depuradas, lo que deja a los activistas sin argumentos para despreciar o cuestionar los resultados obtenidos. El punto de vista actualmente dominante en victimología nada tiene que ver con la idea de que siempre hay un infractor malo y una buena víctima, o lo que es lo mismo, una víctima inocente y un delincuente culpable. Toda relación humana es dinámica e interactiva, por lo que no es admisible que se utilicen argumentos banales y superficiales para diluir la responsabilidad de la víctima, cuando esta ha contribuido de alguna forma a la comisión del hecho delictivo.

A pesar de todo lo avanzado, queda mucho por hacer desde el punto de vista de la victimología realista basada en la investigación científica. Varias áreas fundamentales de la teoría y de la práctica relacionadas con la asistencia y reparación de las víctimas apenas han sido investigadas. La evaluación empírica de las políticas públicas que se están llevando a cabo en relación a las víctimas es un ámbito por explorar. Y queremos destacar la importancia de este tipo de evaluaciones de cara a tomar decisiones óptimas.

Cuando hablamos de la nueva dirección que la victimología está tomando hacia el realismo, ello significa asimismo un importante cambio ideológico en el sentido de que los sentimientos de venganza, que sabemos que son dañinos y destructivos, se transformarán en una visión más equilibrada de la victimización en donde la empatía, la compasión, la tolerancia, la comprensión y el perdón adquirirán protagonismo.

Los albores de este realismo victimológico pueden detectarse fácilmente en la llamada "falacia de los victimólogos". Se basa en la idea de que reclamar derechos en demasía para las víctimas, algo que en principio debe ser el objetivo de todo victimólogo en el pensamiento de que será positivo para las víctimas, puede ser contraproducente. Y ello porque exagerando en la reclamación de las necesidades de las víctimas se puede poner en peligro la realización del catálogo de derechos básicos de las víctimas, al dejar de ser creíbles los argumentos planteados. La victimología realista basará su acción en teoría científica y no en ideología política.

El realismo también dará lugar a una redefinición del objeto de estudio de la victimología. Si la victimología no quiere convertirse en un movimiento puramente político e ideológico ni perder su carácter científico, parece inevitable un nuevo trazado de sus fronteras y una reducción de su objeto de estudio. Así, el realismo protegerá a la victimología contra el peligro real de ser transformada en una mera preocupación por el sufrimiento humano. El realismo dejará muy claro que el sufrimiento humano hay que analizarlo de forma científica.

Este punto de vista no es imputable solo a la victimología, sino a la sociedad y a algunos determinados colectivos de víctimas, sin que sea generalizable a todas las víctimas. La victimología se dedica actualmente a defender lo ya conseguido y lucha por seguir avanzando en la defensa de los derechos humanos de las víctimas, pero compatibilizándolos y defendiendo también los derechos de los victimarios, contra las demandas populistas, partidistas y sectarias de endurecimiento penal a las que continuamente se enfrentan.

Los próximos años serán testigos de una creciente conciencia de que la acción no respaldada por la investigación es un mero ejercicio ideológico, y que la práctica no basada en la teoría es peligrosa y potencialmente dañina. Se hará sentir la obvia necesidad de basar afirmaciones en la investigación empírica sólida y esa investigación será indispensable para evitar graves errores.

7.1.2. *Hacia un uso de las víctimas cada vez más populista*

Otro de los temas que más preocupan a los victimólogos en la actualidad es el protagonismo que el asociacionismo victimal está tomando en las decisiones político criminales. Ya vimos en el apartado correspondiente a la historia de la victimología, en el capítulo 1, el papel que ha tenido la víctima en diferentes momentos históricos. Es importante destacar la tendencia que se observa hoy en día a que la víctima ocupe un lugar del que fue privada durante siglos. Podemos hablar incluso de todo un fenómeno si nos referimos a la tendencia que actualmente existe de crear una asociación de víctimas *ad hoc* como vehículo de expresión y de presión en aras a conseguir determinados objetivos.

No se debe poner en duda que el fenómeno del asociacionismo victimal ha aportado considerables beneficios en el campo jurídico y asistencial. Pero un uso inapropiado del mismo ha propiciado asimismo la eventual instrumentalización de las aspiraciones victimales al servicio de políticas criminales neoconservadoras.

Parece demostrado que los grupos de presión de víctimas con mayor protagonismo en la agenda política de nuestro país son aquellos que presentan connotaciones irracionales, entorpeciendo un tratamiento racional del problema. Su protagonismo les lleva en numerosas ocasiones a ser intransigentes con otros puntos de vista distintos a los suyos y dirigidos igualmente a solucionar el problema delictivo. Solo admiten su discurso como válido, sin escuchar la opinión de expertos y descalificando a los operadores jurídicos. Sería conveniente romper la dinámica competitiva según la cual se tiende a percibir que el reconocimiento de garantías del infractor conlleva la automática reducción de la protección debida a la víctima.

A pesar de los abusos que están actualmente ocasionando determinados grupos victimales, consideramos que ello no puede convertirse en coartada para rechazar de plano cualquier propuesta de mejora de la posición de la víctima en el sistema penal. El papel fundamental que las organizaciones sociales estructuradas pueden cumplir como intermediarias entre el gobierno y la ciudadanía tampoco se debería obviar. Estas entidades de apoyo a las víctimas y las propias asociaciones de víctimas deberían comenzar por cambiar su discurso cargado de victimismo y dirigir sus objetivos a ayudar a las víctimas a superar el trauma. Hemos visto cómo el asociacionismo victimal fue en su origen un importante instrumento de apoyo a las víctimas. Convendría que retornaran a sus objetivos originarios. Deberían reconvertirse en entidades que permitan a las víctimas afrontar su situación desde la comunicación, el trabajo solidario, la elaboración del duelo y, sobre todo, la sublimación de instintos de venganza mediante el acometimiento de objetivos social y personalmente provechosos. No es criticable la presión política ejercida para hacer llegar sus inquietudes y necesidades o para lograr que se hagan efectivas acciones sociales de apoyo, indemnización o reconocimiento, siempre que vaya enfocada principalmente hacia fines de prevención de la delincuencia, de resolución de conflictos, y no hacia planteamientos basados en la irracionalidad vindicativa.

La victimología puede cumplir un importante papel en este sentido si se plantea como uno de sus objetivos el aportar a los movimientos sociales províctimas un conocimiento de base científica sobre los procesos de victimización, al objeto de permitir una adecuada gestión de la prevención por parte de los poderes públicos y de los agentes sociales. La reintegración del ofensor y la protección de la víctima, a diferencia de lo que se pueda pensar, son objetivos compatibles y elementos básicos de una política criminal socialmente constructiva.

La política criminal debe estar inspirada por las directrices que dimanan de nuestro marco político-constitucional, en el que tiene cabida sin duda la consideración de la figura de la víctima dentro de los márgenes de respeto al carácter público y garantista del sistema penal. Se le debe exigir al legislador que haga un planteamiento sereno de las posibilidades que ofrece la creación o modificación de las leyes penales para la satisfacción y atención de los intereses de las víctimas. No cabe en modo alguno instrumentalizar su dolor e indignación para adoptar medidas penales cuyos efectos para aminorar el conflicto social causado por la delincuencia se desconocen. Las opiniones de expertos, hasta ahora prácticamente desoídas, en muchas ocasiones por ser impopulares, deben ofrecer propuestas sensatas a demandas sociales razonables y al mismo tiempo actuar como contrapeso ante las oleadas de irracionalidad. Es necesario acentuar el protagonismo de la víctima como integrante del radio de proyección de la política criminal, particularmente en el sentido de fomentar, dentro de los límites adecuados, políticas de prevención victimal o políticas asistenciales y de protección dirigidas a minimizar los efectos contraproducentes que puede conllevar la victimización secundaria.

7.2. La victimología contemporánea frente a los procesos de victimización: sobre el impacto psicológico tras sufrir un proceso de victimización

Ya se ha indicado como el principal objeto de atención de la primera victimología la denominada victimología del acto, la centrada en el rol victimoprecipitador de la víctima, fue precisamente el análisis de los procesos de victimización. Cierto es que conforme a la misma, el principal objeto de interés era explicativo, esto es, no tan centrado en los efectos nocivos que para la víctima tuviese pasar por un proceso de victimización primaria cuanto en analizar la forma en que la misma podía coadyuvar a la producción de un evento victimizante. Sin embargo, desde una aproximación más moderna, más víctimo-céntrica, no puede soslayarse en el estudio de los procesos de victimización el impacto psicológico que produce la victimización. Tanto es así que el abordaje psicológico de las víctimas desde el ámbito de la investigación y asistencial ha ido proliferando a lo largo de los años, suponiendo en la actualidad un área de trabajo con una entidad claramente definida y reconocida en el ámbito de la victimología. Evidentemente esta realidad ha ido de la mano con el desarrollo de la victimología como disciplina.

Tal y como se ha descrito en esta obra, el primer abordaje de la psicología en relación con las víctimas está relacionado con el concepto de acontecimiento traumático, el cual a pesar de ser muy controvertido cuenta hoy en día con una definición generalmente aceptada por la comunidad científica en la que se recogen tanto características del acontecimiento (p. ej., inesperado e incontrolable) como de la respuesta de la persona que se expone a este (p. ej., incapacidad para afrontarlo).

La exposición a los acontecimientos traumáticos puede provocar a corto plazo, en una parte importante de la población, respuestas relacionadas con el impacto psicológico. Una parte de estas respuestas se presentan en forma de síntomas y en la gran mayoría de las ocasiones son reacciones "normales", incluso podemos afirmar que adaptativas y saludables. Solo en el supuesto de que estas respuestas sean muy intensas o se mantengan en el tiempo, deben ser consideradas como objeto de atención asistencial. Otra parte de estas respuestas se presentan en forma de trastornos mentales. Los cuales se dan, además de por la presencia de un conjunto de síntomas específicos durante un tiempo determinado, por un malestar significativo que supone una alteración del funcionamiento a nivel familiar, social o laboral.

Además, a largo plazo, la víctima puede presentar diferentes efectos psicológicos enmarcados en trastornos mentales, aunque también puede presentar sintomatología asociada a estos trastornos que no forma parte de ninguna alteración específica. La consecuencia psicológica que a largo plazo ha recibido mayor atención es el TEPT, aunque cabe destacar que no es el único trastorno asociado al impacto del trauma y que otros cuadros clínicos como el TDM muestran prevalencias similares al TEPT. La sintomatología asociada a estos cuadros que se ha encontrado en la mayoría de los ámbitos de victimización puede hacer referencia a síntomas propios de un cuadro clínico específico o a alteraciones más globales (p. ej., alteración de la autoestima).

La variabilidad de respuestas que se pueden presentar tras la vivencia de un acontecimiento traumático es diversa, ya que depende de un número amplio de variables que están relacionadas tanto con el propio acontecimiento como con la valoración que la persona haga de este. Así como con la vulnerabilidad, el apoyo social y las estrategias de afrontamiento de la persona que lo ha vivido. Por ejemplo, aun cuando podemos afirmar que los acontecimientos que implican mayores consecuencias y más graves suelen estar relacionados con la violencia interpersonal, tal y como se ha descrito en el capítulo 3, es necesario considerar todas las variables mencionadas, puesto que la modificación de sola una de estas variables (p. ej., apoyo social) puede suponer una diferencia importante en las consecuencias psicológicas.

El análisis del impacto psicológico, en función de los diferentes tipos de victimización, ha puesto de manifiesto que las víctimas pueden presentar, además de consecuencias psicológicas como trastornos mentales, otro tipo de consecuencias psicológicas que también pueden ser incapacitantes aunque no lleguen a configurarse como un trastorno, entre las que destacan: la sintomatología ansiosa a nivel general, alteraciones en relación con la autoestima, alteraciones cognitivas y emocionales negativas, ideación y/o comportamientos suicidas o consumo de sustancias, así como consecuencias a nivel físico que pueden afectar directamente a la calidad de vida de la persona y que de algún modo van a repercutir, a su vez, en su estado de salud mental.

Estas consecuencias tanto psicológicas como físicas pueden variar, además de por el tipo de acontecimiento, por la edad en la que la víctima sufre el acontecimiento traumático, así las características del desarrollo propias de algún grupo de edad (niños o mayores) pueden influir en el tipo de consecuencias que supone para la persona.

Con todo esto, podemos concluir que casi lo "esperable" tras vivir un proceso de victimización es que la persona sienta un malestar asociado a esta situación (p. ej., dificultades para conciliar el sueño) como respuesta al estresor vivido, pero que necesariamente no tiene por qué evolucionar hacia una condición patológica. Es más, la investigación pone de manifiesto que la cronicidad de los síntomas postraumáticos no es la respuesta más frecuente tras la vivencia de un acontecimiento traumático. Y por otro lado, que al margen del ámbito de victimización y de otras variables específicas como puede ser la edad, se encuentran consecuencias psicológicas similares en los diferentes grupos de víctimas, siendo prácticamente imposible encontrar consecuencias psicológicas exclusivas de un grupo de víctimas.

Por lo tanto, uno de los primeros retos a los que se enfrenta el estudio del impacto psicológico en las víctimas es a resolver el siguiente interrogante: ¿es necesario estudiar las consecuencias psicológicas en función del tipo de acontecimiento? Si bien es cierto que puede estar justificado el estudio inicial del impacto psicológico en las víctimas tras sufrir un acontecimiento traumático segmentado por el tipo de acontecimiento, en la actualidad contamos con evidencia suficiente como para entender a las víctimas desde una posición más global. Así, este reto está directamente relacionado con otros en esta materia, el cual hace referencia a centrarnos en un modelo del impacto del trauma que recoja las diferentes variables explicativas que están relacionadas, puesto que actúan como moderadoras o mediadoras, entre la vivencia del acontecimiento traumático y las consecuencias psicológicas e incluso físicas, sin dar mayor relevancia a una de estas (p. ej., tipo de acontecimiento). Posiblemente esta visión facilitaría la comprensión del impacto desde una posición más global en la que se daría comprensión a las consecuencias psicológicas, para la totalidad de las víctimas, facilitando además un mensaje de equidad al margen, por ejemplo, del tipo de acontecimiento traumático vivido o edad de la víctima.

Además, esta área de trabajo tiene como reto futuro reflexionar acerca del planteamiento que han tenido los estudios sobre el impacto psicológico desde posiciones dicotómicas, esto es, la víctima tiene o no un trastorno mental y/o presenta o no sintomatología. Cuando posiblemente es necesario centrar la atención en la intensidad con la que la víctima presenta estos síntomas, puesto que parece que las alteraciones en el funcionamiento de la persona que sufre un acontecimiento traumático no están tan determinadas porque presente o no un síntoma, sino por la intensidad del mismo (grado en el que le produce molestia).

Por último, el estudio del impacto psicológico presenta el reto de incorporar un análisis más exhaustivo e integrador de variables facilitadoras para la recuperación tras el acontecimiento vivido. Ya que en la actualidad continúan teniendo un espacio casi exclusivo las variables relacionadas con la predicción de las consecuencias negativas y en menor medida se dedican estudios a valorar las variables que pueden predecir la ausencia de consecuencias negativas. Aunque supuso un avance importante que la victimología moderna pusiese la atención en los procesos de victimización, ahora parece necesario fijar una nueva hoja de ruta que afine el trabajo realizado hasta el momento, profundizando en las características de las variables que predicen la ausencia de consecuencias negativas. Lo cual también podría favorecer una visión de la víctima menos "patologizada".

7.3. La victimología frente a los procesos de desvictimización

Conforme a lo ya indicado, una de las características más remarcables de la moderna victimilogía ha consistido en centrar la atención científica en los procesos de desvictimización, articulando mecanismos que contribuyan a que la víctima supere el trauma vivido, a diferencia de la victimología tradicional, que centró su atención en la víctima como recurso explicativo de la producción de hechos delictivos.

Entre los aspectos de mayor trascendencia para hacer posible los procesos de desvictimización se encuentra el reconocimiento de un estatuto jurídico de la víctima que la dote de herramientas que le permitan superar la traumática experiencia vivida, al tiempo que la proteja de los perjuicios que se pueden derivar de su paso por el sistema de justicia penal.

Junto a ello, en el abordaje de la desvictimización no puede soslayarse el análisis de la asistencia psicológica a las víctimas. A la exposición sobre el estado de la situación y las mejoras que deberían introducirse de futuro en ambos ámbitos se dedican las siguientes páginas.

7.3.1. *La posición de la víctima frente al sistema de justicia penal: lo ya conseguido y lo que queda por hacer*

El reconocimiento normativo de los derechos victimales en el ámbito internacional e interno de los Estados constituye un proceso emprendido hacia los años 80 del pasado siglo. Hubo que esperar a la segunda postguerra mundial para que surgiese la cultura del necesario respeto a los derechos humanos, lo que condujo a la aprobación de la Declaración Universal de los Derechos Humanos en 1948. Más allá de esta declaración de carácter general, el reconocimiento normativo del primer estatuto jurídico de las víctimas se produjo a nivel global mediante la Declaración de los Derechos de las Víctimas del Delito y del Abuso de Poder adoptada por la Asamblea General de Naciones Unidas en 1985. Con ser Naciones Unidas el organismo internacional con cuya actividad normadora arrancó el reconocimiento jurídico internacional de los derechos de las víctimas, lo ha sido a través de disposiciones jurídicas a cuyo cumplimiento no puede compelerse a sus miembros. El principal problema de dichos textos es precisamente el de su ejecutividad, lo que hace que los expertos demanden la necesidad de convertir la Declación en una Convención que dote de la fuerza de la *hard law* al reconocimiento normativo internacional de los derechos victimales.

En el ámbito regional europeo se reconoce al Consejo de Europa su papel pionero en el establecimiento normativo de los derechos victimales ya desde finales de los años 70, aun cuando los mismos han sido reconocidos por este organismo suprarregional europeo de forma sectorial, aprobando diversos convenios orientados a la protección de específicos grupos de víctimas.

También preocupada por la protección de los derechos victimales, pero de forma menos intensa, se mostró la Unión Europea, en cuyo marco tuvo que esperarse a la creación del común espacio judicial europeo para la adopción del primer documento jurídico relevante en este ámbito, la Decisión Marco del Consejo 2001/220/JAI relativa al Estatuto de la Víctima en el Proceso Penal. Tras la supresión de la estructura de pilares de la Unión y la adopción a inicios del segundo decenio del siglo XXI de diversas directivas orientadas a la protección sectorial de determinados grupos de víctimas, se aprobó la Directiva 2012/29/UE por la que se establecen las Normas Mínimas sobre los Derechos, el Apoyo y la Protección de las Víctimas de Delitos. La misma constituye un hito en la actividad normadora de la Unión Europea sobre el particular porque con su adopción se ha dotado de un instrumento jurídico vinculante y directamente aplicable a los Estados parte que prevé el estándar protector mínimo de las víctimas que estos deben adoptar sobre la base del principio de individualización en la protección victimal, superando la aproximación sectorializadora al reconocimiento de derechos victimales.

La aprobación de estos documentos a nivel internacional y regional europeo conduce al reconocimiento internacional de un estatuto jurídico de las víctimas integrado por multiplicidad de facultades que en esta obra se han sintetizado en cinco grandes derechos: información, participación, asistencia, protección y reparación.

En el ordenamiento interno español estos cinco derechos también se hallan reconocidos y desarrollados normativamente, como se ha visto. Sin embargo, en nuestro ordenamiento interno el proceso de reconocimiento de derechos a las víctimas, tras un largo proceso de olvido, ha sido paulatino y escasamente sistemático hasta la aprobación de la Ley 4/2015, del Estatuto Jurídico de la Víctima del Delito. Desde finales de los años 90 del pasado siglo fueron sucediéndose normas que supusieron la introducción de medidas de protección sustantivas y procesales que tendieron fundamentalmente a la protección de determinados tipos de víctimas, sobre todo las de la violencia doméstica y de género o del terrorismo, lo que condujo a una sectorialización en el reconocimiento de los derechos victimales, incluso mediante la aprobación de leyes integrales protectoras de estos específicos grupos de víctimas. Al margen de estas normas protectoras específicas, la referencia normativa fundamental en relación con el reconocimiento de derechos victimales en España la constituía la Ley 35/1995, de Ayudas y Asistencia a las Víctimas de Delitos Violentos y contra la Libertad Sexual, que, más allá de arbitrar un sistema público de indemnización, poco abundaba en el reconocimiento de derechos victimales. Así, hasta la aprobación de la Ley 4/2015, los derechos victimales en nuestro ordenamiento se hallaban dispersos en distintas normas jurídicas y no gozaban de reconocimiento sistemático. Con la aprobación de la Directiva 2012/29/UE surgió la necesidad de que el ordenamiento interno español reconociera un estatuto jurídico a las víctimas; sin embargo, la transposición de esta norma a nuestro derecho interno, lejos de articularse a través de una reforma integral del proceso penal, se efectuó con una iniciativa legislativa mucho más quirúrgica, lo que supuso la aprobación de un bloque normativo que se superpone y convive con normas que anteriormente ya contemplaban derechos victimales y que no han sido derogadas. Con todo, pese a que en el futuro resultaría deseable que los contenidos de esta norma se imbricasen más adecuadamente en el conjunto de las que articulan el sistema de justicia penal, evitándose duplicidades e inconsistencias en el reconocimiento de derechos de algunos grupos victimales, puede decirse que la misma es la primera que en el ordenamiento español reconoce sistemáticamente un decálogo de derechos victimales. Sin embargo, no es una norma que regule todos los derechos victimales, puesto que se centra en la regulación de los derechos a la información, la participación y la protección de las víctimas, incidiendo escasamente en la de los derechos a la asistencia y la indemnización. Tampoco es una ley que acabe completamente con los estatutos jurídicos específicos de algunos grupos de víctimas, como las víctimas de la violencia de género o del terrorismo.

Veamos seguidamente, a modo de síntesis, cómo se reflejan en nuestro ordenamiento jurídico cada uno de los cinco grandes derechos que integran el estatuto jurídico de las víctimas, fundamentalmente a través de la Ley 4/2015, no sin antes indicar que, aunque esta norma reconoce derechos a todas las víctimas de delitos sin sectorializar y al margen de que hayan denunciado los hechos, una cosa es el reconocimiento jurídico de tales derechos y otra distinta su efectiva aplicación.

A) Derecho a la información

El derecho a la información se halla reconocido, junto a otros derechos extraprocesales de la víctima que se han identificado como derechos básicos, en el título I de la Ley 4/2015. En este se reconocen un conjunto de derechos que la víctima puede ejercer con independencia de que sea parte en un proceso penal o que haya decidido ejercer algún tipo de acción, razón por la que, precisamente, se incluye entre los mismos el reconocimiento del derecho a la asistencia y apoyo. La condición de denunciante no resulta relevante para el reconocimiento de la mayor parte de derechos incluidos en este apartado de la norma.

El derecho a la información puede considerarse como el derecho victimal presupuesto, dado que dota a la víctima de herramientas para saber cómo ejercitar el resto de derechos que tiene normativamente reconocidos. Se reconoce a las víctimas en la Ley 4/2015 según se trate de extremos acerca de los que las mismas deben ser informadas en todo caso o solo en el caso en que lo soliciten, cuando se trata de información relativa a la causa penal, garantizándose en este segundo supuesto el respeto a la autonomía de la víctima cuando esta decide no querer recibir información. Se trata quizá del derecho cuyo reconocimiento ha gozado de mayor tradición a nivel internacional y también interno español, limitándose el papel de la Ley 4/2015 a dotar de mayor sistematicidad al ya existente reconocimiento jurídico de este derecho, clarificando la necesidad de respetar la voluntad de la víctima a no ser informada de determinados extremos. En el futuro, más que cuestiones normativas en punto al reconocimiento de este derecho, los aspectos a consolidar se relacionan con su efectiva implementación, esto es, con la previsión efectiva de mecanismos de información que materialmente garanticen que la información llega a todas las víctimas de modo comprensible, especialmente en relación con aquellas que pueden tener dificultades sensoriales o socioculturales para acceder a ella.

B) Derecho a la participación

En referencia ya a los derechos victimales de contenido claramente procesal contemplados en el título II de la Ley 4/2015, en el mismo, se reconoce el derecho a la participación de la víctima más allá de las posibilidades que en este sentido les brinda su posible constitución como parte en el proceso penal, que era la única forma de intervención que hasta la aprobación de la Ley 4/2015 se reconocía en derecho interno español. Así, la víctima tiene, de un lado, como viene siendo tradicional en nuestro sistema, la posibilidad de ejercer la acción penal y la acción civil conforme a lo dispuesto en la Lecrim y, de otro, ulteriores posibilidades de intervención en el proceso penal incorporadas por la Ley 4/2015.

La aprobación de la Ley del Estatuto de la Víctima ha introducido en los artículos 109 y siguientes Lecrim medidas que han servido para facilitar el ejercicio de las acciones penal y civil por parte de la víctima, junto al reconocimiento de la legitimación activa a las asociaciones de víctimas y de ciertas personas jurídicas para ejercer acciones penales y civiles correspondientes a las víctimas, pero también ha supuesto un claro impulso de otras formas de participación de la víctima en el proceso penal. Ha permitido que las mismas aporten fuentes de prueba e información que estimen relevante para el esclarecimiento de los hechos, les ha reconocido legitimación a víctimas no personadas para realizar ciertos actos procesales, como recurrir el auto de sobreseimiento, o les ha conferido amplias facultades de intervención en la fase de ejecución de sentencia. Dicha previsión ha sido criticada porque el reconocimiento de determinadas posibilidades de intervención a la víctima en ejecución sin necesidad de haber sido parte en la fase declarativa del proceso puede constituir una manifestación de populismo punitivo, cuando no viene exigida por la Directiva y, sobre todo, cuando nuestro ordenamiento jurídico no contempla la intervención de la víctima en aspectos de mayor trascendencia para la determinación del tipo de sanción a imponer o de la forma de ejecutarla. En el futuro, las posibilidades de intervención de la víctima en ejecución deberían revisarse, en pos de un mayor reconocimiento en fase declarativa, reduciendo ciertas posibilidades distorsionadoras de intervención en ejecución de sentencia que actualmente reconoce el ordenamiento español.

Finalmente, en lo que al derecho a la justicia gratuita se refiere, el mismo no se reconoce internamente en los términos exigidos por la Directiva 2012/29/UE, que indica que debe garantizarse a las víctimas que sean parte en el proceso el acceso a asistencia jurídica gratuita en todo caso, no solo cuando carezcan de recursos para litigar, conforme al régimen dispuesto en la Ley 1/1996, de Asistencia Jurídica Gratuita, a salvo de que se trate de algunos tipos concretos de víctimas. De futuro, pues, a todas las víctimas, y no solo a las que lo son de la violencia de género, de terrorismo, de trata de seres humanos, menores y personas con discapacidad o enfermedad mental, como ahora hace nuestro derecho interno, debería reconocérseles derecho a la asistencia jurídica gratuita si son parte en el proceso con independencia de que tengan o no recursos para litigar.

C) Derecho a la protección

El derecho a la protección es el que con más detenimiento se regula en la Ley 4/2015, concretamente en su título III. Las medidas de protección que en este se contemplan buscan la efectividad frente a represalias, intimidación, victimización secundaria, daños psíquicos o agresiones a la dignidad durante los interrogatorios y declaraciones como testigo. Con dicho objeto, se incluyen medidas de protección física y otras, como el uso de salas separadas en los tribunales, que tienen por objeto evitar el contacto de la víctima con el infractor.

El sistema de protección que la Ley 4/2015 instaura se articula partiendo de un enfoque que diverge de planteamientos más tradicionales en el diseño de programas de tutela victimal, puesto que si tradicionalmente se apelaba a grupos de víctimas vulnerables que eran consideradas automáticamente como tales en función del delito padecido o de determinadas características personales, en esta norma se parte del principio de individualización. El mismo se basa en el fundamento victimológico de que la diversidad de las víctimas en sus experiencias y en la forma de afrontar el padecimiento del hecho delictivo desaconseja adoptar fórmulas generalizadoras, decantándose por la adopción de una concepción flexible de la respuesta jurídica y del conjunto de medidas a adoptar para protegerlas. Conforme al proceso de evaluación individual de las víctimas, por el que deben pasar todas ellas, es como se determinan las medidas que en cada caso deben adoptarse para protegerlas, en función de que la víctima resulte clasificada en uno de los tres siguientes niveles de protección como consecuencia de la evaluación:

- El estatuto básico de protección aplicable a las víctimas de todos los delitos, con el objeto de conjurar riesgos respecto de la seguridad de la víctima, su intimidad y la evitación de su victimización secundaria.
- El estatuto reforzado de protección, que puede acordarse respecto de las víctimas que tras la evaluación individual resulten tener necesidades especiales de protección.
- El estatuto hiperreforzado de protección, que implica la posibilidad de aplicar medidas suplementarias a las víctimas que resulten tener necesidades especiales de protección cuando sean menores o personas con discapacidad necesitadas de especial protección.

La consideración de la víctima como una que tenga necesidades especiales de protección no le otorga *ab initio* un tratamiento jurídico diverso al de una víctima cualquiera, sin configurar un estatuto jurídico diverso y sectorial, puesto que se parte de la máxima de que todas las víctimas requieren de protección, sino que simplemente permite la adopción de mecanismos de protección reforzados en el marco del procedimiento penal. En relación con las circunstancias particulares que deben valorarse a efectos de determinar las medidas reforzadas de protección que adoptar, se atiende a las características personales de la víctima, a la naturaleza del delito padecido y a las circunstancias del delito.

No obstante, con ser la evaluación individual un elemento tan relevante en la articulación del sistema protector victimal diseñado por la Ley 4/2015, apenas se desarrolla en el derecho interno español. Se remite a regulación reglamentaria el concreto proceso de emisión del informe a que da lugar la evaluación individual de la víctima, limitándose la Ley 4/2015 a indicar algunos principios generales procedimentales escasamente regulados. Este aspecto ha sido desarrollado por el Real Decreto 1109/2015 únicamente y de forma parca para los casos de informe emitido por las OAV, lo que además de conducir a la conclusión de que estas oficinas son materialmente las únicas que emiten propuesta de informe, lleva a sostener la necesidad de regulación pormenorizada de futuro del proceso conducente a su emisión.

Además, el sistema de protección victimal transversal instaurado por la Ley 4/2015 no acaba con los estatutos protectores reforzados que, sobre todo para las víctimas de la violencia de género y las del terrorismo, determinan las dos leyes integrales que articulan sus respectivos derechos, por lo que para estas víctimas, a las medidas de protección contempladas en esta norma, deben sumarse las que prevén sus respectivas leyes protectoras. Junto a ello, la Ley 4/2015, al no contemplar un estatuto protector sistemáticamente imbricado con las medidas de tutela victimal ya previstas en el proceso penal para las víctimas de delitos, deja subsistente su aplicación al margen del resultado de la correspondiente evaluación individual, sin que además en España se contemplen medidas procesales de protección a la víctima de naturaleza no penal o adoptables en el marco de procedimientos judiciales civiles salvo de en el caso de los menores de edad.

D) Derecho a la asistencia

La asistencia victimal puede entenderse como el conjunto de actuaciones orientadas a ofrecer a la víctima el apoyo necesario para resolver los problemas psicológicos, sociales, jurídicos o económicos derivados del proceso de victimización. Entendida en sentido integral comprende no solo la jurídica, sino también, y especialmente, la psicológica y la psiquiátrica, así como también el derecho a beneficiarse de programas de apoyo social que hagan posible que supere el proceso de victimización vivido. Debe prestarse independientemente de la incoación del correspondiente procedimiento penal, de que se conozca o no la identidad del infractor, del resultado del proceso penal en caso de que se incoe, y del carácter público o privado de las entidades mediante las que se articule la provisión de los servicios asistenciales victimales, garantizándose en todo caso la capacitación profesional de quienes los proveen y la confidencialidad.

La conformación de este derecho tal como aquí se ha caracterizado constituye el destilado de diversas normas internacionales y nacionales que reconocen su existencia y determinan su contenido al margen de la Directiva 2012/29/UE. Tanto en las normas internacionales como a nivel interno español que lo contemplan se observa un claro incremento paulatino en la trascendencia normativa otorgada al mismo, puesto que si las primeras normas jurídicas que lo disciplinaban apenas hacían más que anunciarlo y declarar su contenido, han sido normas jurídicas más recientes las que han entrado de lleno a regularlo. Así se observa, sobre todo, con la Recomendación (2006) 8, sobre Asistencia a las Víctimas de Delitos del Consejo de Europa, cuyos contenidos fueron asumidos por la Directiva europea.

En derecho interno español, antes de la aprobación de la Ley 4/2015 únicamente se refería parcamente al mismo el capítulo II de la Ley 35/1995, que se limitó a crear las OAV. A esta situación de práctico vacío normativo ha puesto fin la Ley 4/2015 que transpone bastante fielmente las disposiciones de la Directiva europea. Sin embargo, a diferencia de esta, orientada a servicios victimales tanto prestados por prestadores públicos como privados, el ordenamiento interno español se refiere casi en exclusiva a las OAV, tanto en la Ley 4/2015 como especialmente en el Real Decreto 1109/2015.

En el plano normativo, pues, puede afirmarse que el derecho a la asistencia halla actualmente suficiente reconocimiento en derecho interno español en lo que se refiere a las OAV. Sin embargo, falta un adecuado reconocimiento y caracterización normativa de otros prestadores de servicios victimales al margen de las referidas oficinas públicas. Junto a ello, todavía no se ha implementado convenientemente el sistema de evaluación periódica de los servicios de asistencia victimal, que debe efectivamente articularse para detectar deficiencias y corregirlas.

En coherencia con la caracterización normativa del derecho a la asistencia, el modelo asistencial adoptado en España, de entre los dos más comunes en países occidentales, el más generalizado o modelo de asistencia prestada por entidades privadas y el más minoritario o modelo de asistencia a la víctima prestada directamente por entes públicos, se corresponde con el segundo. En nuestro país, junto a las OAV, han aparecido entidades no gubernamentales o de base privada que prestan asistencia a las víctimas, pero ninguna de ellas de carácter general y con amplia implantación en todo el territorio del Estado, orientándose en su mayor parte a la protección de víctimas de particulares tipos de delitos y sin suficiente apoyo normativo e institucional. El modelo de asistencia victimal adoptado en España no se ha mostrado hasta el momento demasiado efectivo en punto a ofrecer suficiente cobertura asistencial a las víctimas de delitos.

Entre las razones que pueden explicar este efecto, se hallan aspectos como que, en términos temporales, la asistencia se presta casi en exclusiva en días laborables y en horario de oficina, el número de puntos de prestación de asistencia es muy reducido y la misma se presta casi en exclusiva de forma presencial. De ahí que subvertir esta situación de futuro pasaría por ampliar el abanico asistencial, de un lado, reforzando la red física de prestación asistencial, mediante la incorporación a la misma de entidades de base privada que deben ser convenientemente reconocidas normativa e institucionalmente y, de otro, potenciando la prestación de asistencia *online*, lo que permitiría la provisión de servicios incluso en localizaciones de difícil acceso y en cualquier franja horaria.

E) Derecho a la reparación

El último gran derecho reconocido a las víctimas es el derecho a la reparación. La misma debe entenderse en sentido integral, no limitada en la reparación del daño y la compensación económica, sino comprendiendo también una dimensión inmaterial, identificada con la reparación moral. En un sentido holístico, pues, a la reparación resultan inherentes dos vertientes, la económica y la moral. La satisfacción de sendas facetas de la reparación se articula a través de diversos mecanismos contemplados en normativa internacional y nacional, aunque a nivel internacional el reconocimiento de este derecho no se halla principalmente vertebrado a través de la Directiva 2012/29/UE. En lo que al aspecto económico de la reparación se refiere, su satisfacción se actúa fundamentalmente a través del mecanismo jurídico de la responsabilidad civil derivada del delito, por una parte, así como mediante la previsión de un sistema público de indemnización subsidiario para las víctimas de determinados delitos, de otra. En segundo término, al cumplimiento del aspecto moral o inmaterial de la reparación victimal se endereza la reciente previsión en nuestro ordenamiento jurídico de la posibilidad de acudir a mecanismos de justicia restaurativa, así como su efectiva implementación.

Por un lado, la responsabilidad civil derivada del delito como mecanismo para hacer efectiva la faceta económica de la reparación se erige sobre la base de la obligación de reparar los daños y perjuicios causados por el delito. Se trata de una institución de naturaleza civil, manifestación de la responsabilidad civil extracontractual, que comporta la obligación de reparar tras la comisión de un hecho delictivo por parte de toda persona responsable de un delito del que se deriven daños y perjuicios, o eventualmente por ciertas personas subsidiariamente, y que puede comprender la restitución de la cosa, la reparación del daño y la indemnización de perjuicios materiales y morales. La práctica forense demuestra que la forma en la que habitualmente se hace efectiva es mediante la indemnización. Sin embargo, la determinación del montante indemnizatorio, no solo, aunque especialmente cuando se trata de determinar el daño moral o inmaterial, se ha revelado como una de las cuestiones más controvertidas en la aplicación de dicha institución, que además constituye un extremo reservado al arbitrio de los tribunales y que generalmente no admite revisión. Evitar la inseguridad jurídica y agravios comparativos pasaría de futuro en esta cuestión por establecer criterios cuantificadores estándares que debiesen observar todos los tribunales.

Junto a la mencionada, existen además dos dificultades adicionales para que el régimen de responsabilidad civil derivada del delito pueda servir efectivamente para resarcir económicamente a las víctimas. De un lado, su ausencia de efectividad, puesto que en muchas ocasiones las víctimas no reciben la compensación fijada en sentencia por la declaración de insolvencia del responsable civil, aunada a la escasa capacidad del sistema de justicia penal de hacer efectivo el pago, a salvo de que al responsable se le hayan encontrado bienes que puedan ser ejecutados. Además, la ausencia de cumplimiento de esta parte dispositiva de las sentencias no tiene directamente consecuencias sancionatorias para los condenados, más allá de dificultarles el acceso a la suspensión de la ejecución de la pena o la libertad condicional. Finalmente, las víctimas tienen dificultades para ser compensadas en un periodo de tiempo razonable. A todas estas cuestiones debería ponerse remedio para que el sistema de responsabilidad civil derivada del delito constituyese un efectivo mecanismo de reparación económica para las víctimas.

En defecto de resarcimiento por parte de los responsables del delito, a partir de los años 70 fueron desarrollándose en países anglosajones sistemas públicos de indemnización para las víctimas de delitos edificados sobre la base del principio de solidaridad para con las mismas derivado del fracaso de las políticas criminales de prevención delictiva. Estos esquemas se idearon para resarcir a las víctimas de delitos violentos con carácter subsidiario respecto del deber de resarcir por parte del victimario. En Europa, la formulación nacional de este tipo de esquemas se produjo tras la aprobación del Convenio del Consejo de Europa núm. 116 de 1983 de Indemnización a las Víctimas de Delitos Violentos. En España el programa público indemnizatorio general para todas las víctimas de delitos violentos y contra la libertad sexual se instauró mediante la aprobación de la Ley 35/1995. Esta norma contempla un mecanismo de compensación subsidiario cuya activación requiere que las víctimas muestren que no han podido obtener compensación del victimario y que solo permite obtener indemnización si el delito ha causado la muerte o determinados daños corporales (daños corporales graves y daños graves en la salud física o mental), no así daños materiales de carácter no corporal ni daños morales o inmateriales.

Dadas las dificultades señaladas para que la víctima sea económicamente reparada por el victimario, a las que se suman las limitaciones de los esquemas públicos de compensación, en los últimos años se está consolidando lo que podría considerarse una tercera vía compensatoria, entre la privada y la pública, en el sentido de que procede del victimario pero no directamente orientada a la víctima de su concreto delito. Se trata de la posibilidad de destinar los bienes y ganancias procedentes del delito confiscados al victimario para compensar a las víctimas, generalmente mediante la dotación de un fondo de compensación. Constituye una opción factible de compensación atendiendo a las ingentes ganancias y efectos confiscables que pueden producir determinadas formas de delincuencia económica y organizada transnacional, cuyas posibilidades normativas de confiscación se han visto claramente potenciadas mediante la introducción a nivel internacional y de derecho interno español de instituciones como el decomiso sin sentencia, el ampliado y el de bienes de terceros, sobre todo si los bienes decomisados se destinasen a dotar un fondo de compensación para las víctimas.

Por otro lado, la consecución a la reparación inmaterial o moral de las víctimas puede favorecerse mediante la implementación normativa de mecanismos propios de un ideal de justicia que, como la justicia restaurativa, persigue efectos como la restauración de las relaciones sociales, la pacificación y la respuesta no punitiva al conflicto. Pese a que todavía en la actualidad resulte complejo hallar un concepto unívoco de justicia restaurativa, se han desarrollado en distintos textos internacionales una serie de principios informadores que deben guiar los procesos restaurativos, como la Resolución 2002/12 sobre Principios Básicos para la Aplicación de Principios de Justicia Restaurativa en Materia Penal. Sobre esta base, la Directiva 2012/29/UE reconoce el derecho a garantías en el contexto de los servicios de justicia restaurativa, que se ha trasladado de forma casi literal al artículo 15 de la Ley 4/2015. Esta es la primera ocasión en que normativamente se reconoce en España la posibilidad de acudir a mecanismos de justicia restaurativa, más allá de la prohibición de implementar estos mecanismos en supuestos de violencia de género.

El vacío normativo existente en España respecto de la posibilidad de aplicar mecanismos de justicia restaurativa, muestra de la ausencia de voluntad política de actuar este ideal de la justicia en nuestro país, no ha impedido su implementación, sobre todo fruto del empeño de profesionales del ámbito forense a impulso del Consejo General del Poder Judicial con resultados en general positivos. Sin embargo, la regulación de esta realidad que incluye el artículo 15 de la Ley 4/2015 se queda claramente corta, puesto que se limita a indicar los mecanismos que deben cumplirse para derivar los casos a mediación y quién debe hacerlo.

Más allá de estos extremos, no se dice nada del momento procesal en que puede procederse la derivación (si en instrucción, juicio oral o en ejecución), del concreto procedimiento mediante el que aplicar un mecanismo alternativo de resolución de conflictos o de los instrumentos a que puede acudirse (se menciona específicamente solo a la mediación), de los efectos que produce el acuerdo restaurativo en el proceso penal, de cómo se controla el cumplimiento del acuerdo reparador o de cuáles deben ser las características del mediador (lego o profesional). Ni siquiera queda claro si la mediación se plantea como complementaria al proceso, como una manifestación de la mediación intraprocesal, o como una auténtica alternativa al mismo.

Estas cuestiones deberían ser objeto de regulación concienzuda para que el recurso a la justicia restaurativa deje de ser un paradigma de la justicia aplicado por profesionales del sistema de justicia penal pero huérfano de respaldo normativo, además de que debería replantearse la adecuación de la prohibición *in totum* actualmente vigente de acudir a este tipo de mecanismos en supuestos de violencia de género.

7.3.2. *Sobre las técnicas de intervención psicológicas para asistir a las víctimas*

La asistencia psicológica a las víctimas se enmarca, principalmente, en el objetivo que hace referencia a paliar los efectos de la victimización primaria, por lo que constituye uno de los aspectos más relevantes a través de los que articular el proceso de desvictimización. De los diferentes contenidos de la asistencia psicológica victimal expuestos en el correspondiente capítulo de esta obra se desprenden, principalmente cuatro conclusiones.

La primera de ellas hace referencia a que no todas las víctimas van a requerir ayuda profesional a nivel psicológico, puesto que pueden contar con recursos personales y del entorno que faciliten el proceso de elaboración tras el impacto sufrido. Sin embargo, otras víctimas van a necesitar un acompañamiento en este proceso, para minimizar los síntomas postraumáticos y para alcanzar una identidad que no esté claramente marcada por la victimización.

La segunda conclusión es que la asistencia psicológica que pueden recibir las víctimas no se limita a la atención en consulta, ya que puede darse:

a) Desde las primeras horas posteriores al suceso, mediante los denominados Primeros Auxilios Psicológicos.
b) Durante el primer mes tras el acontecimiento, que se enmarcaría en la Intervención en Crisis.
c) Pasado más de un mes tras el acontecimiento, mediante programas de intervención estructurados que se aplican tras una evaluación individualizada y en un contexto específico como es una consulta psicológica.

En tercer lugar, podemos concluir que existen un número importante de técnicas de intervención psicológicas, que cuentan con un importante respaldo empírico, como para afirmar que, en la actualidad, contamos con herramientas suficientes para abordar la sintomatología y/o trastornos que pueden presentar las víctimas tras sufrir un acontecimiento traumático. La aplicación de estas técnicas supone un procedimiento, claramente estandarizado, que se inicia con un proceso de evaluación para posteriormente presentar los resultados de esta a la víctima y fijar los objetivos del programa de intervención. Para finalmente determinar las características de la intervención y comenzar a aplicarla.

La gran mayoría de estas técnicas de intervención y/o programas asistenciales están enmarcadas en el enfoque psicológico denominado cognitivo-conductual, pero cabe destacar que como se ha expuesto en el capítulo 6 no es el único enfoque, que se ha mostrado eficaz para abordar la sintomatología de las víctimas, tanto adultas como menores. Además, y especialmente en los últimos años, están tomando especial relevancia, técnicas de intervención y/o programas que ofrecen ayuda durante el proceso de victimización pero más allá del trabajo relacionado con minimizar la sintomatología. Este abordaje surge tras la experiencia de muchos años de trabajo con víctimas y para dar cabida en la intervención a preguntas como por ejemplo: ¿es posible abordar el perdón durante el proceso de victimización?, ¿se finaliza la intervención psicológica una vez que la víctima no presenta sintomatología o trastornos?, ¿se puede dar un proceso de desvictimización sin abordar la identidad de víctima? Posiblemente, esta realidad está relacionada con lo comentado anteriormente, en este mismo capítulo, cuando nos referimos a la nueva dirección de la victimología hacia el realismo, en la que se espera una visión más equilibrada de la victimización.

Aunque esta última conclusión se puede extrapolar a la asistencia psicológica con menores y otros grupos específicos, cabe recordar que el trabajo con estas poblaciones supone asumir necesariamente una serie de premisas para garantizar que el trabajo asistencial tenga una adecuada garantía de calidad, como por ejemplo contar con materiales de evaluación e intervención ajustados a las necesidades específicas. Si se pretende llevar a cabo una intervención con una técnica que ha demostrado su eficacia pero no hacemos los ajustes necesarios en función de las necesidades del caso (por ejemplo con una discapacidad visual), la intervención se verá perjudicada, con el consiguiente daño añadido, que puede suponer para la víctima.

Por último, concluir que la intervención psicológica con víctimas va más allá de la aplicación de técnicas o programas que han sido eficaces, puesto que ciertos aspectos, relacionados con el profesional que ofrece este servicio, no solo van a mejorar los resultados de la intervención sino que se podrían llegar a considerar como mínimos exigibles. Entre estos aspectos caben destacar:

a) La formación específica en asistencia psicológica a víctimas, tanto en áreas de evaluación como de formación.
b) La información sobre otros aspectos, al margen de los psicológicos, relacionados con la victimología.
c) La capacitación en habilidades profesionales como el respeto hacia la víctima.
d) La formación sobre habilidades de autocuidado profesional.

Si bien es cierto, que todos estos aspectos parecen razonables y fácilmente alcanzables, la realidad pone de manifiesto que no siempre es fácil encontrar a profesionales que se ajusten a estas características.

De hecho, este es el reto más importante del que tenemos que hacernos cargo en el futuro de la asistencia psicológica con víctimas. Puesto que no todos los profesionales, tanto en servicios públicos como privados, que ofrecen asistencia psicológica a víctimas cuentan con una formación especializada, tanto desde el punto de vista técnico como de habilidades profesionales, en el ámbito de la victimología. Lamentablemente esta situación, recibir un servicio de un profesional sin la suficiente especialización, podría suponer para cualquier persona que solicita ayuda un daño añadido, pero en el campo de la victimología puede tener repercusiones todavía mayores. Por ello parece imprescindible que los agentes responsables de gestionar los procesos selectivos de estos profesionales consideren que la exigencia de este aspecto solo puede traer resultados positivos, especialmente para la víctima, usuaria de este servicio. Este reto, que supondría mejorar la calidad de los servicios de atención psicológica que se prestan a las víctimas, se acompaña también de una posible mejora en los servicios, puesto que como se ha citado en este mismo capítulo, las entidades que prestan asistencia a las víctimas, en España, no son de carácter general ni se encuentran en todo el territorio del Estado. Por lo tanto, podría ser conveniente que en el futuro se dé cobertura a las víctimas, al margen del acontecimiento traumático vivido y con unas garantías de calidad del servicio, asegurando la formación especializada de la totalidad de los profesionales que prestan este servicio y aproximando el servicio a todas las personas del territorio del Estado.

Además, la intervención psicológica con víctimas presenta retos relacionados con las propias técnicas y/o enfoques de intervención, ya que parece que es un momento adecuado y casi obligado para profundizar en intervenciones que van más allá del manejo de sintomatología. Evidentemente, el primer objetivo de la intervención es reducir el malestar de la víctima, pero también debemos plantearnos otras necesidades que puede tener y a las que hasta el momento se le ha prestado escasa atención, en relación con la dedicación tan amplia que han tenido las técnicas y enfoques dedicados a disminuir sintomatología. Principalmente estas intervenciones abordarían temas como el perdón, el sentido de vida, el bienestar psicológico y la identidad. Con todo ello, podemos afirmar que el reto está en valorar la eficacia que pueden tener estas intervenciones y la aportación que suponen en el tratamiento integral de la víctima.

Los profesionales tenemos el deber no solo de trabajar en profundizar en estas intervenciones, sino de dar cabida a las adaptaciones que se están realizando en las intervenciones psicológicas más tradicionales. Así, en unos años habremos debido actualizarnos en el trabajo *online* o con novedosas metodologías, como realidad virtual o videojuegos, puesto que han mostrado su eficacia en el trabajo con víctimas y además pueden facilitar que personas con ciertas dificultades (p. ej., de movilidad) reciban asistencia psicológica.

Además, para concluir, se nos platea a los profesionales de la salud mental el reto de ser capaces de difundir entre la comunidad de profesionales que trabajan con víctimas tanto las características del impacto psicológico tras sufrir un acontecimiento traumático como las diferentes intervenciones, con eficacia demostrada, con las que contamos para facilitar el proceso de desvictimización.

Preguntas de autoevaluación

1. Cuando se afirma que en el futuro estaremos ante una victimología más realista, nos referimos a que:

   ☐ *a)* Estará influenciada por los medios de comunicación.
   ☐ *b)* El asociacionismo victimal adquirirá un mayor protagonismo.
   ☐ *c)* El activismo político será la pieza esencial.
   ☐ *d)* Se basará aún más en la investigación empírica.
   ☐ *e)* Será una disciplina completamente autónoma de la criminología.

2. ¿Qué reto de futuro se plantea la investigación sobre el impacto psicológico de las víctimas?:

   - ☐ *a)* Analizar pormenorizadamente las consecuencias psicológicas en función del acontecimiento traumático.
   - ☐ *b)* Determinar las consecuencias psicológicas que pueden suponer los acontecimientos traumáticos en función de características específicas de la víctima.
   - ☐ *c)* Profundizar en las características de las variables que predicen la ausencia de consecuencias negativas.
   - ☐ *d)* Valorar la presencia y/o ausencia de síntomas o trastornos.
   - ☐ *e)* Centrarse en los procesos de victimización.

3. ¿Qué reto de futuro se plantea en relación con el reconocimiento del derecho a la justicia gratuita en derecho interno español?:

   - ☐ *a)* La necesidad de reducir los grupos de víctimas a los que se les reconoce.
   - ☐ *b)* La necesidad de ampliar su reconocimiento a las víctimas que no son parte en el correspondiente proceso penal.
   - ☐ *c)* La necesidad de reconocérselo a todas las víctimas que sean parte en el correspondiente proceso penal.
   - ☐ *d)* La necesidad de reconocérselo a todas las víctimas que sean parte en el correspondiente proceso penal cuando demuestren insuficiencia de recursos para litigar.
   - ☐ *e)* La necesidad de reconocérselo a las víctimas menores con independencia de que demuestren insuficiencia de recursos para litigar.

4. ¿Qué necesidad normativa de futuro se plantea respecto de la justicia restaurativa en España?:

   - ☐ *a)* La conveniencia de seguir manteniendo la prohibición de su aplicación a los supuestos de violencia de género.
   - ☐ *b)* La necesidad de regular pormenorizadamente el proceso para aplicarla y la forma en que el acuerdo reparador accede al proceso penal.
   - ☐ *c)* La conveniencia de prohibir el recurso a los *family group conferencing* en los casos de violencia doméstica.
   - ☐ *d)* La conveniencia de implementar determinados instrumentos de este paradigma de la justicia, como los círculos de paz.
   - ☐ *e)* La necesidad de habilitar otros agentes, al margen de las OAV, para que informen al órgano judicial de la conveniencia de acudir a un proceso de justicia restaurativa.

5. Los retos futuros que se plantean en torno a la intervención psicológica con víctimas, hacen referencia:

   - ☐ *a)* Exclusivamente a los profesionales.
   - ☐ *b)* Tanto a los profesionales como a las características del servicio.
   - ☐ *c)* Exclusivamente a las características del servicio.
   - ☐ *d)* Principalmente, a las técnicas de intervención.
   - ☐ *e)* Los profesionales, las características del servicio y las técnicas de intervención.

Solucionario

Capítulo 1

Pregunta	*Respuesta*
1	*b)*
2	*a)*
3	*b)*
4	*d)*
5	*a)*

Capítulo 2

Pregunta	*Respuesta*
1	*a)*
2	*c)*
3	*d)*
4	*e)*
5	*a)*

Capítulo 3

Pregunta	*Respuesta*
1	*d)*
2	*d)*
3	*b)*
4	*c)*
5	*e)*

Capítulo 4

Pregunta	*Respuesta*
1	*b)*
2	*e)*
3	*e)*
4	*b)*
5	*b)*

Capítulo 5

Pregunta	*Respuesta*
1	*d)*
2	*c)*
3	*a)*
4	*c)*
5	*a)*

Capítulo 6

Pregunta	*Respuesta*
1	*b)*
2	*c)*
3	*d)*
4	*c)*
5	*b)*

Capítulo 7

Pregunta	*Respuesta*
1	*d)*
2	*c)*
3	*c)*
4	*b)*
5	*e)*

Bibliografía seleccionada

Con el propósito de poner en aplicación unos principios ecológicos, económicos y prácticos, el listado completo y actualizado de las fuentes bibliográficas empleadas por los autores en este libro se encuentra disponible en la página web de la editorial: **www.sintesis.com**

Las personas interesadas lo pueden descargar y usar a su discreción: conservar, imprimir, utilizar para sus trabajos, etc.

American Psychiatric Association (2013). *Diagnostic and Statistical Manual of Mental Disorders. DSM-5* (5ª ed.). Washington, USA: Author.

Barona Vilar, S. (2011). *Mediación penal: fundamento, fines y régimen jurídico*. Valencia: Tirant lo Blanch.

Beristain Ipiña, A. (1990). *Victimología. Nueve palabras clave*. Valencia: Tirant lo Blanch.

— (2004). *Protagonismo de las víctimas de hoy y mañana (Evolución en el campo jurídico, prisional y ético)*. Valencia: Tirant lo Blanch.

Caballo, V. E. (1997). *Manual de evaluación y entrenamiento de las habilidades sociales* (2ª ed.). Madrid: Siglo xxi.

Cerezo Domínguez, A. I. (2010). *El protagonismo de las víctimas en la elaboración de las leyes penales.* Valencia: Tirant lo Blanch.

Crespo, M., y Labrador, F. J. (2003). *Estrés*. Madrid: Síntesis.

Daza, M. M. (2015). *Escuchar a las víctimas: victimología, derecho victimal y atención a las víctimas*. Valencia: Tirant lo Blanch.

Echeburúa Odrizola, E. (2004). *Superar un trauma. El tratamiento de las víctimas de sucesos violentos*. Madrid: Pirámide.

Eglash, A. (1977). *Beyond Restitution: Creative Restitution.* Nueva York: Lexington Books.

Esquinas Valverde, P. (2008). *Mediación entre víctima y agresor en la violencia de género*. Valencia: Tirant lo Blanch.

Fattah, E. (2000). "Victimology: Past, Present and Future". *Criminologie, 33*(1), 17-46.

Ferreiro Baamonde, X. (2005). *La víctima en el proceso penal*. Madrid: La Ley.

GARLAND, D. (2001). *The culture of control*. Chicago: University Chicago press.

GÓMEZ COLOMER, J. L. (2014). *Estatuto jurídico de la víctima del delito*. Cizur Menor: Thomson Reuters-Aranzadi.

GOODEY, J. (2005). *Victims and Victimology. Research, Policy and Practice*. UK: Longman Criminology Series.

HERRERA MORENO, M. (1996). *La hora de la víctima. Compendio de victimología*. Madrid: Publicaciones del Instituto de Criminología de la Universidad Complutense.

HINDELANG, M.S., GOTTFERDSON, M. Y GAROFALO, J. (1978). *Victims of personal crime*. Cambridge, MA: Ballinger.

JOHNSTONE, G. Y VAN NESS, D. W. (eds.) (2007). *Handbook of Restorative Justice*. Devon, Portland: Willan.

LANDROVE DÍAZ, G. (1990). *Victimología*. Valencia: Tirant lo Blanch.

LÓPEZ, G. (1997). *Victimologie*. París: Dalloz.

MARTÍN RÍOS, M. P. (2012). *Víctima y justicia penal*. Barcelona: Atelier.

MORILLAS, D., PATRÓ, R. M. Y AGUILAR (2011). *Victimología. Un estudio sobre la víctima y los procesos de victimización*. Madrid: Dykinson.

NEUMAN, E. (1984). *Victimología: El rol de la víctima en los delitos convencionales y no convencionales*. Buenos Aires, Argentina: Editorial Universidad.

PEREDA, N. Y TAMARIT, J. M. (2013). *Victimología teórica y aplicada*. Barcelona: Huygens.

RODRÍGUEZ MANZANERA, L. (1989). *Victimología; estudio de la víctima*. México: Porrúa S.A.

RUBIO LARA, P. A. (coord.). *Victimología forense y derecho penal*. Valencia: Tirant lo Blanch.

SCHAFER, S. (1968). *The Victim and His Criminal*. Nueva York: Random House.

ŠEPAROVIĆ, Z.-P. (ed.) (1988). *Victimology: International Action and Study of Victims*, Zagreb: Samobor.

SHERMAN, L. W. Y STRANG, H. (2007). *Restorative Justice: the evidence*. Londres: The Smith Institute.

SOSA, C. D. Y CAPAFÓNS, J. (2005). *Estrés postraumático*. Madrid: Síntesis.

STRANG, H. Y BRAITHWAITE, J. (2002). *Restorative Justice and Family Violence*. Cambridge: Cambridge University Press.

TAMARIT, J. M, BACA, E. Y ECHEBURÚA, E. (coords.) (2006). *Manual de victimología*, Valencia: Tirant lo Blanch.

TAMARIT, J.M. Y VILLACAMPA, C. (2006). *Victimología, justicia penal y justicia reparadora*. Bogotá: Grupo Editorial Ibáñez.

TAMARIT, J. M. (coord.), VILLACAMPA, C. y SERRANO, M. (2015). *El estatuto de las víctimas de delitos. Comentarios a la Ley 4/2015*. Valencia: Tirant lo Blanch.

VON HENTIG, H. (1948). *The criminal and his victim. Studies in the Sociobiology of Crime*. New Haven, USA: Yale University Press.

ZEHR, H. (1985). "Retributive Justice, Restorative Justice". *New Perspectives on Crime and Justice (Issue 4)*. Akron PA: Mennonite Central Committee.